지워지지 않는 오욕의 붉은 역사
제주 4·3 반란사건

지만원(시스템공학박사) 저

도서출판
시스템

지워지지 않는 오욕의 붉은 역사
제주 4·3 반란사건

발행처/도서출판 시스템
발행인 / 지만원

1판 1쇄 발행 / 2011년 10월 20일
1판 2쇄 발행 / 2018년 4월 2일
1판 3쇄 발행 / 2019년 5월 13일
출판등록 / 제321-2008-00110호.(2008. 8. 20)

주소 / 서울특별시 서초구 방배4동 854-26 동우빌딩 503호
대표전화 / (02)595-2563 편집부 / (02)595-2584
팩스 / (02)595-2594
홈페이지 / systemclub.co.kr 또는 시스템클럽

잘 못 만들어진 책은 구입하신 서점에서 교환해 드립니다.
ISBN : 978-89-94635-02-6

지워지지 않는 오욕의 붉은 역사
제주 4·3 반란사건

머리말

　대한민국의 역사는 북한에 의한 끝없는 대남공작의 역사였고, 대남공작 역사에서는 언제나 북이 공격자, 남이 방어자였다. 따라서 이 사회의 모든 역사 사건에 대해서는 공격자인 북한이 쓴 기록이 있고, 방어자인 남한이 쓴 기록이 있다. 남한에 내려온 북한의 기록은 남한 좌익세력의 손을 통해 남한 정서에 맞게 포장돼 왔다. 따라서 남한에는 좌익들의 이름으로 쓰인 역사책들과 정통보수들이 쓴 역사책들이 공존한다. 좌익이 쓴 역사책들은 대한민국과 미국을 적대세력으로 규정하면서 북한의 대남공작을 정당화하는 방향으로 사실을 왜곡하고 자가당착적 우격다짐식 논리를 전개한 반면, 보수학자들이 쓴 역사책들은 있었던 사실 그대로를 진솔하게 기술하려고 노력했다.

　4·3사건에 관한 한 한동안 정통 보수 쪽 사람들이 쓴 책들이 그 권위를 인정받아 왔었으며, 이들은 한결같이 제주 4·3사건을 '남로당을 중심으로 한 공산주의자들이 적화통일을 목표로 하여 남한의 정부수립을 극구 저지하기 위해 벌인 무장 반란이었다'고 그 성격을 깔끔하게 규정했다. 이에 대해 좌익들은 1990년대 초까지 큰

저항을 하지 못했다.

그러다가 북한의 앞잡이들이 민주화라는 가면을 쓰고 광풍을 일으켰던 1990년대에 접어들면서 역사뒤집기의 반란이 시작되었다. 가장 먼저 5.18 반란의 역사를 민주화운동이요 민중항쟁인 것으로 뒤집었고, 이어서 제주 4·3반란의 역사를 민주화 운동이요 민중항쟁이요 통일운동이었던 것으로 뒤집었다. 공산주의자들이 일으킨 1948년의 제주폭동과 1980년의 광주폭동은 '현실반란' 이었고, 1990년을 전후하여 일으키기 시작한 반란은 역사를 뒤집기 위한 '역사반란' 이었던 것이다.

필자는 먼저 광주반란의 역사책을 썼다. 1,720여 쪽 분량에 해당하는 "수사기록으로 본 12.12와 5.18" 그리고 "솔로몬 앞에 선 5.18" 이다. 이 두 가지의 5.18역사책은 좌익들이 뒤집어 놓은 역사를 다시 되돌려 놓았다. 이 두 책이 나오기 전까지의 모든 5.18 관련 서적들은 북한책들을 베껴쓴 선전-선동 모략물들이었다. 5.18역시 4·3사건처럼 북한의 끝없는 대남공작 역사의 한토막이었다. 마지막으로 필자는 이 책을 통해 좌익들이 뒤집어 놓은 4·3역사를 다시 되돌려 놓고자 한다. 그리고 필자가 되돌리는 데 사용한 증거와 논거의 핵심은 그 누구도 거역할 수 없는 원자탄이다. 그 누구도 이 원자탄을 무력화시킬 수 없을 것이며 무력화되지 않는 이상 좌파들이 아무리 4·3을 꾸미고 거기에 분칠을 해도 "제주4·3사건은 빨갱이들의 폭동"으로 영원히 새겨지게 될 것이다.

머리말

　이 책은 4·3사건만을 따로 떼어서 쓰지 않았고, 북한의 대남공작 역사와 좌익들의 뿌리로부터 접근했다. 4·3은 북이 주도한 대남공작 역사 속에 들어 있는 한 조각이기 때문에 북의 대남공작사의 윤곽을 전체적으로 이해하지 못하면 4·3사건도 이해할 수 없기 때문이다. 이 책에 등장한 사건 및 사실들 중에서 특별한 인용이 없는 것들은 좌익 책에나 정통보수의 책에나 똑같이 들어 있는 이른바 '다툼이 없는 사실'들이다. 이 책의 주요 목표는 두 가지, 하나는 북한의 대남공작 사실들을 물 흐르듯이 일목요연하게 정리하는 것이고, 다른 하나는 노무현 정부가 고건과 박원순의 손을 통해 내놓은 이른바 '정부보고서'(제주 4·3사건진상조사보고서)라는 것이 얼마나 황당한 것인지를 적나라하게 파헤치는 것이다.

　그리고 마지막으로 정리할 것이 있다. 광주와 전라남도는 지금 완연한 북한의 해방구이자 북한의 선동선전을 위한 교두보로 역할하고 있다는 것이 필자의 소신이다. 김대중 이전의 전남과 김대중 이후의 전남이 딴판으로 변했듯이 제주도 역시 김대중-노무현 이전과 이후가 딴판으로 변해버렸다. 제주도는 행정적으로 1946년 8월 1일부터 전라남도 부속도서에서 벗어나 독립했지만, 사상적으로는 지금 전라남도의 부속 도서로 환원되어 북한의 해방구가 되었다는 것이 필자의 견해다. 제주시청 앞 광장에는 5억 8천만 원짜리 붉은 조형물이 "4·3 저항정신 표현"이라는 무시무시한 명찰을 달고 우뚝 서 있다. 이 이상 무슨 말이 더 필요한가? 그리고 제주도에 살면서 4·3을 반란 폭동이라고 말하는 사람은 시쳇말로 뼈도 추리지 못할 것이라는 공포 속에서 살고 있다. 골수좌익인 김대중-노무현의 효과가 이렇듯 엄청난 것이다. 전라남도와 제주도가 이러한 길을 걷고 있는 한, 그들은 대한민국의 영원한 적대적 이방인이요 외톨박이가 될 것이다.

필자는 비단 정권에 따라 흔들리는 4·3사건의 진실을 격랑 속의 암반처럼 굳건하게 바로 세울 뿐만 아니라 '해방 이전'의 공산당 활동과 '해방 이후'의 남로당 활동을 일목요연하게 정리하고, 이 나라에서 준동하는 공산주의자들에 대한 정체를 확실하게 밝히기 위해 이책을 썼다.

이제까지 세상은 2003년 12월 15일 노무현 등이 정권차원에서 내놓은 '4.3사건 진상규명조사보고서'를 거스르지 못했다. 하지만 역사를 쓰는 사람들에게는 거스르지 못하는 '성역'이 없어야 한다. 이 책은 온갖 역사학자들이 '무서워서' 그리고 너무 '방대해서' 감히 엄두를 내지 못했던 '붉은 역사의 성역'을 뚫은 역사책이다. 이 시대에 성역을 뚫은 역사책은 오직 두 가지일 것이다. 하나는 "수사기록으로 본 12·12와 5·18" 등 5.18의 성역을 뚫은 필자의 책들이며 다른 하나는 4·3의 성역을 뚫은 필자의 이번 책이다.

필자는 경영의사결정의 합리화를 위한 응용수학을 전공하고 시스템적 사고방식을 학문적으로 훈련받은 사람으로 역사와는 거리가 먼 사람이다. 하지만 필자는 매우 중요한 최근의 역사를 아무도 쓰지 않기에 누군가가 써야 한다는 생각으로 광주 감옥에도 가고 4년여에 걸친 재판을 치르는 등 온갖 박해를 받아가면서 새로운 역사책을 썼다. 필자가 지난 10년동안 받아 온 박해의 역사도 현대사의 일부가 될 것이며 필자는 권력과 세도와 억지로 뒤집은 광주 5·18 및 제주4·3의 '좌익 역사'를 논리와 사실검증을 통해 다시 '정통역사'로 복귀시킨 사람으로 기록돼야 할 것이다. 필자는 황석영이 쓴 5·18 역사책과 고건-박원순 등이 쓴 4·3사건 진상조사보고서가 왜곡된 이적물이라고 썼다. 이에 대해 공개적인 토론이 있기를 간절히 바란다.

대한민국에는 역사학자들이 많이 있다. 필자는 그들 역사학자들에 서운함을 느낀다. 대한민국의 가장 중요한 이 두 개의 역사 사건을 쓰지 않으면서 어찌 스스로를 역사학자라 자칭할 수 있을 것인지 묻지 않을 수 없다.

끝으로 필자는 이 책을 쓰면서 참으로 많은 분들로부터 여러 형태의 도움을 받았다. 이 모든 분들에게 감사하며 보람을 함께 나누고자 한다.

2011. 10

차례

머리말

제1부 소련의 대남공작과 남한 공산당의 뿌리 /7

제 1 장 해방 이전의 공산당 /9
제 2 장 해방 후의 공산당 활동 /18
제 3 장 소련의 대남공작 /29
제 4 장 정판사 사건 /38
제 5 장 부나비 같은 좌파 일생 /42
제 6 장 1946년 9월 총 파업 /47
제 7 장 10·1 대구폭동사건 /52

제2부 제주도 공산화의 뿌리와 인민군 야산대의 태동 /65

제 8 장 해방 공간의 제주도 프로필 /67
제 9 장 3·1절 기념행사를 빙자한 남로당의 파괴 선동 공작 /75
제10장 제주도의 1947년 /90
제11장 1948년의 전국 상황 /97
제12장 이승만의 건국투쟁 /106

제3부 4월 3일 인민유격대의 기습공격과 5·10선거 방해작전 /117

제13장 1948년의 제주도 상황 /119
제14장 공비들의 만행 /144
제15장 4·3사건의 성격 /150

제4부 제주도민들이 직접 겪은 인민유격대의 본질 / 167

제16장 오균택의 4·3수기 / 169
제17장 김하영의 4·3수기 / 188

제5부 제주도 인민유격대의 발악과 군경의 토벌작전 / 219

제18장 군경에 의한 토벌작전 / 221
제19장 11연대 작전(1948. 5. 15-7. 23) / 225
제20장 9연대 작전(1948. 7. 23-12. 29) / 231
제21장 여·순 반란사건 / 243
제22장 제2연대작전(1948. 12. 29-1949. 2. 28) / 251
제23장 제주도지구 전투사령부 작전(1949. 3. 2-5. 15) / 253
제24장 독립제1유격대대 작전(1949. 8. 13-12. 28) / 258
제25장 해병대 사령부 작전(1949. 12. 28-50. 6. 25) / 259
제26장 6·25발발이후의 제주도 공비토벌 / 260

제6부 좌익세력과 노무현정부의 역사왜곡 / 265

제27장 4·3역사의 왜곡 행로 / 267
제28장 "제주 4·3사건진상조사보고서" 요지 / 277
제29장 좌파정권에서 좌파들이 작성한 정부보고서의 객관성 문제 / 292
제30장 왜곡된 사건들 / 298
제31장 김익렬 유고의 진위 가리기 / 342
제32장 고무줄처럼 늘어나는 4·3피해자 수 / 361
제33장 제주도는 지금 해방구 / 365

제7부 맺음말 / 371

제1부

소련의 대남공작과 남한 공산당의 뿌리

제1장 　해방 이전의 공산당
제2장 　해방 후의 공산당 활동
제3장 　소련의 대남공작
제4장 　정판사 사건
제5장 　부나비 같은 좌파 일생
제6장 　1946년 9월 총 파업
제7장 　10·1 대구폭동사건

제1장 해방 이전의 공산당

    1917년 10월 하순, 레닌이 주도하는 볼셰비키당(다수당)이 대규모 노동자들을 이용하여 러시아 로마노프왕조를 전복시키는 이른바 '피의 혁명'에 성공했다. 볼셰비키당은 성격상 지금 우리사회에 존재하는 민노당처럼 노동자-농민들을 감언이설로 속이고 그들을 영웅으로 추겨 올리면서 폭력전사화하여 사회를 전복하고 배운자와 가진자들을 숙청하는 폭력집단이었다. 이들은 '무산계급의 천국'을 만들겠다는 달콤한 말로 속여 전 세계의 노동자 농민 등 무산계급을 혁명의 전사로 나서게 함으로써 세계를 통일해 보겠다는 야심을 가지고 있었다. 공산주의에 대한 실체를 모르는 무식한 무산계급과 몽상가처럼 이상만을 추구하는 사이비 지식인들은 어느 국가를 막론하고 공산주의에 빠져들어 공산주의 전파의 매체 노릇을 했다.

    1960년대의 대학가에 괴테를 읽고 브람스를 듣고, 아네모네를 보는 척해야 멋쟁이요 잘난 사람이라는 정서가 있었듯이 당시에는 마르크스-레닌주의를 논할 수 있고, 공산주의를 선전할 만한 용기를 가져야 지식인이고, 잘난 사람이라는 정서가 팽배했다. 그들은 공산주의가 '진보'한 사상이라고 믿어 의심치 않았고, 그래서 공산주의자들은 그때부터 지금까지 스스로를 '진보'라고 자칭했다. 그들은 작은 마을들을 찾아다니면서 강연을 했고, 선교사들에 대항했으며, 종교는 미신이라고 강론했다. 미국과 일본 같은 나라들도 불어나는 공산주의자들로 인해 골치를 앓았다. 이들 국가 역시 사회 곳곳에 파고든 공산주의자들을 검거하기 위해 실로 많은 노력을 기울였고, 1920~50년대에만 해도 미국 경찰은 극장에서 영화를 보는 공산주의자들을 사람들이 보는 앞에서 개 끌듯 질질 끌어내 차에 태워 갔다.

한국은 어떠했는가? 공산주의를 적극적으로 선전하는 데 앞장선 사람들은 주로 중국-소련-일본에서 교육받은 사람들이었다. 일본 경찰의 감시망을 뚫고 가장 성공적으로 국내에 침투한 소련공산당 밀사는 김재봉, 그는 안동 출신으로 블라디보스토크에서 한국 내 공산당 결성의 밀명을 받고 잠입했다. 그가 남한에 와서 가장 먼저 만난 사람은 조봉암, 이 두 사람이 조선공산당 창당의 원조가 됐다.

김재봉(1890-1944년)은 대구 계성학교를 졸업했고, 1922년 11월, 이르쿠츠크파 고려공산당에 입당한 후 1923년 조선일보 기자로 신분을 위장했다. 조선일보 기자로 위장한 그는 1924년 4월, 조선노농총

동맹과 조선청년총동맹을 결성했고, 1925년 4월에는 조선공산당의 초대 책임비서에 추대됐다. 이 남한 공산화운동의 원조에게 노무현은 참으로 기막힌 조치를 취했다. 2005년, 이 김재봉에게 건국훈장을 추서한 것이다. 언젠가 반드시 이 훈장은 박탈돼야 할 것이다.

남한 공산화의 뿌리

김재봉은 1925년 4월 17일 서울 중심가에 있는 유명한 중국음식점 아서원에서 비밀 발기인대회를 열었다. 이 대회에는 조선일보사와 동아일보사 그리고 그 밖의 언론기관에 침투해 있던 이르쿠츠쿠파(필자 주 : 1919년 당시 고려공산당은 상하이의 고려공산당과 연해주 이르쿠츠크의 고려공산당으로 양립)의 김재봉, 박헌영, 조봉암, 김단치, 임원근, 신일객, 신석우, 홍회식, 구연흠, 어수갑 등이 등장했다. 거의가 다 언론에 침투해 있던 자들이다. 지금도 언론계에는 상상을 초월할 만큼의 무수한 공산주의자들이 침투해 있을 것이다.

그리고 다음날인 4월 18일에 이들은 당명을 '조선공산당'으로 정했다. 여기에서 중앙집행위원회의 위원들로 구성된 6개의 기구가 발족됐다. 조직부장에 조동우, 선전부장에 김찬, 인사부장에 김약수, 노농부장에 정운해, 정치부장에 유진희, 조사부장에 주종건이었다. 1925년 4월, 코민테른은 김재봉-박헌영이 만든 '조선공산당'을 유일한 코민테른 한국지부로 승인했다. 코민테른이란

Communist International 즉 국제공산당의 약자이며 1919년 모스크바에서 창립되어 당시 30개국에 걸쳐 35개의 공산당을 관장하고 있었다. 이때부터 한국 내의 공산주의 운동은 코민테른의 직접 지도 하에 들어갔다. 이것이 한국 내 최초의 공산당인 제1차 '조선공산당' 이었으며, 이 조선공산당은 후에 탄압을 받아 여러 차례 와해-재건의 과정을 거듭했다.

제1차 중앙집행위원회 회의는 김재봉을 책임비서(당비서)로 선출했고, 그 예하에 '조선공산청년회'를 두기로 결의했다. 그리고 박헌영을 '조선공산청년회'의 책임비서로 선출했다. 박헌영은 그 이전에 이르쿠츠크파 고려공산당의 '상해 공산청년회' 비서였다. 고려공산청년회의 발기모임은 1925년 4월 18일 서울 훈정동에 있는 박헌영의 집에서 가졌다.

고려공산청년회의 제1차 집행위원회는 박헌영을 청년회의 의장으로 선출하고 집행위원회의 위원들을 6개의 요직에 배치했다. 이 회의에서 박헌영은 조봉암을 콤소몰(Komsomol)에 파견할 대표로 선출했고, 조봉암은 1925년 4월 말 즉시 모스크바로 떠났다. 콤소몰이란 소련 '공산주의 청년동맹'을 말한다. 공산당 지도하에 청년들에게 공산주의 교육을 실시하는 공산당원 양성단체인 것이다. 조봉암과 박헌영은 그해 10월, 21명의 한국 학생들을 동방노력자공산대학 즉 일명 모스크바공산대학에 보내는 데 성공한 것이다.

당시 공산당에 뛰어든 사람들 중에는 맹목적 혈기에 날뛰던 불한당들이 많았다. 고려공산청년회의 선전부장 신철수는 조선공산당 창립 수일 후에 세력 확장을 위해 서울에서 열린 전조선노동자대회에 청년회 당원 수명을 이끌고 나가 적기를 흔들고 "조선공산당 만세!"를 소리 높이 외쳤다가 즉시 체포됐다. 이어서 이른바 '신의주 사건'이 터졌다. 1925년 11월 22일, 서울에서 상해로 파견된 두 명의 당원이 신의주에서 일본인 경찰 간부와 그 일행인 변호사들을 심하게 구타하여 때려눕힌 후, 영웅심을 주체하지 못해 옷소매 안에서 적기를 꺼내 흔들며 "조선 공산주의 만세!"라고 외쳤다. 그리고 곧장 체포되었다. 여기에서 그만 박헌영이 상해에 있는 여운형에게 보내는 편지를 빼앗기고 말았다. 이처럼 사이비 지식인들의 감언이설에 놀아난 존재들은 일자무식의 하류 건달들이었다.

이에 따라 대규모의 수사가 이어졌으며, 그 결과 조선공산당 중앙집행위원회 위원들인 김재봉, 김약수, 주종건, 임원근을 포함한 30여 명의 주요 공산주의자들이 체포되었다. 이때 체포를 면한 간부들이 있었다. 조동우와 조봉암은 모스크바에 사절로 나가 있었고, 김찬, 김단야, 최원택 등은 상해로 도주했다. 김재봉은 첫 소탕에서는 잡히지 않았지만 1925년 12월 19일에 체포되었다. 이것이 이른바 제1차 조선공산당의 결성 및 와해의 역사였던 것이다.

위와 같은 국제공산주의 물결에 따라 일본과 만주, 러시아 등에 나가 있던 많은 사람들이 공산주의 사상에 심취하여 서클에 가담했고 스스로 세포(러시아 말로 야체이카)가 되어 서울과 자기 고향을 오가며 공산주의를 확산시켰다. 1921년 1월 27일에는 맑스-레닌사상을 신봉하는 '서울청년회'가 결성되었고, 1926년 4월 17일에는 박헌영 주도로 제2차 조선공산당이 결성되었다가 즉시 와해됐다.

1926년 12월 6일, 제3차로 조선공산당이 재건되었지만 이 역시 1928년 전국에 걸친 검거선풍으로 와해됐다. 1928년 2월 27일, 제4차 조선공산당이 재건되었지만 그 해 4~8월 사이에 진행된 검거선풍으로 또 와해됐다. 이처럼 공산주의는 1920년대에 서울을 중심으로 들어왔고, 이는 여지 없이 제주도를 포함한 각 지방에도 파급 확산되었지만 일본 경찰의 집요한 추적과 탄압을 받아 1932년 이후 지하로 숨어들었다. 이들은 야학 등 각종 위장행위를 통해 지하에서 여운형과 박헌영을 신화적 인물로 선전 선동하면서 1930년대의 남한 사회를 지하로부터 붉게 물들였다.

제주도 공산화의 뿌리

이러한 바람은 제주도에도 불어 닥쳤다. 그리고 그 어느 지방보다도 제주도가 가장 빨리 그리고 가장 심각하게 적화됐다. 제주도에는 조천 출신으로 와세다 대학을 나온 김명식이 있었다. 그는 1921년 1월 27일 서울에서 마르크스-레닌(M.L)사상 단체인 '서울청년회'를 탄생시킨 주역 중의 한 사람이다. 그로부터 2개월여 후인 4

월, 김명식은, 제주도에서 서울로 유학하여 공부하던 김택수, 김민화, 홍양명, 한상호, 송종현 등을 포섭하여 제주도로 보냈다. 이들은 제주도로 귀향하자마자 '서울청년회' 제주도 버전으로 '반역자 구락부'라는 것을 결성했다.

제주도 '반역자 구락부'는 1925년 5월 11일 '제주신인회'로 탈바꿈했다. 당시 서울의 보성전문, 경성고보, 휘문고보 등에 재학 중이거나 졸업했던 고경흠, 김시용, 강창보, 김정노 등이 제주도로 귀향하여 오대진, 윤석원, 송종현 등을 포섭했다. 그리고 반역자 구락부를 '제주신인회'로 업그레이드시킨 것이다. 하지만 불과 며칠 만에 곧바로 일본경찰에 발각됨으로써 핵심간부들은 금고 5월에 처해졌고 조직은 와해됐다.

서울에서 제3차공산당이 와해된 지 1년만인 1927년 8월, 제주도에서는 '제3차조선공산당 제주야체이카'가 결성됐다. 야체이카란 세포를 뜻하는 러시아말이다. '제3차조선공산당 제주야체이카'는 제주야체이카 대표 송종현이 조선공산당 전남도당 김재명의 지시를 받고 제주도로 와서 위 강창보, 한상호, 김택수, 윤석원, 김정노 오대진, 신재홍, 이익우, 김한정 등을 이끌고 결성한 것이다. 하지만 이 역시 며칠 견디지 못하고 주동자들이 체포, 서울로 압송되어 징역 1~3년의 형에 처해지면서 와해됐다.

1928년 2월 27일, '제4차 조선공산당'이 서울에서 재건되었다가 그해 8월에 검거선풍으로 와해됐다. 그 후 만 3년이 지난 1931년 5월 16일, 제주도에서 '제4차 조선공산당야체이카'가 재건됐다. '제3차 조선공산당야체이카' 멤버들이 형기를 마치고 귀환한 후 강창보가 중심이 되어 제주도 전체 규모의 '제4차 조선공산당야체이카'를 결성한 것이다. 하지만 이 역시 불과 8개월 만인 1931년 1월 구좌면 하도리의 해녀시위사건으로 인해 그 배후 조직이 탄로나 그해 3월, 제주 전역에 걸쳐 100여 명이 체포되어 광주지법 목포지청에서 길게는 5년 짧게는 6월의 징역형에 처해졌다. 형기를 마치고 나온 이들은 "요주의인물'로 분류되어 계속 감시를 받았고, 그 결과 이들은 지하로 숨어들었다. 공산주의란 한번 물들면 이토록 세탁이 안 되는 것이다.

하도리 해녀시위사건이란 해녀들이 캐낸 어류들에 대해 해녀조합 측이 싼 값에 후려치는 데에서 발생했다. 해녀조합에서 정한 지정판매일인 1월 12일은 세화리 장날이었다. 아울러 이날은 제주도사 겸 제주도 해녀어업조합의 조합장이었던 다구치[田口禎熹]가 새로 부임한 뒤 순시를 위해 구좌면을 통과하는 날이었다. 이에 구좌면 하도리·세화리·종달리·연평리, 정의면(현 성산읍) 오조리·시흥리 등의 해녀들이 시위를 벌이기로 결정하고, 이 기회에 제주도사에게 요구 조건을 제시하기로 결의했다. 이런 종류의 연합 조직이 결성되는 배경에는 반드시 공산주의자들이 도사리고 있는 법이다.

1월 12일 장날이 되자 세화경찰서 주재소 동쪽 네거리에 종달리·오조리 해녀 300여 명과 하도리 해녀 300여 명, 세화리 해녀 40여 명 등 640여 명이 일시에 모여들었다. 해녀들은 호미와 창을 휘두르고, 만세를 부르며 세화장터로 향했다. 해녀들은 세화장터에 모여든 군중들과 더불어 집회를 열었다. 각 마을 해녀 대표들이 항쟁의 의지를 다지는 연설을 차례로 했다. 시위대에 놀란 제주도사 일행은 구좌면 순시를 포기하고 돌아가려 했다. 그러자 시위대가, 차에 탄 제주도사를 에워싸면서 호미와 창을 들고 "우리들의 요구에 칼로써 대응하면 우리는 죽음으로써 대응한다"라고 외치며 달려들었다. 사태가 험악해지자 제주도사는 해녀들과의 대화에 응하기로 했다. 해녀 측에서는 지정판매 반대, 해녀조합비 면제, 제주도사의 조합장 겸직 반대, 일본상인 배척 등의 항일적 성격의 요구 조건을 내걸고 직접 제주도사와 담판을 벌였다.

마침내 해녀들은 5일 이내에 자신들의 요구 조건을 해결해 주겠다는 제주도사(島司)의 약속을 받아냈지만 일경(일본경찰)은 그 배후에 야체이카가 있다는 것을 알아냈다. 이후 일경은 전국적으로 공산당에 대한 검거작업을 진행했다. 지상 활동으로서는 일경의 눈을 속일 수 없다고 판단한 공산당 당원들은 일제히 지하로 파고들어 야학 등 위장활동을 통해 그들의 조직을 암암리에 넓혀가고 있다가 해방을 맞게 된 것이다. 공산주의자들의 수법은 예나 지금이나 한결 같다.

제2장 해방 후의 공산당 활동

　1945년 8월 6일 오전 8시 15분 출근시간 대에, 일본의 군수기지 히로시마에 우라늄원자탄이 떨어져 14만 명의 시민들이 순식간에 형체도 없이 가루가 되었다. 이로써 일본의 패전이 확실해지자 그동안 참전해 달라는 미국의 요구를 거듭 묵살했던 소련은 약삭빠르게도 8월 8일 일방적으로 그리고 기습적으로 대일선전포고를 했다. 그리고 곧장 만주를 거쳐 1945년 8월 24일 평양에 진주했다. 미국은 이보다 보름 늦은 9월 8일에야 서울로 진주했다. J.R.하지 중장이 지휘하는 미육군 24군단이 일본으로부터 인천으로 상륙하였고, 9일에는 38선 이남 지역에 대한 군정 방침을 포고한 데 이어 12일 A.V.아놀드 소장이 군정장관에 취임함으로써 미군정 체제가 수립되었다.

　민주주의가 지배하는 미군정과는 달리 38선 이북에서는 북한을 위성국으로 만들기 위한 소련의 눈부신 활동이 이어졌다. 소련군 제25군사령관 치스챠코프 대장은 1945년 8월 26일 평양에 군사령부를 설치하고, 군정 실시기관으로 로마넨코 소장을 사령관으로 하는 민정관리총국을 설치했다. 여기에는 정치·경제·교육·문화·보건·위생·출판·보도·사법지도부 등 군정에 필요한 9개의 지도부를 두었고, 이는 소련이 직접 지휘하는 사실상의 행정부였다. 소련군은 일본군의 항복을 받고 무장해제를 실시하는 한편 38선 일대에 초소와 진지를 구축하여 남북을 왕래하는 통행인에 대한 검문검색을 강화했다. 또한 남북을 연결하는 경의선, 경원선 등 주요 철도와 도로를 차단하고 교통, 통신을 폐쇄했다. 그리고 군정을 실시하기 위한 인민위원회(행정조직)를 조직하기 시작했다.

해방과 동시에 북한지역에서는 이미 공산주의자들이 살판났다며 우후죽순 격으로 공산당 조직들을 만들어 활발하게 움직이기 시작했다. 그 중에서도 가장 튀는 조직은 조만식의 건준(건국준비위원회) 평안남도 지부였고 이어서 각 도의 중심 도시에 속속 건준 지부들이 결성됐다. 이렇게 북한지역에서 민족주의자들의 활동이 활발하게 진행되고 있는 동안 치스챠코프 장군은 조만식을 위원장으로 하여 평안남도에 설치된 인민정치위원회를 승인하고, 이어서 9월말까지 각 도에 지방행정기관인 인민위원회를 조직했다. 이것은 소련 군정이 북한에 공산정권을 수립하려는 기도를 숨긴 채, 한민족이 주인이 되는 조직이 주권을 행사하는 것처럼 보이도록 하려는 고도의 위장 술책이었다.

각 도별 인민위원회는 일본인 관료로부터 행정기관, 경찰관서, 경제기구 등 모든 국가기관을 접수하고 행정권을 인수했다. 소련군정 당국은 인민위원회 위원장 자리에는 한국인을 기용했지만, 소련군 장교를 고문역에 임명함과 동시에 그들이 데리고 온 소련계 한인을 요직에 배치했다. 외관상으로는 자주적으로 운영되는 것처럼 보였으나 실질적으로는 소련군정 당국에 의해 지배되고 있었다. 당시 김일성은 소련 극동군사령부 예하 정찰부대인 88여단 제1대대장으로, 소련군 대위 계급장을 달고 1945년 9월 19일 원산항을 통해 입북했다. 스탈린은 한반도를 동구유럽처럼 위성국가로 만들기 위해 박헌영과 김일성을 놓고 저울질 했지만 결국 소련군정 총 사령관인 스티코프 중장의 강력한 조언으로 김일성(33세)을 선택했다. 소련군정 당국은 10월 14일 평양에서 군중대회를 열고 김일성을 북한 주민 앞에 내세워 찬란한 항일독립운동가로 소개했으며, 이때부터 김일성은 권력자로 부상하기 시작했다. 해방된 지 만 2개월 만에 김일성이 위성국가의 수장으로 등장한 것이다.

북한이 소련의 지휘 하에 일사불란하게 국가의 면모를 갖추어 나가고 있을 때, 미군정은 남한에 준동하는 공산주의자들이 벌이는 폭동에 대처하기에도 역부족 상태에 있었으며 김구와 김규식은 사사건건 이승만이 하는 일에 발을 걸면서 김일성에 협력하고 있었다.

1945년 말인 12월 16일부터 미 · 영 · 소 3국 외상이 만나 25일까지 회의를 열어 '한반도에 통일된 임시정부를 수립하고 5년간 미 ·

영·중·소에 의한 신탁통치를 실시하기로 결정'하여 이를 27일에 발표했다. 바로 이 시점을 계기로 하여 남한에는 찬탁과 반탁 간의 치열한 내전이 이어졌다. 남한 공산주의자들은 처음 반탁으로 가닥을 잡고 선수를 쳤지만 하루도 안 되어 금방 찬탁으로 방향을 선회하여 "소련은 조선을 해방시킨 해방군이기 때문에 당분간 소련의 지도를 받아야 한다"고 주장하기 시작했다. 이는 박헌영이 월북하여 소련 군정의 지시를 받고 왔기 때문이었다. 당시 박헌영은 여러 차례 남북을 왕래하고 있었다.

미국은 1941년 12월 7일, 일본으로부터 진주만 기습을 당했고, 그로부터 장장 5년에 걸친 태평양전쟁을 치르면서 1945년 8월 15일 일본의 항복을 받아냈다. 일본천왕 히로히토는 라디오를 통해 전 세계인들이 듣는 가운데 "미국에 무조건 항복한다"고 선언했고, 그 후 외무대신 시게미쯔 마모루(重光英)가 항복식에 나타나 맥아더 앞에서 무릎을 꿇고 "미국에 항복한다"는 항복문서에 서명을 했다. 하지만 일본천황은 소련군 사령관 앞에서 "소련에 항복한다"는 항복문서에 서명한 바 없다. 그런데 이 땅의 공산주의자들은 어째서 조선을 해방시켜준 존재가 미국이 아니라 소련이라 주장하는가?

이에 반탁을 주장하는 애국세력들은 소련과 공산주의자들의 이런 야심과 계략을 간파하고 "찬탁은 이북 빨갱이들이 남한까지도 소련에 팔아먹기 위한 수작이다"라는 구호를 퍼트렸다. 이는 맞는 말이었다. 모스코바 삼상회의를 기점으로 하여 1946년부터 남한사회는 소련이 남로당 박헌영을 통해 벌이는 무시무시한 대남공작의 희생물이 되었고, 이로 인해 수많은 인명과 재산이 무고하게 절단났다.

스탈린은 평양에 진주한지 불과 5개월만인 1946년 2월 8일에 소련군정 총 사령관인 스티코프 중장의 강력한 진언으로 김일성(35세)을 내세워 "북조선최고임시인민위원회"를 발족시켰다. 이 임시위원회는 토지와 산업을 국유화하는 조치를 취한 사실상의 정부였다. 이어서 1주 후인 1946년 2월 15일, 남한에서는 여운형, 박헌영, 백남운, 허헌 등이 주도하여 조선공산당의 무력전위대인 "조선민주주의민족전선"(민민전)을 결성했고, 그 후 1년이 지난 1947년 2월 22일에는 "북조선최고인민위원회" 즉 내각이 설치되었다. 1948년 2월 8일에는 인민군을 창설했고, 남북연석회의 계절인 1948년 4월 29일에는 '조선민주주의인민공화국헌법'이 발표되었다.

결론적으로 소련은 35세에 불과한 김일성을 꼭두각시로 하는 북조선인민공화국을 사실상 해방 5개월 후인 1946년 2월 8일에 세워 북한을 소련의 위성국으로 만든 후 이어서 남한까지 소련의 위성국으로 통일시키려는 공작을 맹렬히 진행했다. 35세에 불과했던 김일성이 과연 이 어마어마한 대남공작을 스스로 지휘할 수 있었겠는가?

1948년 2월 8일, 평양역전 대광장에는 소련군 계급장과 비슷한

계급을 단 인민군 2만 5천명이 정렬하여 인민군 창군식을 거행했다. 창설 당시 북조선인민군은 5만이었고, 그 중 반이 광장에 집합된 것이다. 이들은 소련제 기관총, 박격포, 대전차포, 고사포, 곡사포 등의 신형장비로 무장을 했다. 사열대에는 사실상의 정부인 '북조선인민위원회' 위원장인 김일성, 북한을 점령한 소련군사령관 코로트코프(G.P.Korotkov) 중장, 인민군 총고문 스미르노프 소장 등 군과 당정의 핵심들이 자리했고, 역전 주변에는 역사적 창군식을 보기 위해 구름처럼 몰려든 사람들이 축제분위기에 들떠 있었다. 오전 10시, 인민군 총사령관 최용건 대장이 군악대 연주에 맞추어 열병을 했다. 상기된 얼굴로 등장한 35세의 김일성, 그는 여기에서 이런 연설을 했다.(장준익, 북한인민군대사, 1991)

"오늘 우리가 인민군대를 가지게 된 것은 우리 조국의 민주주의 완전자주독립을 일층 촉진시키기 위해서 입니다. 영웅적 소련군대가 우리를 해방시켜 준 후, 우리 북조선에 있어서 조선인민은 해방 이후 2년이 넘는 동안에 소련군대가 자유로운 조건을 충분히 리용하여 정치, 경제, 문화 각 방면에 있어서 민주주의 완전 자주독립국가 건설에 모든 토대를 튼튼히 닦아 놓았습니다. 우리 민족을 분열시키고 우리 조국을 다시 식민지화하려는 미제국주의자들과 그 주구들의 책동으로 말미암아 해방 후 2년이 넘는 오늘에 이르기까지 우리 조국의 완전자주독립은 지연되어 왔으며…"

"오늘 우리가 창설하는 군대는 조선인민이 만든 조선인민의 군대인 것입니다. 즉 로동자, 농민, 근로인민의 아들딸로서 조직된 군대이며, 인민을 위하여 복무하는 인민의 군대인 것입니다. 다음으로 우리 인민군대가 가지는 또 하나의 특성은 그것이 과거 일제의 가혹한 탄압 하에서 우리 조국과 인민의 해방을 위하여 반일무장 투쟁에 일생을 바쳐온 진정한 조선의 애국자들을 골간으로 하여 창설된 것입니다."

"우리 조국을 사랑하는 애국자들은 해내 해외에서 일본제국주의자들을 상대로 빨치산 투쟁을 전개해 왔던 것입니다. 비록 그 창설은 오늘이라 할지라도 실제에 있어서는 장구한 혁명전통과 투쟁경험과 애국정신으로 빛나는 것입니다. 그리고 마지막으로, 조선민족의 해방자이며 은인인 쏘련군대와 쏘련 인민과 그의 위대한 령도자 스탈린 대원수 만세!"

북한이 이러한 과정을 거치는 동안 남한의 공산주의자들은 무엇을 했는가? 가장 먼저 조선공산당 여운형이 나섰다. 1945년 8월 17일, 여운형은 '건준'(조선건국준비위원회)을 만들고 145개의 지방조직을 만들어 일본 정무총감 엔도와 만나 일본인들의 무사귀환을 보장하는 대가로 일본총독부로부터 치안과 행정권과 자금을 이양받으려 했다. 그리고 서대문 형무소에 수감된 좌익범죄자 3만 여명을 석방시켰다.

반면 해방 다음 날인 8월 16일, 서울 종로 4거리 등 시내 곳곳에는 벽보가 나붙었다. "근로대중의 위대한 지도자 박헌영 선생은 어서 나와 우리를 지도해 달라!" "박헌영 동지여 어서 출현하라!" "우리는 박동지를 기다린다!" 이에 박헌영은 8월 19일, 김성삼이라는 가명을 벗고, 전남 광주에서 상경하여 공산당 재건에 착수했다. 위 벽보는 박헌영 추종자들에게는 박헌영이 곧 상경한다는 신호였고, 일반 대중들에는 박헌영이 위대한 사람인 것으로 부각시키는 효과를 냈다.

1945년 9월 6일 오후 7시, 박헌영은 경기여고 강당에서 건준을 일거에 흡수하여 인공(인민공화국)을 창건함으로써 여운형을 사실상 허수아비로 만들었다. 그리고 '인민공화국'(인공)이라는 붉은 완장을 찬 '인공' 세력이 남한사회 분위기를 사실상 지배했다. 해방이 되자 한동안 무정부 상태가 지속되었고, 미군정이 공산주의를 인정-묵인함에 따라 지하에서 지상으로 올라온 공산주의자들은 활기에 넘쳐 한동안 남한사회를 붉게 물들였다. 미군정의 설문조사 결과 당시 국민의 78%가 공산주의를 선호하고 있었다. 제주도의 경우 인민투쟁위원장인 박경훈이 제주도지사를 했고, 인민특위 부위원장이 제주읍장을 했다. 도읍면에 걸친 169개 부락 전체가 '제주인민공화국'을 형성하고 있었다.

1945년 9월 22일, 오대진을 위원장으로 하는 제주도 인민위원회가 결성되었고, 그로부터 1주일 후인 9월 28일에야 비로소 오끼나와에 주둔하고 있던 미군 1개 연대 병력이 제주도에 상륙했다. 제주도에 상륙한 미군은 일본군 사령관 가스끼 중장으로부터 항복조인을 받고 그 다음날인 29일부터 군정청을 설치했고, 제주도 군정장관에는 스타우드 소령이 취임했다.

해방이 되자 남쪽에서는 1945년 9월 11일을 기해 박헌영과 강문석 등이 주축이 되어 또 다시 '조선공산당'을 재건했고, 이와 발을 맞추어 북에서는 한 달 만인 10월 13일에 '조선공산당 북조선 분국'을 설치했다가 이내 12월 27일에 '북조선 공산당'으로 개칭했다. 남한에 있는 인물들이 세운 공산당조직의 분국이 되기 싫었던 것이다. 이에 연달아 남한에서는 11월 20일, 전국인민위원회대표자회의를 공개적으로 열었고, 여기에 제주도에서도 4명(오대진, 김정노, 이운방, 최남식)이 대표로 참석했다. 이어서 1946년 2월 15일에 공산주의 폭력 전위대인 민민전(조선민주주의민족전선)이 결성되었다. 의장단에는 여운형, 박헌영, 백남운, 허헌 등이 취임했고, 중앙상위 391명 중 3명(강문석, 오대진, 송성철)이 제주도를 대표했다.

제주도 공산주의자들의 활동이 매우 두드러졌다. 경제대책위 전국 41명 중 제주대표가 2명(고준석, 부병준)이었고, 사회정책위 전국 5명 중 제주대표가 1명(고경흠), 노동문제연구위 전국 14명 중 제주도 위원이 1명(강문석)을 차지했다.

1946년 5월 4일, 정판사 사건이 들통나고 이어서 북한이 대규모 암살단을 내려 보내자 미군정청은 9월 7일, 조선공산당 간부들을 체포하라는 명령을 내렸다. 북한은 평양보안국 특찰과 11명에게 '8월 30일까지 이승만, 장택상, 김성수, 장덕수 등을 암살하라'는 임무를 주어 서울에 잠입시켰고, 다행히도 행동에 옮기기 직전에 경찰에 체포된 것이다.

박헌영에 대한 체포령이 내려지자 박헌영은 10월 6일 오전 8시, 관 속에 들어가 장례차로 위장하여 포천의 북쪽 양문리 근처에서 38선을 넘었다. 이어서 1946년 11월 23일, 남로당(남조선노동당)이 결성됐다. 조선공산당 대표 박헌영, 인민당 대표 여운형, 신민당 대표 백남운이 3당 합당하여 남로당을 결성한 것이다. 따라서 11월 23일 남로당을 창건한 것은 이미 박헌영이 월북하기 이전에 합의된 것이다. 여기에는 물론 스티코프 중장의 지휘가 있었다.

남로당 중앙당이 창당된 지 2개월 후인 1947년 2월 12일, 남로당 제주도위원회가 결성되었고 위원장에는 안세훈, 부위원장에는 이신호, 총무부장에 김영홍, 조직부장에 조몽구, 선전부장에 김용해, 재정부장에 이창옥, 부녀부장에 좌창림, 청년부장에 김은환, 농무부장에 김용관이 선출되었다. 이어서 2월 23일에는 민민전 제주도위원회가 결성되었다.

2월초부터 각 읍면에 민애청(민주애국청년동맹), 부녀동맹, 협동조합, 청년동맹 등을 결성한 후 이를 기반으로 하여 의장단에는 안세훈과 현호경이 취임했다. 이어서 김정노 등 33명의 집행위원이 선출되었고, 사무국장에는 김정노, 선전부장에는 좌창림, 문화부장에는 김봉현이 지명되었다. 이로써 제주도의 공산당 조직은 남한에서 가장 악랄한 반국가 투쟁세력 즉 반란세력을 구축한 것이다.

여기에서 특기할 만한 인물은 김봉현이다. 그는 제주 한림읍 금악리 출신으로 오사카 간사이 대학 법학과를 졸업하고 일본 공산당원으로 활동하다가 해방 후 귀향하여 오현중학교와 한림중학교에서 역사를 가르치면서 수많은 주민들과 학생들을 공산주의자로 만들었다. 민민전 문화부장이 되어서는 3.1사건과 3.10파업투쟁에 전위적 역할을 수행한 골수 공산당원이었다. 그는 1948년 말, 검거를 피해 일본으로 달아나 조총련 오사카지부 서열 4위가 되었다. 1960년부터는 제주4·3사건에 대한 3권의 역사책을 썼다. 1960년에는 '제주도 역사지', 1963년에는 '제주도 인민들의 4·3무장투쟁사'(김민주와 공저), 1977년에는 '제주도 혈의 역사'를 썼다. 그리고 그가 쓴 역사책은 4·3역사왜곡의 줄거리가 되었다.

제3장 소련의 대남공작

　해방 후 6·25전쟁 직전까지 남한에서 발생한 광범위하고 복잡한 일련의 파업과 폭동 사건들은 해방 당시 34세에 불과했던 김일성과 그 참모들이 전개하고 지휘할 수 있는 범위를 훨씬 벗어난 사건들이며, 실제로 스티코프 비망록에 의하면 소련은 1946년 전국 규모로 전평(조선노동조합전국평의회)이 주동이 되어 일으킨 9월 파업과 10월 1일 대구폭동에 각각 일화 200만엔과 300만엔을 지원하고 투쟁방법까지 하달했다. 여러 차례에 걸쳐 박헌영은 스티코프에게 투쟁방법을 질문했고, 스티코프는 이를 스탈린에 물어 대답을 해주곤 했다.

　1982년 북한의 조국통일사는 "주체의 기치 따라 나아가는 남조선인민들의 투쟁"이라는 제목의 대남공작사를 썼다. 여기에는 광주의 5.18역사도 들어 있다. 1985년에는 조선노동당출판사가 "광주의 분노"라는 제목으로 별도의 역사책을 출판했다. 그리고 북한은 1977

년 "과학백과사전출판사"를 통해 "전후 남조선 청년학생운동"이라는 제목의 두꺼운 대남공작사를 썼다. 모함하는 부분을 빼고 객관적인 자료만을 보면 이 역사책들은 상당히 정확하다.

'주체의 기치 따라 나아가는 남조선인민들의 투쟁'의 30~31쪽에는 해방직후의 서울의 광경을 소개하는 1945년 12월 16일자 서울신문이 인용돼 있다.

"김일성 장군 환영준비위원회가 결성되었다. 김일성이 이북에서 건국사업에 매진하고 있지만 곧 서울로 입성하리라는 기꺼운 소식이 전해지고 있다. 이 소식을 접한 서울의 각 정당과 단체들은 일본과 싸운 혁명선배를 전 민족적 감격으로 환영하기 위해 서울시 인민위원회 사무실에서 회합하여 김일성장군 환영준비위원회 결성을 합의했다."

"해방된 이튿날인 8월 16일에는 항일의 전설적 영웅이신 김일성 장군님께서 서울에 개선하신다는 소문이 퍼져 수십만의 사람들이 인산인해를 이루어 서울역에서는 '절세의 애국자이시며 민족의 영웅이신 우리의 령도자 김일성 장군 만세"라는 플랑카드가 창공높이 나붓기었다."

실제 당시의 남한 경제는 북한에 비하면 매우 열악하여 1960년만 해도 북한의 1인당 GNP는 남한의 2배나 되었다. 당시 이승만에 라이벌 의식을 가지고 있었던 김구는 이승만이 하는 일에 일일이 발목을 잡았고, 그 라이벌 의식에 그만 눈이 멀어 '공화국영웅 제1호'

성시백의 꼬임에 빠져 청년들의 만류를 뿌리치고 경교장 담을 넘어 김일성에게 달려가 북한정권 수립에 들러리를 서주었다. 이는 1997년 5월 26일 로동신문에 2개 면을 통해 낱낱이 소개돼 있다.

평양회의는 1948년 4월 19일부터 23일까지 진행됐다. 김구는 "못 가십니다. 가시려면 우리의 배를 지프차로 넘고 가십시오" 줄줄이 누운 학생들을 피해 담장을 몰래 넘어 4월 20일에 평양에 갔지만 4월 22일에야 비로소 회의장에 초대됐다. 22일 회의에서 김구, 조소앙, 조완구, 홍명희가 북조선 주석단에 보선됐다.

이 자리에서 김구는 이런 축사를 했다. 김구는 북한이 먼저 세운 '단정'에는 눈을 감고 북한보다 뒤늦게 추진하는 이승만의 '단정'만 물고 늘어졌다.

> "위대한 회합에 참석하여 기쁘게 생각한다. 조국이 없으면 국가가 없으며 국가가 없으면 정당이나 사상도 없을 것이다. 우리의 공동목표는 단선(남조선만의 단독정부수립)을 반대하는 것이어야 한다. 남조선에서 뿐만 아니라 그 어느 곳을 막론하고 그것을 반대하지 않으면 안 된다"(조선일보 1948.4.24)

평양회의에 참석한 소위 남한의 '민족주의자'들은 4월 30일 남북요인회담에서 아래와 같이 찬양들을 했다. 남북요인회담이란 '전조선정당사회단체대표자연석회의'를 말하며 당시 56개 정당-사회단체가 참여했지만 남한에서 올라간 단체 간부들은 좌익이거나 함량

미달의 부화뇌동자들이었다. 이들이 평양에 가서 무슨 말들을 했는지 양동안의 "1948년 남북협상의 허와 실"에서 발췌해 본다.

　　김규식 : "조선사람은 누구를 막론하고 소련의 제의가 불가하다고 말한 사람이 없을 것이다. 유엔소총회는 남조선만이라도 단독선거를 실시하자는 비법적 결정을 채택하였다. 나는 오늘 남북협상지지 축하 평양시민을 보고 눈물이 났다. 남조선의 지위를 오늘날의 북조선 지위와 비교한다면 천양지차가 있다. 북조선으로 오니 북조선은 살 토대가 있다. 남쪽은 공장이 없고, 미국차관만 가져오고, 여기 공장은 일하고 있으며 남쪽은 망하는 집안 같고, 여기는 새로 잘 되는 집안 같다"

　　홍명회(민족자주연맹 부위원장) : "황해제철소를 시찰하고 우리가 하고 있는 건설사업이 세계문화에 기여할 수 있는 명예를 전 조선에서 나눠 갖고 싶었다. …나는 25일 평양시민들을 보았는데 남조선의 군중 대회와는 비교할 수 없을 만큼 굉장했다. 이것은 잘 되어 가는 집안과 못 되어 가는 집안을 비교하면 족할 것이다."

　　강순(근로대중당 당수) : "나는 희망에 찬 동포들을 보았다. 나는 북조선을 이렇게 발전시킨 영명한 지도자 김일성 동지에게 경의를 표한다. …북조선인민위원회는 조선통일정부의 기초라고 생각한다"

　　이민규(여운형의 최측근) : "나는 김일성 대학을 시찰하였다. 그 시설과 과학적인 편성에 감탄하였다. …대학생들은 자유롭게 공부하고 있으며 학원은 민주주의적으로 원활히 운영되고 있는 것을 보았다. 그러나 남조선 대학들은 아무런 공부도 되지 않는 형편이다."

김충규(신진당 선전부장) : "입북하여 가장 감격하게 느낀 것은 북조선에서는 이미 우리 조국의 민주주의 독립의 토대가 튼튼히 세워지고 있다는것이다. 북조선에서는 정치, 경제 모든 점이 광범한 인민적 기초위에 가장 자유로운 발전방향을 보이고 있다는 것을 공장, 기업소, 학원들을 시찰함으로써 똑똑히 보았다. 이것은 남조선의 형편과 아주 다른 것을 말하는 것이다."

김성규(민족대동회 위원장) : "남조선에서 미제국주의자가 실시하려고 하는 단독선거, 단독정부를 반대하는 투쟁에 있어서 우리들은 북조선인민의 절대적 원조와 협조 없이는 도저히 승리할 수 없을 것이다. …북조선에 와서 북조선인민들이 실제로 건설해 놓은 업적을 보고 오직 감격했으며 김일성 장군의 훌륭한 영도에 대하야 성심으로 경의를 표하는 바이다."

당시 평양에 갔다가 돌아오지 않은 사람은 홍명희, 이극로, 이만규, 이용, 권태석, 장권, 손두환, 강순, 김성규 등이다. 더 많은 공산주의자들이 남한에 돌아와 공산화 공작에 참여했다. 1950년 6월 28일, 인민군이 서울에 입성하자 어디에 그렇게 숨어 있었던지 인공기를 들고 나와 김일성 만세, 인민공화국 만세를 부르는 서울시민들이 쏟아져 나왔다. 상당수가 보도연맹 가입자들이었다. 보도연맹이란 반공대열에 서겠다고 서약한 좌익들의 집합체를 말하지만 이들 중에는 속으로는 전향을 하지 않았으면서도 겉으로만 서약한 사람들이 아주 많았다. 1950년 6월 28일 서울에 인민군이 입성하자 이들 전향을 가장했던 보도연맹 가입자들이 완장을 차고 죽창을 들고 다니며 애국자들을 색출해 처단하는 악역을 수행했다. 이를 지켜본 군경들은 급히 부산으로 후퇴하면서 후환을 없애기 위해 보도연맹으로 관리해 오던 좌익들을 집단으로 전격 처단할 수밖에 없었다. 30만 명의 가입자들 중 얼마가 죽었는지는 알 수 없지만 수만 단위로 회자되고 있다.

일본이 본 "한국전쟁"은 전집 10권으로 구성돼 있다. "日本陸戰史研究普及會"이 책의 91쪽에는 "인민군이 입성하자 서울시에는 적기를 흔들며 환영하는 인파가 의외로 많았다"고 기술돼 있다. 지금도 이 나라에는 김일성 부자를 찬양하고 북에 충성하는 공산주의자들이 사회에 도배돼 있다. 이런 것들을 참작해 보면 "주체의 기치 따라 나아가는 남조선인민들의 투쟁"의 30쪽에 기술돼 있는 서울시의 모습은 그리 과장된 모습이 아니라는 생각이 든다. 그리고 이어서 급히 남쪽으로 퇴각하는 군경이 믿지 못할 보도연맹 가입자들을 집단 처리한 것에도 상당한 이해가 간다.

위 '주체의 기치 따라 나아가는 남조선인민들의 투쟁' 48~64쪽에 기록돼 있는 1946년의 남한사회를 요약해 본다.

"서울을 비롯한 남조선 각지에서 공산당 단체들이 조직되었으며 지방자치기관들과 지방인민위원회를 엮기 위한 투쟁이 활발히 전개됐다. 1945년 10월말에는 7개 도, 12개 시, 131개 군에 인민위원 조직들이 들어섰다. …8.15이후 몇 해 사이에 노동계급이 줄어들었다. 1944년에는 공장 노동자 수가 25만5천이였는데 1947년 3월에는 12만1천명으로 반 이하로 줄어들었다. …이러한 사정에도 불구하고 남조선 노동계급은 남조선에서 혁명을 영도할 수 있는 유일한 계급이었다. …남조선 농민은 노동계급에 믿음직한 동맹자로써 남조선 혁명에 주력군을 이루었다."

"노동자들은 각 산별노조들을 조직했고 이에 기초하여 1945년 11월에는 1,680 여 개의 노동조합들을 16개의 산업별 조직(금속, 출판, 해운, 조선, 일반봉급자, 어업, 통신, 전기, 식료, 목재, 토건, 교통, 철도, 섬유, 화학)에 결속한 전평(노동조합 전국평의회)이 결성되었다. 서울, 인천, 삼척, 부산, 마산, 목포, 군산, 대구, 대전, 광주, 전주 등 11개의 주요산업지구에는 지방평의회가 조직되었다. 전평은 1946년 2월 현재 그 산하에 57만 4천여 명의 조합원을 결속시켰다. 1945년 12월에는 노동조직과는 별개로 '남조선 청년단체총연맹'이 결속되고 그해 7월 현재 130여만의 맹원을 확보하고 있었다."

2011년 4월의 네이버 백과사전에는 '전평'에 대해 이렇게 기록돼 있다.

좌우대립의 사상적 혼란기에 노동자·농민을 선동하여 결성한 좌익계의 노동단체로 조선민주청년동맹과 더불어 조선공산당의 양대 세력이었다. 1945년 11월 1일 전평의 지도하에 조선광산노동조합을 비롯하여 금속·철도·교통·토건·어업·전기·통신·섬유·광업 등의 분야에서 16개 산업별 노동조합이 결성되었고, 지부수가 총 1,194개, 조합원 수가 총 50만 명에 이르렀다. 미군정이 조선건국준비위원회의 조선인민공화국 인정을 거부하자, 이에 대한 조직적 대항세력을 확보할 목적으로 결성한 것이다. 최저임금제 확립, 14세 미만의 유아노동 금지, 부인노동자의 산전산후 2개월 유급휴가제 실시 등 19개 항을 일반행정강령으로 채택하였으며, 한국사회의 모든 부문에서 격화되고 있는 공산진영과 민족진영 간의 대결에서 공산진영의 전위대 역할을 담당하였다.

북한 자료가 더 정확한 것인지 남한의 자료가 더 정확한 것인지는 알 수 없지만 남북한 자료는 대동소이하여 격차가 크지 않다.

이어서 '주체의 기치 따라 나아가는 남조선인민들의 투쟁'으로 다시 연결한다.

"1945년 12월에는 민주여성의 대중단체로 '남조선 부녀총동맹'이 결성되었다. 1946년 8월 15일에는 1,140여명의 노동자들과 3만여 군중이 참여한 광주 화순탄광 노동자들의 투쟁이 발생했고, 같은 시기에 인구 1만의 하의도(필자 주 : 김대중의 고향) 농민들이 여러 날에 걸쳐 폭동을 일으켰다. 9월 총파업이 있었고, 10월 1일의 대구 인민항쟁이 있었다. 1948년에는 2.7구국투쟁과 이어진 제주4·3인민항쟁이 5·10단선반대 투쟁으로 이어졌고, 10월 여수 군인폭동이 있었다. 이렇게 연이어 일어난 남조선 인민들의 구국투쟁은 조선인민의 해방투쟁 역사에 빛나는 페이지를 남겨 놓았다 ….

미제는 1946년 6월에 이른바 '정판사 위조지폐 사건'이라는 날조된 모략극을 꾸며 이를 구실로 공산당 본부를 습격하여 당 기관지 '해방일보'를 강제 폐간시켰고 7월 29일에는 허위 날조된 정판사 사건에 대한 재판 공개를 요구하는 군중들에 발포하여 1명을 학살하고 50명을 검거하는 만행을 자행했다. … 8.15 이후 1946년 8월까지 한 해 동안 남조선에서 일어난 파업 건수는 1,299, 참가인원수는 22만6,998 명에 달하였는데 그 대부분이 1946년 1-8월 사이에 일어난 것이다."

이 역시 남한의 자료와 일치한다. 이를 보면 해방직후부터 소련이 박헌영을 통해 얼마나 거대한 파괴공작을 했는지 능히 짐작할 수 있을 것이다. 당시 35세의 애송이에 불과했던 김일성은 자기 앞길 가리느라 천방지축이었을 것이며 어린 김일성이 북한에서 벌이는 활동 역시 소련이 일일이 지시했을 것이다. 위 사건들 중에서 1946년을 수놓은 정판사 사건, 전국적으로 발생한 9월의 총파업, 10월의 대구폭동에 대해서는 반드시 짚고 넘어갈 필요가 있다.

제4장 정판사 사건

정판사 사건의 내역

해방 직후 소공동 74번지 근택빌딩에는, '조선공산당'(1945년 9월 11일에 박헌영과 강문석 등이 재건)이 입주해 있었고, 조선공산당 기관지인 '해방일보'가 함께 입주해 있었으며, 해방일보 전용 인쇄소인 '조선정판사'도 입주해 있었다. '정판사'는 일제 말 '조선은행 100원권'을 인쇄하던 치카자와(近澤) 인쇄소를 개칭한 이름이었고, 그 사장은 박낙종이었다. '해방일보' 사장은 권오직, 편집인 겸 주간은 조일명이었다.

1946년 5월 9일자 동아일보 2면에는 '대규모의 화폐위조사건 발각'이란 4단 제목의 머리기사가 실렸다. '5월 8일 오전 8시 10분경 시내 장곡천정(長谷川町·현 서울 소공동) 근택(近澤)빌딩을 돌연 포위한 수사경관대는 동 삘딩 조선정판인쇄주식회사를 세밀히 조사하고

동 10시 10분경에 돌아갔다'는 뉴스가 뜬 것이다. 1946년 5월 15일, 수도경찰청 청장인 장택상은 위조지폐 관련자들을 체포했다고 공식 발표했다.

조선경찰 제1관구경찰청 휘하 본정서(本町署·지금의 서울 중부서) 경찰이 적발한 지폐위조단은 모두 16명. 이들은 조선공산당 간부 2명과 당 기관지인 해방일보를 인쇄하는 조

정판사

선정판사 직원(공산당원) 14명이다. 당시 조선공산당은 심한 재정난을 겪고 있었다. 이에 당 총무부장 겸 재정부장 이관술과 당 집행위원인 해방일보 사장 권오직은, 조선정판사 사장 박낙종과 서무과장 송언필에게 지폐 위조 임무를 맡겼다.

위조단은 1945년 10월 하순부터 1946년 2월 상순까지 6차례에 걸쳐 약 1,200만원 상당의 100원권 위폐를 인쇄·유포했다. 지금 북한이 100달러짜리 슈퍼노트를 위조하여 사용하는 것과 같은 행위인 것이다. 위조지폐 제작, 마약 생산 및 유통, 위조담배 제조 등 위조-유통 수법은 예나 지금이나 공산당의 생리요 DNA인 것이다. 지금 좌익들은 인터넷에 정판사가 위조지폐를 절대로 만들지 않았다는 거짓말들을 그럴 듯하게 만들어 범람시키고 있지만, 북한이

현재 슈퍼노트 등 위조 행위로 자금을 조달하고 있는 엄연한 사실이 부정되지 않는 한, 정판사 사건에 대한 당시의 수사 및 재판 결과는 진실이라고 믿을 수밖에 없다.

미 군정청은 5월 15일의 이 사건 발표 후 공산당본부를 수색, 조선정판사를 폐쇄하고 '해방일보'는 무기정간 조치했다. 이 조치를 고의적 날조라며 항의하던 조선공산당은 7월 26일을 기해 이른바 신전술을 발표했다. "지금까지 미군정과 그 비호하의 반동들의 테러에 대하여 그저 맞고만 있었으나 지금부터는 맞고만 있을 것이 아니라 정당방위의 역공세로 나가자. 테러는 테러로써, 피는 피로써 갚자" (김남식 '실록 남로당' 신현실사, 1975)며 그 전까지의 타협적 자세를 바꾸어 공세적 입장으로 돌아섰다.

14명의 공산당원들이 무더기로 체포, 재판을 받자 당시의 공산주의자들은 지금의 좌익들처럼 온갖 비이성적인 행패들을 부렸다. 공산분자들은 체포된 14명이 절대로 공산당원이 아니며 '경찰이 공작 목적으로 뒤집어 씌운 것'이라고 억지 주장을 계속했다. 2011년 8월에 검거된 왕재산 간첩사건에 대해서도 공산주의자들이 대거 나서서 구속된 혐의자들이 간첩이 아니라며 국정원 앞에서 농성을 벌이고 있다. 예나 지금이나 좌파가 재판에 걸리면 좌익 변호사들이 무더기로 변호인단을 구성하고 좌익들이 재판정에 들어가 소란들을 피운다. 좌익 변호인단이 여러 명으로 구성되었다 하면 그 사건 피고인은 분명한 좌익이다.

당시에 체포된 14명의 공산당원들에도 공산당 변호사들이 무더기로 달려들었고, 이들은 수많은 좌익 방청객들과 어울려 공판정을 어지럽히고, 판사에 대해 기피신청을 하는 등 온갖 행패를 부리면서 재판을 30회나 끌었다. 공산당 간부 2명 가운데 이관술 만이 2개월 뒤 체포돼 무기징역형을 선고 받았고, 권오직은 월북했다. 나머지 일당은 무기징역 또는 징역 10~15년형을 각각 선고 받았다.

그 후 정판사는 천주교회에 불하되어 '경향신문사'로 변신했고, '해방일보'는 증발되어 영원히 사라졌다. 조선공산당도 그 건물에서 쫓겨났다. 이 정판사 사건은 미군정으로 하여금 공산당을 불법화시키는 계기로 작용했다. 미군정은 실정 모르는 민주주의자들로 구성되어 있어서 서울 진주 후부터 1946년 9월까지 1년 동안이나 공산주의를 합법화했고, 그들에게 무한한 자유를 제공했다. 한국 공산주의가 범람한 것은 바로 이 때였다. 해방 직전까지만 해도 한국 내에 번식하는 공산당원들은 일본 경찰의 삼엄한 탄압을 피해 지하로 숨어 활동했고, 숨어서 하는 지하활동은 공공연히 드러내놓고 하는 지상 활동에 비해 그 효력이 크지 못했다. 미군정은 공산당으로부터 수 없이 당하고, 그들의 세력을 키워 줄만큼 키워준 후에야 비로소 공산당을 불법화하기 시작한 것이다.

제5장 부나비 같은 좌파 일생

박헌영의 일생

공산주의자들의 일생을 보면 부나비와도 같다. 공산주의의 화신 박헌영은 1900년, 예산에서 태어나 현 경기고(경성고보)를 졸업하고 23세인 1922년 상해에 가서 이르쿠츠크파 공산당원으로 가입하고 모스크바 코민테른대표자회의에 참가한 후 국내로 잠입하다가 3월 25일 일경에 체포되어 1년 6개월의 옥살이를 했다. 1926년 6·10만세사건과 관련하여 서대문 형무소에 수감되었다가 온갖 미치광이 행세를 하여 풀려나기도 했다.

박갑동 저 '박헌영' 73쪽에는 박헌영이 미치광이 쇼를 어떻게 했는지 잘 묘사돼 있다. 그는 감옥에서 밥은 잘 먹었지만 미치광이 짓을 참으로 잘 했다. 1927년 11월, 박헌영은 두 차례나 목을 매 죽을 듯이 바동거려 간수들을 놀라게 했다. 수갑을 채우자 온몸으로 방안을 나뒹굴며 자해를 했고, 대변을 벽에 바르고 그것을 손으로 집어먹는 등 미친 쇼를 잘하여 보석에 성공했다.

그 후 조선일보와 동아일보 기자로 있으면서 남한 공산당조직의 우두머리가 됐다. 그는 해방 후부터 1946년 10월 6일 월북할 때까지 6회에 걸쳐 월북하여 김일성과 단독회담을 한 바 있으며 1946년 7월 초에는 김일성과 함께 모스크바로 불려가 스탈린에게 각각 정세 보고를 했다. 그리고 이어서 9월파업과 10월폭동을 지휘하는 등 폭력전술을 구사했다. 1946년 10월 6일 오전 8시, 그는 미군정의 체포명령 때문에 장례식 대열로 위장한 운구차의 관속에 들어가 경기도 포천과 양문리를 거쳐 해주로 도망 갔다. 인간으로 태어나 인생다운 삶을 단 한 번도 살아보지 못한 채 그는 53세(1953년 8월)의 나이로 그가 충성했던 북조선 황제 김일성에 의해 6·25 불법 남침 전쟁의 실패 책임을 몽땅 뒤집어 썼다. 1953년 3월 11일 체포되어 3년 동안 온갖 고초를 당하다가 1956년 7월 19일 방학세가 쏜 2발의 권총탄에 의해 파란만장한 인생을 마감했다. 그가 56세에 희생당했을 때 김일성은 44세였다. 그리고 남로당에서 박헌영과 함께 김일성에 충성했던 남로당 간부들이 모두 숙청되었다.

박낙종의 인생

정판사 사건의 주인공 박낙종을 보자. 그는 1899년 경남 사천의 부유한 집안에서 태어나 일본으로 건너가 와세다대학 정치경제학과를 졸업했다. 일본에 있는 동안 사회주의에 심취했고, 1927년에는 조선공산당 일본지부를 재건하여 책임비서가 되어 공산주의 전파를 위한 기관지를 여러 개 발간했다. 1928년 2월, 제3차 조선공산당 검거 때 검거되어 서울로 압송 5년의 징역을 살았다. 1945년 8월, 박헌영에 합류했고, 1946년 정판사 사건을 일으켜 목포교도소에서 무기징역형을 살다가 6·25전쟁을 맞아 총살당했다. 부유한 집안에서 태어나 삶다운 삶 한번 살아보지 못하고 51년의 인생 중에서 10년을 감옥에서 보낸 후 형장의 이슬로 사라진 것이다.

김달삼의 일생

본명은 이승진(李承晉), 1924년 남제주군 대정읍 영락리에서 출생하여 유년시절에 부모를 따라 대구로 이주한 후 대구 심상소학교를 졸업하고 중학교로 진학하였다가 아버지를 따라 도일, 오사카에 거주하면서 교토 성봉중학교를 거쳐 도쿄 중앙대학 1년을 수료했다. 남제주군 대정면 안성리 출신인 남로당 중앙당 선전부장인 강문석이 사용하던 가명 김달삼을 이어받고 그의 딸 강영애와 결혼했다.

1946년의 대구폭동에도 깊숙이 개입했고, 조선공산당경북도당 대구시당 서부지역의 당세포조직 책임자로 활약했다. 그후 남로당 제주도당책과 군사부 책임자로서 4·3사건을 주도하다가 1948년 8

월 2일, 제주를 탈출, 목포를 경유하여 그 해 8월 25일 해주 남조선 인민대표자회의에 참석하여 이른바 "김달삼 해주연설"로 제주 유격대 투쟁 상황을 보고하여 절찬을 받았고 월북한 주모자 일행 및 장인 강문석과 함께 소위 '조선최고인민회'의 대의원으로 피선되면서 국기훈장 2급을 서훈 받았다.

1950년 강동정치학원 졸업생 300명을 이끌고 동해안 태백산으로 침투, 준동하다가 북으로 퇴각하던 중 1950년 3월 22일 오후 6시 태백산에서 8사단 22연대에 의해 사살되었다는 보도가 있다. 그의 나이 불과 26세였다. 하지만 러시아측 보고서에는 김달삼이 1950년 3월말에 북한으로 돌아와 1950년 4월 3일에 노동당중앙위원회에 태백산 활동에 대한 보고서를 제출하였다는 내용이 있다.

현재는 평양 신미리 애국열사릉에 가묘로 안치돼 있다. 그의 장인 강문석은 북으로 가서 최고인민회의 제1기 대의원, 노동당중앙위원회 사회부장, 전원회의 상무위원 등을 역임했지만 6·25전쟁 직후 박헌영과 함께 숙청됐다.

이덕구의 일생

김달삼을 따라다니다가 제2대 제주도 인민해방군 사령관이 된 이덕구는 1920년생이었다. 그는 나이 27세에 그보다 4년 아래였던 김달삼의 부하로 들어가 한라산에서 3년의 인생을 험하게 보낸 뒤 1949년 6월 7일 그의 부하 허씨의 밀고로 경찰에 의해 총살당했다. 어느 자료에 의하면 그는 같은 날 새벽 3시에 배를 타고 탈출하여 지리산에서 활동 중인 이현상과 합류하려다 제주읍 화북지서 김영주 경사를 비롯한 경찰 5명과 민보단원 5명에게 포위돼 자수를 권유받았지만 총으로 대항하다가 벌집이 되었다 한다. 하지만 그가 6월 7일 살해된 것에 대해서는 대체로 이견이 없다. 이때 그의 나이 30이었다. 북한은 그에게 국기훈장 3급을 서훈했고, 1990년에 제정된 조국통일상을 추서하였으며, 현재 평양 신미리 애국렬사릉에 가묘로 안치돼 있다.

제6장 1946년 9월 총파업

　김일성과 함께 스탈린을 방문한 박헌영은 전평에 10월 총파업을 지시했다. 하지만 9월 6일에 남로당 핵심당원 이주하가 체포되고, 9월 7일 박헌영 등에 대한 체포령이 내려지고, 인민일보, 현대일보, 중앙신문 등 3개 좌익 신문들이 정간되자, 소련 지도부는 앉아서 당하기보다는 빨리 선수를 쳐야 되겠다는 생각에 10월로 계획했던 총파업을 갑자기 9월로 앞당겼다. 스티코프 비망록에 의하면 이 9월 총파업은 소련의 명령과 지도 및 자금지원에 의해 이루어졌다. 9월 총파업은 소련이 일화 200만 엔을 내려 보내 일으킨 계획적인 폭동이었기에 북한은 이에 대한 자세한 자료를 확보하고 있을 것이다. 1982년에 발간된 '주체의 기치 따라 나아가는 남조선인민들의 투쟁'에 나타난 자료만 보아도 우리 자료보다 더 상세하다.

　당시 남한의 식량 사정은 매우 어려워 쌀값이 며칠 사이에 60배로 뛰어 오르는 등 국민 대부분이 기아에 허덕이고 있었다. 당시에 실시된 쌀 배급제라는 것은 미군정이 쌀을 모아 균등하게 배급하려는 정책이었지만, 예상보다 절대량이 부족했다. 이를 놓고 공산당은 백성들을 선동하기 위해 미군정의 탓으로 모함했다. 9월 총파업은 미군정을 모함하기 위해 날조된 유언비어와 거짓 선동으로 시작된 것이다.

1982년 북한의 조국통일사가 발행한 '주체의 기치 따라 나아가는 남조선인민들의 투쟁'의 66~73쪽에는 "남조선로동운동자들의 9월 총파업"이라는 소제목으로 9월 총파업의 실상이 소개돼 있다. 여기에 소개된 파업실상을 아래에 요약 소개한다.

> 1946년 9월 총파업에서 시작하여 10월 인민 항쟁으로 이어지는 대중적 항쟁은 미군정의 철폐와 인민정권수립이라는 정권투쟁의 요구를 내세우고 진행된 전인민적투쟁이었다. 로동계급은 절박한 생활문제 해결은 '정치적인 해결 없이는 불가능하다'는 것을 느끼고 강력한 정치투쟁을 준비하였다.
>
> 그리하여 1946년 9월 초순에는 전평 및 16개 산별 노동조합 대표자 회의에서 '남조선 총파업 투쟁위원회'를 결성했고, 이어서 남조선 전역의 기업소, 공장들에서는 종업원회의를 열고 파업투쟁위원회를 조직했다. '파업투쟁위원회'는 정치 선동 및 선전 사업으로 사상적 준비를 진행했다.
>
> 총파업에 대한 통일적 지휘를 위해 16개 산업별 파업투쟁위원회들이 결성되었고, 서울, 인천, 대전, 대구, 부산, 광주, 목포, 전

주, 삼척, 마산, 군산 등 산업 중심지역에 지역별 총파업투쟁위원회가 결성됐다. 그리고 이들이 하나로 통합되어 '남조선총파업투쟁위원회'가 결성됐다.

'남조선총파업투쟁위원회'는 9월 15일에 다음과 같은 요구조건을 미군정청에 들이대고 9월 23일까지 화답할 것을 요구했다. 1)노동자, 사무원, 모든 시민들에게 하루 3홉 이상의 쌀을 배급하라 2) 물가 등귀에 따라 임금을 인상하라 3) 모든 실업자들에게 집과 일과 쌀을 달라 4) 공장폐쇄 및 해고 절대 반대, 노동운동의 절대자유 보장, 일체 반동테러를 배격한다 5) 북조선과 같은 민주주의로동법령을 즉시 실시하라 6) 검거, 투옥 중인 민주주의 운동자들을 즉시 석방하라 7) 언론, 출판, 시위, 집회, 결사, 파업의 자유를 보장하라 8) 학원의 자유를 무시하는 '국대안'(필자 주 : 국립서울종합대학안)을 즉시 철회하라 9) 해방일보, 조선인민일보, 현대일보 기타 정간된 신문을 즉시 복간시키고 그 사원들을 석방하라 10) 무상몰수 무상분배의 토지개혁을 실시하라 11) 미군정을 즉시 철폐하고 정권을 인민위원회에 넘기라 12) 소미공동위원회를 속개하고 즉시 민주조선독립을 실현시켜라. 이런 요구가 미군정에 의해 거부되자 총파업투쟁이 철도노동자들을 선두로 시작됐다. '남조선총파업투쟁위원회'는 9월 24일 0시를 기해 "전민족을 구출하고 생존과 자유의 길을 열고 자주독립을 위하여 4만 철도로동자들을 선두로 사생존망의 민족적 투쟁을 시작한다"는 성명서를 발표했다.

7,000여명의 부산지구철도로동자들이 열차운행을 중지시키고, 부산에서 사상역에 이르는 30리 구간에는 운행을 중지한 열차가

쌍줄로 꽉 들어찼다. 서울에서는 경성철도공장 3,000여명의 노동자들이 오전 9시를 기해 직장별로 종업원회의를 열고 파업을 선언함과 동시에 서울역 노동자들과 함께 용산기관구를 점거 농성에 들어갔다. 용산기관구 농성자 수는 1만 3,000명이 넘었다. 서울, 부산, 광주, 목포, 대구, 안동 등에서 파업이 일어났고, 경부선, 호남선, 전라선, 중앙선 등 모든 철도가 마비되었다. 철도노동자들의 뒤를 이어 체신, 전기, 금속, 광산, 해운, 교통, 운수, 화학, 식료, 섬유, 토건, 출판, 일반봉급자들이 모두 동참했다. 서울의 중앙전신국, 중앙전화국, 중앙우편국을 비롯한 25개 체신기관 4,000여 명의 노동자들이 파업에 들어갔다. 지방의 체신노동자들도 동참했다. 이로써 남조선의 우편, 전신전화망이 일체 마비되었다.

경성전기회사 노동자 3,000여명도 파업에 돌입했다. 각 항구의 해운노동자들도 파업에 동참했다. 전국적으로 26만 3,974명이 파업에 동참했다. 9월 30일 이른 새벽, 미제침략군의 지휘 밑에 탱크를 앞세운 무장경찰 4,000여명과 테러단이 용산기관구로 들이닥쳤다. 육박전이 4-5시간 동안 계속됐다. 미제는 40여 명의 노동자들을 살상하고, 1,700여명의 노동자들을 대량 검거하는 만행을 저질렀다.

이상의 북한 자료는 네이버백과가 정리한 내용보다 더 자세하고 구체적이다. 결국 9월총파업은 파업을 주도한 '전평'(조선노동조합전국평의회, 1945년 11월 5일 결성한 조선공산당 산하 노동운동단체)의 패배로 마감됐지만 대구에서는 그 파업의 불씨가 살아나 1946년 10월 1일 대구폭동으로 연결되었다. 그리고 대구에서 10월 1일부터 시작된 폭동은 약 40여 일에 걸쳐 전국적으로 확산되었고, 이 폭동 역시 소련이 일화 300만 엔을 퍼부어 기획-지휘한 폭동이었다. 참고로 9월 총파업을 분쇄하는 데에는 경찰은 물론 김두한이 이끄는 주먹들의 공헌이 컸다. 김두한은 남로당의 전위대였다가 마음을 돌려 공산당을 때려잡는데 앞장섰던 주먹계의 강자였다.

제7장 10·1 대구폭동 사건

10월 대구 폭동에 대한 남한의 기록들이 시원치 않다. '영남일보가 1947년에 간행한' 〈경북총감〉에 대구폭동 역사가 수록돼 있지만, 이 내용은 대구사태를 이해하는데 별 도움이 되지 않는다. 오히려 네이버백과가 균형감 있게 정리 해 놓았다. 2011년 6월 20일 평강교회의 원로목사 박윤식(85)이 지은 "제주 4·3폭동"의 22~30쪽에는 대구폭동 현장이 자세하게 묘사돼 있다. 박윤식 목사는 당시를 살아온 산 증인으로 알려져 있다.

박윤식 목사의 대구폭동사 정리

대구역전 금정운수 노조 사무실 2층에는 전평(조선노동조합전국평의회)과 노평(조선노동조합대구지역평의회) 사무실이 나란히 있었다. 사무실 주위에는 수천의 노동자들이 반미구호를 외치며 시위하고 있었다. 10월 1일 오후 6시, 시위가 소강상태를 보이자 경찰은 경계 인원을 150명 정도로 줄여 다소 긴장이 풀어진 상태에서 경계를 서고 있었다. 2층 노평 사무실에서 경찰의 약점을 노리고 있던 시위대 지휘부가 갑자기 "경찰 저놈들 죽여라"하는 고함을 지르며 돌을 던졌다. 돌에 맞은 경찰이 놀란 나머지 2층을 향해 총을 쏘았고 이 총소리에 놀라 시위에 참가했던 노동자들이 혼비백산 도망하느라 아수라장이 됐다. 이에 노동자들은 "경찰이 사람들을 죽였다"며 소문을 퍼트렸고, 이 소문은 삽시간에 대구 전역으로 퍼졌다. 당시 경찰 총에 맞아 죽은 노동자는 연탄공장 공원인 황말용 한 사람뿐이었다.

좌익들의 시위에는 언제나 시체가 등장한다. 시체는 국민감정에 불을 지피는 데 최고의 소재다. 따라서 앞으로 국민들은 좌익들의 시체장사 수법에 대해 경계하고 냉정해야 할 것이며, 국민감정을 부추기는 방송도 경계해야 할 것이다. 대구폭동에서도 여지 없이 시체작전이 등장했다. 10월 2일, 오전 9시, 대구의과 대학생 최무학을 포함한 5명의 학생들이 시체장사에 투입됐다. 병원에서 콜레라로 죽은 시체 4구에 하얀 시트를 덮고, "어제 대구역에서 경찰에 맞아 죽은 시체들"이라며 거짓소문을 퍼트려 시민들을 선동한 것이다. 이에 분개한 사범학교 학생 300명과 다른 학생 15명이 합세하여 오전 10시, 대구경찰서에 도착했다. 학생대표들은 이성욱 서장과 담판을 한다며 서장실로 갔고, 경계 중이던 50명의 경찰은 시위대에 포위되었다.

공산당 대구도당 책임자 장석우가 경찰청장에게 압박을 가했다. "경찰이 먼저 무장을 해제하면 군중을 책임지고 해산 시키겠다" 공산당에 대한 경험이 일천한 이성욱 서장은 이 말을 곧이듣고 바보같이 경찰의 무장을 해제시켰다. 1946년 10월 2일 오전 11시 30분이었다. 무장이 해제되자 시위대는 일제히 경찰서 안으로 들어가 유리창을 부수고 유치장을 파괴하여 100여 명의 죄수들을 석방시킨 후 경찰서를 장악했다. 이처럼 좌파들이 벌이는 전문 시위대와 협상을 하게 되면 반드시 당하게 되어 있다. 이 세상에 공산주의자들과 협상을 하는 사람처럼 미련한 바보는 없다.

인민보안대장 나윤출은 시위대를 100명씩 나누어 조를 짜서 시내로 보내 경찰가족 집을 습격하게 했다. 이로써 대구는 순식간에 공포의 도가니로 변하면서 좌익들의 세상이 되었다. 이러한 폭동은 경북-경남-전남지역으로 확산됐다. 경북 22개 군청과 경찰서가 5만여 폭도들에 점령되었다. 폭도들은 수많은 만행을 저질렀지만 그 중 대표적인 것들 몇 개만 추려보면 아래와 같다.

칠곡 경찰서장 윤상탕은 황점암 일행에 의해 죽창과 낫으로 난자 당했다. 화원 지서장 김현태와 경관 정남수, 현무기, 윤삼문이 현장에서 사살됐다. 달성경찰서 경관 6명이 사살됐고, 17명이 부상을 입었으며 107호의 가옥이 파괴되고 소실됐다. 왜관경찰서 서장 장석환, 과장 4명을 기둥에 묶어 놓은 후, 경찰서장은 혀를 잘라 죽이고, 4명은 도끼로 찍어 죽였다. 영천경찰서에 1만 군중 중 일부가 도끼, 낫, 죽창을 들고 들어가 15명의 경관들을 살해했고, 그 외 많은 경찰관이 부상을 입었으며, 경찰서가 전소됐다. 공공기관 및 주택 100여 채가 소실됐다. 영천군수 이태수를 잡아 거꾸로 매달아 죽창과 낫으로 난도질하고 군청에 불을 질렀다. 공무원 15명이 사망하고 가옥 200여 호가 불탔다. 이처럼 좌익들은 일본군의 잔인성을 능가했다.

김남식의 '남로당연구' 243쪽에는 대구 폭동이 "10월 1일에 시작되어 11월 11일까지 42일 동안 경상북도 18개 군과 남한 전역 73개 시군에 파급되어 갖은 난동과 만행을 저질렀다"는 표현이 있다. 대구폭동으로 인한 피해는 경찰 38명, 공무원 163명, 행불 30명, 건물파괴 776동이었으며 시위 혐의자는 7,400여 명이었다. 결국 대구폭동은 경찰 4,500명, 김두한이 이끄는 우익청년 3,000명, 대전 제2연대의 1개 중대, 미 제2연대가 총출동하여 겨우 진압했다. 이때부터 이루어진 밤낮 없는 수색에 시위가담자들은 북으로 탈출하거나 야산대가 되어 태백산과 오대산으로 들어가 훗날의 빨치산이 되었다. 그리고 많은 인원들이 피난처로 대구 제6연대에 입대했다. 당시의 국경(국방경비대)는 좌익청년들의 좋은 피난처였다. 미군정청은 국방경비대의 신병을 모집할 때, 신상조사나 사상검증을 하지 못하도록 했다. 따라서 무수한 좌익청년들이 피난 목적으로 국방경비대에 입대하게 되었다.

9월 총파업과 대구폭동의 배후에는 박헌영(1900)과 이재복(1903)이 있었다. 이재복은 안동 사람으로 평양신학교와 교토신학대학을 졸업한 목사였지만 남로당의 군사를 총지휘하는 군사총책이 되었다. 또한 대구폭동은 박정희가 공산당에 가담하게 된 계기가 되었다. 10월 폭동은 박정희가 조선경비사관학교 생도시절에 발생했고, 바로 그때 그가 가장 존경했다는 셋째형 박상희가 남로당 간부로 경찰 총에 맞아 숨졌다. 이재복은 제6연대장 최남근을 포섭했고, 최남근이 8연대장이었던 시절에 박정희는 그의 부하 중대장이었다. 이재복은 박상희 가족을 극진히 돌봐 주었고, 이에 박정희는 남로당에 빨려 들어가게 되었다.

박정희가 8연대 중대장이었던 시절, 박정희는 남로당 골수분자인 강창성 대위의 관리대상이 됐다. 박정희가 술을 좋아하니까 강창성은 매일 같이 술자리를 마련하여 박정희를 불러냈고 친분이 쌓이면서 자연 그들의 동조자가 되어 버렸다. 여수 14연대 반란사건 후 대대적인 숙군작업이 시작되면서 군 당국은 이재복의 비서인 김영식으로부터 군내의 좌익세포 명단을 입수하게 되었고, 그 명단에 박정희 이름이 들어 있었다. 이재복은 즉시 총살을 당했고, 박정희는 그가 소지하고 있던 200여명의 세포명단을 제시하면서 구사일생으로 구명되었다.

네이버가 정리한 대구폭동

아래는 네이버백과가 정리한 내용이다.

당시 미군정은 미국식 민주주의의 신념 때문인지, 좌우익을 막론하고 정치활동을 허용하여 왔다. 공산분자들은 이러한 미군정의 관용성을 자기들의 세력 확장에 이용하였으며, 갖가지 파괴활동과 파업 등을 유발하면서 사회교란을 일삼았다. 때문에 사회는 항상 불안한 분위기에 휩싸이고 좌우익의 투쟁으로 소란스러웠다.

이에 미군정은 더 이상 공산당의 활동을 방치할 수 없었으므로 공산당을 불법화하였다. 그리고 지하에서 암약하는 공산당의 불법 활동을 근절하기 위하여 1946년 9월 7일 박헌영·이강국·이주하 등 조선공산당 간부에 대한 검거령을 내렸다. 이를 눈치챈 박헌영과 이강국은 북으로 도주했고, 이주하는 체포되었다. 공산당은 이러한 사태에 대한 반발로 여러 가지 파업과 폭력사건 등을 유발하려고 책동하여 9월 24일 전국 규모의 철도파업을 일으키는 데 성공하였다.

당시 각계 각층에는 공산당 프락치가 많이 침투해 있었으므로 공산당의 파업조종은 비교적 용이하였다. 이 철도파업은 서울의 용산철도국 기관구 내에 본거지를 둔 공산분자의 조종에 의한 것이었음이 밝혀졌다. 식량난과 생활고에 시달리고 있던 당시의 철도파업은 서민생활을 더욱 불안하게 하였다.

공산당은 이와 같은 사회불안을 더욱 조장하고, 철도 파업을 다른 분야에까지 파급시키기 위해 배후 조종과 선동을 격화하였다. 이에 따라 대구에서는 좌익단체의 하나인 대구노동평의회가 주동이 되어 철도파업에 대한 동정파업을 일으키려고, '남조선 총파업 대구시 투쟁위원회'의 간판을 내걸고 각 직장의 파업을 조종·선동하기 시작하였다.

이에 경찰은 그 단체가 불법적인 것이라고 규정하고, 동 투쟁위원회의 간판을 떼어버리고, 파업조종자의 색출과 파업의 금지에 나섰다. 이로 인해 경찰과의 충돌이 벌어졌으며, 이 사태가 대구의 10·1폭동사건을 유발한 직접적 원인과 동기가 되었다.

대구폭동사건은 대구노동평의회측과 경찰의 충돌이 폭력사태로 발전되면서 격화되었다. 10월 1일 오후에 수천 명의 공장 근로자들이 적기가(赤旗歌)를 부르면서 시위를 시작, 금정로에 있는 노동평의회 본부로 몰려들기 시작하였다. 경찰은 이 불법시위자들을 해산시키려고 공포를 쏘며 제지하였다. 이 날의 데모는 밤늦게 진압되었지만, 군중은 2일 아침 일찍부터 다시 시위를 시작하였다.

시위군중은 경찰서를 습격 점령하고 무기를 탈취하였고, 경찰관이나 고급관리 및 사회 주요 인사들의 집을 습격하는 등 완전히 폭도화하였다. 폭도의 일부는 이웃 달성으로 달려가 그 곳 경찰서를 습격하고 군청을 불사르는 등의 폭동을 일으켰다. 이 난동으로 경찰관 여러 명이 살해되었고, 달성 군수 등 여러 명이 불에 타 죽었다.

사태가 이에 이르자 당국은 2일 오후 늦게 대구지방에 계엄령을 선포하고 인근 각지의 경찰병력을 집결시키는 한편, 미군부대의 응원을 받아 데모 진압과 치안 회복을 서둘렀다. 이 폭동의 완전 진압은 다음날 3일 충청남북도의 경찰병력 700여 명이 증파됨으로써 가능하였다.

당국은 대구에서 발생한 이 폭동사건으로 희생된 자가 사망자 20명, 중상자 50명, 행방불명자 30명이라고 발표하였으나, 실상은 그보다 훨씬 많은 사상자가 있었던 것으로 알려지고 있다. 민간인이나 경찰관 측 사망자가 각각 40명이 넘었으며, 부상자는 몇 백 명이 되었다고 한다. 그리고 폭동혐의로 검거된 자는 5,000여 명에 달하였다. 대구폭동사건을 계기로 삼남지방(三南地方)은 거의 무법천지로 변하였고, 경상도·전라도·충청도, 그리고 제주도에서까지 연쇄적으로 크고 작은 소요사건이 계속 일어났다. 그러한 여파는 서울·경기 지방까지 파급되어 산발적인 소요사건이 발생하였다.

광주·개성·연백·홍성 등지에서도 소요사건이 일어났으며, 1946년 10월 22일에는 미군정청·서울역 및 서울시내 각 경찰서 등을 습격할 계획이 있었음이 21일 밤 좌익단체 요원인 민청원(民靑員) 18명을 검거함으로써 밝혀졌다. 이 소요사건들은 모두 공산당의 지령과 공작에 의하여 일어난 것으로, 단순한 시위나 파업 등의 온건한 것이 아니었다. 각 지역에서 발생한 살상·방화·습격 등은 대구의 10·1폭동사건의 연장이며 재판이었다.

따라서 그러한 소요의 피해는 대구폭동사건의 영향을 직접 많이 받은 경상도 일원이 가장 심하여, 경찰관서·면사무소 등이 불타고 습격된 일이 비일비재하며 공무원들의 인적 피해도 많았다. 대구에 인접한 영천에서는 경찰서와 군청이 모두 불에 탔으며, 경찰관이 습격을 받는 등 소요의 양상이 대구사건과 방불하였다. 이 사건은 그 여파가 거의 전국에 미쳤고, 1개월 이상 계속되었다. 당국은 이를 계기로 공산분자의 색출과 검거에 박차를 가하여 폭동사건 주모자들의 다수를 월북 직전에 체포하여 극형에 처하였다.

북한이 정리한 대구폭동

1982년 북한의 조국통일사가 발행한 '주체의 기치 따라 나아가는 남조선인민들의 투쟁'의 74~83쪽에는 "1946년 10월 인민항쟁"이라는 중간 제목이 있다. 이를 아래에 요약한다.

대구에서 발생한 10월 1일 사태는 인민들의 봉기가 남조선 전역에로 확대되는 전인민적 항쟁의 시초였다. 대구에서는 9월 25일부터 40여개 공장 기업소 로동자들이 총파업을 계속하고 있었고 10월 1일에는 1,000여명의 시민들이 배고파 못살겠다, 쌀을 내노라 하고 부르짖으며 쌀 투쟁에 나섰다. 대구시 총파업투쟁위원회가 자리 잡고 있는 대구역전 광장은 10월 1일 저녁때부터 수천 명의 파업로동자들과 청년학생들, 실업자들, 시민들로 가득차 있었다. 놈들이 해산하지 않으면 쏜다 하고 덤벼들었을 때 애어린 한 제사공장 녀성로동자가 앞가슴을 헤치며 '이놈들아 쏘아 보아라'고 맞받아 나섰다. 경찰놈들은 미친 듯이 방아쇠를 당겼고 영웅적인 제사공은 붉은 피를 뿌리며 쓰러졌다. 군중들 속에서 뛰어나온 또 한사람이 연단에 올라 '살인 경찰을 처단하라'

외쳤을 때 놈들은 그의 가슴에도 총탄을 박았다. 또 한사람이 연단에 올라가 '저 야수들을 잡아라' 호소하였을 때 그도 총탄에 쓰러졌다. 연이어 6명의 영웅적인 인민의 아들딸들이 고귀한 선혈로 광장을 물들이며 쓰러졌다. 이 참경 앞에서 대구시민들의 분노는 극한점에 이르게 되었다.(필자 주 : 6구의 시체가 생겼다는 것을 설명하기 위한 거짓 시나리오)

10월 2일 아침 '살인경찰을 처단하라' '감금된 애국자들을 석방하라' 외치며 파업로동자 대열이 파업단 본부 앞으로 노도와 같이 밀려들었다. 대구의과대학 학생들을 비롯한 대학, 전문, 중학교 학생들과 시민들이 대구시의 중심부를 뒤덮었다. 관공서, 금융기관, 회사들은 문을 닫고 상인들은 영업을 거두었다. 전날 희생된 동무들의 영구를 앞세우고 수만 군중들은 시내를 누비며 시위하였다. 대구경찰서를 포위하고 13,000명의 군중의 기세에 질겁한 반동경찰은 서장놈 이하 군중 앞에 전면 투항하고 무장을 바쳤다. 감방의 애국자들은 모두 구출되었다.

기세충천한 봉기군중은 '정권을 인민위원회로 넘겨라!' '북조선에서와 같은 민주개혁을 실시하라!' '쏘미공동위원회를 속개하라!' 구호를 외치면서 행진하였다. 대구시는 완전히 인민들 손에 장악되었다. 로동자와 학생들이 치안을 담당하였다. 서울을 비롯한 외부와의 일체 전신, 전화 연락은 끊어졌다. 대구 인민봉기는 민주화 통일을 지향하고 인민정권 수립을 요구하는 높은 정치적 목적을 내세운 애국적 항쟁이었다.

봉기의 확대를 두려워한 미제는 야수적 탄압을 강행하여 나섰다. 미제 침략군은 10월 2일 오후 6시 계엄령을 선포하고 이어서 경비사령부를 설치하였다. 야수적인 탄압이 시작되었다. 그래도 봉기의 불길은 경상남북도의 대다수 시, 군을 휩쓸었는데 10.2-5일 사이에 달성, 성주, 칠곡, 영천, 의성, 고령, 경산, 군위, 예천을 비롯한 경상북도 19개 군을 휩쓸었고 뒤이어 10월 10일까지는 부산, 마산, 통영, 창녕 등 경상남도 18개 군을 휩쓸었다.

군중들은 쇠망치, 괭이, 도끼, 날창, 참대, 장총 등을 가지고 괴뢰경찰서, 지서, 군청, 면사무소, 신한공사, 대한독립촉성국민회 본부 등을 들이쳐서 경찰관과 테러분자, 악질관리, 지주들을 처단한 것은 남조선 인민들의 빛나는 업적이었다. 이런 항쟁은 강원도의 강릉, 삼척, 광주, 연백, 개풍 등 전국으로 확산되었다. 10월말부터 11월 중순에 이르는 기간에는 전남지방에서 항쟁이 세차게 벌어졌다. 광주화순탄광공노동자들의 10월 30일 폭동에 이어 목포, 부안, 광주, 광산, 나주, 함평, 담양, 보성, 해남, 영광, 장성, 장흥, 영암, 광양 등 15개 시군으로 확대되었다." 11월 중순까지 약 2개월 간이나 계속된 10월민중항쟁은 73개 시, 군을 휩쓸었다. 10월 항쟁은 8.15이후 미제와 그 앞잡이들을 반대하여 진행한 가장 대규모적인 남조선인민들의 혁명적 진출이었다. 10월 민중항쟁에 참여한 남조선 인민 수는 2,273,438명이었다.(필자 주 : 도별 인원수가 이 책 81쪽에 도표로 작성되어 있으나 생략함)

항쟁대오가 가는 곳에는 불멸의 혁명송가 '김일성 장군의 노래'가 울려 퍼졌고 김일성장군 만세의 위대한 구호가 장엄한 메아리로 울려 퍼졌다. 불완전한 통계에 의하더라도 미제는 1만여 명의 노동자와 1만2천여 명의 농민을 위시하여 10월 항쟁에서 무려 25,000여명의 애국적 인민들을 무참히 학살하고 15,000

여명을 검거 투옥하였다. 어떤 지방에서는 애국적 인민들을 산 채로 손발을 잘라 죽이기도 하고 임신부의 배를 갈라 죽이기도 했다. 항쟁기간 적통치기관이 파괴되고 인민위원회가 복구되어 행정권이 일시적이나마 인민들의 손에 장악되었고, 미제의 앞잡이인 악질경찰과 반동분자들이 인민들의 손에 의하여 처단되었다. 이는 남조선인민 투쟁의 역사적인 쾌거였다.

네이버 백과가 정리한 내용과 북한이 정리한 내용은 대동소이 하지만 북한 책이 훨씬 더 자세하고 현실감 있게 정리돼 있다. 단지 북한 책의 목표는 경찰의 잔인성에 대한 남한좌익 독자들의 흥분을 자아내고, 미군정을 모함하기 위해 쓰인 관계로 양념과도 같은 허위사실들이 상당수 들어 있을 뿐이다. 대구폭동은 9월 총파업의 연장선상에 있었으며 10월 1일 대구에서 지펴진 폭동은 그 후 2개월 가까이 경상남북도, 경기도, 강원도, 전라남도, 충청도, 서울 등 전국적인 반미폭동으로 발전했다. 소련이 남로당을 통해 300만 엔이라는 자금을 지원해주고 투쟁방법을 알려주고 배후 조종한 피비린내 나는 반미폭동이요 대남공작이었던 것이다. 그리고 1947년 2월 초 남로당 중앙당이 전국 조직에 보낸 "3.1기념투쟁에 관한 지령"에 나타나 있듯이 제주4·3사건은 9월 전국총파업과 10월 대구 발 전국폭동의 연장선상에 있었다.

제2부

제주도 공산화의 뿌리와 인민군 야산대의 태동

제8장 해방 공간의 제주도 프로필
제9장 3·1절 기념행사를 빙자한 남로당의 파괴 선동 공작
제10장 제주도의 1947년
제11장 1948년의 전국 상황
제12장 이승만의 건국투쟁

제8장 해방 공간의 제주도 프로필

　제주도는 동서 73㎞, 남북 41㎞, 둘레 298㎞, 면적이 1,840㎢이며 해안을 따라 촌락과 도로망이 잘 발달되어 있다. 섬의 중앙에는 해발 1,950m 높이의 한라산이 있고, 한라산은 동서로는 완만한 경사를 이루고 있지만 남북으로는 가파른 경사를 이루고 있다. 목포에서 141.6km, 부산에서는 286.5km 떨어져 있다. 해방 후의 인구는 276,000명, 이 중 80%가 좌경화되어 있었고, 이 중 남로당원은 6만여 명이었다는 것이 대체적인 통계다.

　정부보고서인 '제주4·3사건진상조사보고서' 및 좌익들이 쓴 책에는 해방직전까지의 제주도 인구는 22만으로 추정한다 했고, 정통 우파 쪽에서 쓴 책들에는 15만 정도였었다고 기록돼 있다. 좌익들은 제주도 인구가 해방 후 5만여 명밖에 늘지 않았다 주장하는 것이고, 정통적 역사를 쓴 사람들은 해방 직후 13만 정도가 늘었다고 기록한 것이다. 해방 이전에 제주도 사람들은 일본, 남한내륙, 중국, 중앙아시아 등에 나가 있다가 해방을 맞자 그리던 고국으로 대거 물밀듯 돌아온 것이다. 제주도는 해방직전까지 일본인 "오노" 도사(島司)가 다스리고 있었고 일본 패망 후에는 김문희가 미군정의 지휘를 받아 엉거주춤하게 다스리고 있다가 1946년 8월 1일부터 전남으로부터 행정적으로 독립되어 오늘의 제주도로 승격됐다.

태평양 전쟁말기인 1945년 초 일본군은 이 섬을 일본 본토를 방어하기 위한 전진기지로 사용할 목적으로 제17방면군 예하의 3개 사단과 1개 여단 등 6만여 명을 배치했고 이로 인해 제주도에는 미군 전투기에 의한 폭격과 함포 사격이 끊이지 않았다. 400여 호의 가옥이 파괴되고 주민 500여 명이 피해를 입게 되자 마을마다 방공호를 만들게 되었으며, 곡물을 공출당하고 있는데다 생필품이 부족하여 주민들의 생활은 극도로 피폐했다.

해방을 맞아 돌아온 인구들 중에는 일본군에 종군했던 수많은 군인, 군속, 징용노동자 등 일본 군대에 익숙해 있던 사람들, 중국에서 유격전 경험을 쌓았던 사람들, 좌익 과격파인 팔로군 출신들이 대거 들어와 한라산 무장대 활동에 많은 기여를 했고, 아울러 해외에서 공산주의에 심취했던 지식인들이 대거 몰려와 주민을 좌경화시키는데 앞장섰다. 민주주의가 무엇인지에 대한 교육을 받아 본 적이 없어, 사상적으로 백지상태에 놓여 있었던 제주도 주민들의 머리가 이들 공산주의자들에 의해 매우 쉽게 점령됐던 것이다.

제주와 오사카 사이에는 5천 톤급 정기 여객선이 운항되었고, 이를 통해 제주도 주민들은 공산품의 40%와 거의 모든 생필품을 일본에 의존하고 있었다. 그런데 해방을 맞는 바람에 뱃길이 갑자기 끊기게 되자 생필품 공급은 물론 오사카에 나간 가족들이 보내는 돈이 끊김으로서 제주도 주민들의 생활이 갑자기 궁핍해지기 시작했다. 그토록 바랐던 해방이 막상 갑자기 하늘에서 떨어지자 백성들의 생활이 더욱 궁핍해진 것이다. 선동과 선전과 모략에 능한 공산주의자들은 이런 구조적인 빈곤을 미국의 탓으로 돌리며 주민들로 하여금 공산주의를 동경하게 만들면서 미국을 적대시하도록 선동했다.

제주도에는 해방된 지 44일 후인 9월 28일에야 미군이 진주하여 일본군으로부터 항복을 받긴 했지만 한동안 무정부 상태가 이어졌다. 제주도 공산주의자들은 1945년 9월 10일, 건준(건국준비위원회)의 제주지부(의장 오대진)를 조직하고, 9월 22일에는 이를 개편하여 제주도 인민위원회(인공)를 결성했고, 동년 12월 9일에는 조선공산당 제주도위원회를 결성했다. 발 빠른 좌경화였던 것이다. 1947년 2월 12일에는 남로당 제주도위원회를 결성했고, 동년 2월 17일에는 "3.1절기념 제주도 위원회"를 결성하여 투쟁체제로 전환했다. 동년 2월 23일에는 행동조직인 민민전(또는 민전, 조선민주주의민족전선) 제주도위원회를 결성한 후 산하조직을 확장하여 사실상 제주도를 통치하고 있었다. 이른바 '인공'의 시대가 제주도에서도 열린 것이다. 특히 민전 제주도위원회는 2월 23일 결성시 명예의장에 스탈린, 김일성, 박헌영, 허헌, 김원봉, 유영준을 추대함으로써 제주도 민전이 소련-북한-남로당의 지휘선상에 있다는 것을 만천하에 공표했다.

이들 공산주의자들은 선량하고 순박하고 세상 물정 모르는 섬사람들을 인권이니 토지무상 분배니 하는 달콤한 말들로 선동했다. 동네마다 친척들과 사돈으로 이리저리 얽혀진 제주도 주민들은 공산주의자들의 감언이설에 다단계식으로 넘어가 순식간에 공산주의로 물들어 갔다. 이에 비해 일제시의 경찰병력은 101명으로 매우 적었고, 여기에 더해 미군정은 결사의 자유를 보장한다며 공산당을 합법화하고 공산주의의 확산을 방치했다. 이러한 관계로 제주도 도민의 80%가 좌경화되었고 좌익분자들의 본성인 폭력과 파괴 책동으로 인해 행정기능이 마비됐다.

이에 더해 무장세력이 판을 쳤다. 남로당 중앙당 선전부장 강문석의 사위인 김달삼(1924년생)이 제주도 인민유격대(인민해방군) 총사령관으로 임명되면서 500명 정도의 유격대가 형성되어 무장을 갖추고 훈련을 시작했다. 이들은 일본군이 철수하면서 한라산에 매립한 무기와 탄약을 찾아내어 무장을 갖추는 한편, 민병대보다 못한 제9연대를 병기창고로 활용하면서 팔로군 출신들로 하여금 그들이 중국에서 사용했던 유격전술을 가르치게 했다.

1949년 6월 7일, 제2대 유격대 사령관인 이덕구가 경찰에 의해 사살될 때 경찰에 입수된 극비 상황일지인 "제주도인민유격대투쟁보고서"에 의하면 초기의 유격대 총 인력은 100명, 자위대 인력은 200명, 사령관 김달삼 직속부대로 편성된 특경대(필자 주: 정보수집, 유격대의 출동안내, 특수임무 수행)는 20명으로 전체 320명이었고, 이들이 보유한 병기는 99식 소총 27정, 권총 3정, 수류탄(다이너마이트) 25발, 연막탄 7발, 나머지는 죽창이었다. 유격대는 김달삼이 한라산을 근거지로 하여 직접 지휘하는 기동부대이고, 자위대는 마을에 은신하여 유격대와 군중을 연결하면서 "마을에서 행패를 부리는 반동들"을 극비에 처단하고, 정보수집, 식량보급, 유격대 결원시 인력을 보충하는 등의 임무를 수행했다. 유격대와 자위대는 공히 소대-중대-대대로 편제되었고, 각 소대는 10명, 각 중대는 2개 소대로, 각 대대는 2개 중대로 편성했다. 유격대는 제주읍, 조천, 애월, 한림. 대정, 중문, 남원, 표선 등 8개면에 조직됐고 무장대는 이 편성으로부터 점점 확장되어 갔다.

가장 왕성할 때의 무장병력은 500명 정도였다 하지만 169개 마을에 10명씩 배치된 마을 자위대 1,700명 정도를 포함하면 총병력은 2,200명 규모에 이르렀을 것이다. 실제로 이들은 남한이 곧 공산화된다는 신념을 굳게 가지고, 제주도를 장악하려 했다. 경찰력과 행정력을 공격하고 그들에 반대하는 우익인사들을 학살하고 그들의 집을 불태웠다. 그들은 경찰은 '검은개', 경비대는 '노랑개'로 호칭하고 그들의 노선에 반대하는 우익인사들을 '반동분자'로 호칭했다.

일제시대 때 제주도에는 경찰이 101명 있었다. 일본인이 50명, 한국인이 51명이었다. 일본사람들이 일본으로 돌아가면서 제주도 경찰은 1947년 2월 당시 330명으로 충원되었다. 미군정은 제주도 경찰은 물론 전국 경찰조직을 일제가 운영하던 그대로 두고 운영했다. 경찰 임무는 아무나 수행하는 것이 아니라 훈련이 되어 있고, 노하우가 있고, 보고서를 쓸 줄 알고, 그 지역을 파악하고 있는 경험자여야 수행할 수 있었다. 해방 후의 문맹률은 90%를 넘었다. 그러니 누가 당시의 치안을 책임진다 해도 무정부 상태인데다가 좌익들이 날뛰는 험악한 상황 아래서는 치안을 일본경찰에서 경험을 쌓은 경찰들에게 맡길 수밖에 없었을 것이다. 1920년대부터 일본경찰은 일본 본토에서는 물론 조선에서도 공산주자의자들을 사냥했다. 공산주의자를 무자비하게 사냥하기로는 미국도 매 한가지였다. 따라서 경찰은 제주도에서 확산되는 공산주의 파괴활동을 천성적으로 미워할 수밖에 없었다.

1947년 3.1사건이 발생하자 타 지역으로부터 100명의 응원경찰이 도착했고 4월에는 550여 명으로 증원됐다. 뒤를 이어, 해방 후 평안도, 황해도 등지에서 월남한 반공단체인 서북청년단 500여 명을 제주도에 보내 좌익계열을 제압하도록 하여 좌익계에 대한 적극적인 소탕작전을 폈다. 그리고 1948년 4·3폭동 직후에는 육지로부터 약 1,600명 정도가 증원되어 제주도 경찰은 2,000여 명으로 늘어났다. 경찰의 75% 정도가 타 지역에서 왔기 때문에 경찰이라는 존재는 당시 제주도 주민들에게 낯선 이방인들로 비쳤다.

미군정청은 1945년 11월 13일, 국방사령부를 설치하고 국방군 창설을 위해 군사영어학교를 세웠다. 5개월 과정을 졸업한 110명의 졸업생 중 87명이 일본군 출신이고, 만주군 출신이 21, 중국군 출신이 2명이었다. 군을 창설하려고 했던 미군정청은 1945년 12월 27일 모스크바 3상회의에서 신탁통치가 결정되자 국군 창설 계획을 보류하고 그 대신 하지 중장의 재량으로 치안유지 차원에서 1946년 1월 15일, 국방경비대를 창설하기로 했다. 예나 지금이나 양심적인 사람들은 공산주의자들의 언어 공세에 밀리기만 한 것이다.

1월부터 서울(1연대), 대전(2연대), 이리(3), 광주(4), 부산(5), 대구(6), 청주(7), 춘천(8)에 총 8개 연대가 창설됐고, 같은 해 8월 1일 제주섬이 전라남도로부터 분리 승격함에 따라 11월 16일, 제주도 모슬포에서도 제9연대가 창설되었고, 초대 연대장에 장창국 소령이 임명됐다.

각 연대는 그 지역 출신들을 모병하여 병력을 채우는 것을 원칙으로 했기에 9연대는 1947년 3월부터 적극적인 모병활동을 개시했다. 그해 10개월 동안 8회에 걸쳐 많게는 80명, 적게는 40명씩 1기생으로부터 8기생까지 모병한 결과 1948년 1월 당시의 9연대 병력은 겨우 400명 정도 되었다. 그 후 제주도 청년들만 가지고는 연대 병력을 채울 수 없어 경상도와 전라도 청년들을 모집함으로써 4·3 당시의 9연대 병력은 800명 선으로 늘어났다. 창설은 했지만 먹거리를 비롯해 보급이 경찰에 비해 열악하여 수제비를 먹기도 했다.

설상가상으로 모병된 청년들 중에는 내무생활이 싫다며 도망을 가는 경우가 많았다. 좌파가 득세하던 제주에서는 "국방경비대(국경)는 미국의 용병"이라는 말이 유행했고, 경찰은 9연대를 오합지졸이라며 멸시했다.

미군정이 이념중립을 선포함에 따라 국경은 신원조사 없이 모병을 했기 때문에 국경에는 좌익들이 대거 입대했다. 남로당은 국경에 프락치들을 잠입시켜 군을 무력화시킴과 동시에 국경과 경찰 사이를 이간질 했다. 이로 인해 9연대는 초기 한동안 토벌에 적극적인 경찰과 마찰을 일으켰다. 1947년 4월 22일, 제주신보에는 9연대 모병광고가 게재돼 있었는데 모병의 핵심 문구에는 "국경은 좌도 아니고 우도 아니다"라는 내용이 들어 있었다. 이명박이 대통령이 되어 "나는 좌도 아니고 우도 아닌 중립이다"라고 한 말과 같은 뜻이며 좌익들도 환영한다는 광고 메시지였던 것이다. 사정이 이렇듯 어지러운 데도 해방 직후의 우익은 이승만, 김구, 김규식으로 분열돼 있어 이러한 혼란과 갈등을 바로 잡을 세력이 없었다.

제9장 3·1절 기념행사를 빙자한 남로당의 파괴 선동 공작

1946년 12월 12일자 스티코프 비망록에는 "남조선에 애국자라는 명칭의 비합법적 비밀조직을 조직하여 파괴활동을 하고, 삐라를 통한 선동작업을 전개해야 한다"는 내용이 들어 있다. 1946년 11월 23일, 모든 공산당 조직들이 남로당으로 단일화 되면서 남로당은 소련의 이 파괴-선동 명령을 수행할 수 있는 준비가 되어 있었다. 중앙당 위원은 여운형, 박헌영, 백남운, 허헌이었으며, 중앙당 상위의 391명 중 제주도를 대표하는 위원은 3명, 이 중에 강문석이 들어있었다. 강문석은 김달삼의 장인이자 남로당 중앙당 선전부장이었으며 북으로 가서 최고인민회의 제1기 대의원, 노동당중앙위원회 사회부장, 전원회의 상무위원 등을 역임했지만 6·25직후 박헌영과 함께 숙청되었다.

곧 해가 바뀌자 남로당 중앙당은 1947년 초부터 전국에 걸쳐 계획적이고도 본격적인 파괴-선동 투쟁을 전개해 나갔고, 이는 제주도에도 여지 없이 이어졌다. 2월 초 남로당 중앙당은 스티코프의 지령을 받아 전국에 "3·1절 기념투쟁에 관한 지령"을 하달했고, 제주도당이 이 지령문을 받은 날은 2월 16일이었다. 지령문에는 3·1사건의 성격이 규정돼 있다. 3·1투쟁은 9월 철도파업과 10월 항쟁(대구폭동)의 연장선상에 있으며 반동분자를 척결하기 위한 투쟁이라는 것이다. 무엇보다 투쟁에 활용할 표어가 3·1투쟁의 성격을 웅변한다.

    1) 학원을 민주화하라

    2) 진보적 노동법령을 즉시 실시하라

    3) 정권을 즉시 인민위원회로 넘겨라

    4) 박헌영 선생의 체포령을 즉시 철회하라

    5) 민주애국투사를 즉시 석방하라

    6) 남녀평등법령 즉시 실시하라

    7) 근로인민은 남로당 깃발 아래!

이 지령을 받은 다음 날인 2월 17일, 제주도에서는 안세훈을 위원장으로 하는 남로당의 전위대인 '제주도 민민전'이 결성되어 중앙당을 통해 지령된 스티코프의 대남공작을 수행할 수 있게 되었다. 가장 먼저 3·1절 기념행사를 투쟁과 선동의 수단으로 삼았다.

1947년 2월 26일(수), 제주신보에는 "각종 사회단체 참가하고, '민전' 성대히 결성-의장단에 안세훈씨 외 2씨 추대-"라는 제하의 기사가 있다. 안세훈이 등단하여 '3천만 동포가 모스크바 3상회의 결정의 실천을 위해 투쟁해야 한다'는 요지의 연설을 했다. 소련을 지지한 것이다.

이 결성회에서 제주도 민민전은 명예의장에 스탈린 수상, 박헌영, 김일성, 허헌, 김원봉, 유영준을 추대하고. 이어서 광주시 남로당 결성대회에 격려메시지를 보낼 것, 박헌영의 체포령 취소와 투옥된 열사들을 즉시 석방할 것, 일체의 배급권을 인민의 손에 넘길 것. 요구조건을 불승인하면 지방선거에 참여하지 않을 것이라는 등의 내용이 담긴 서한을 하지 중장에게 보낼 것을 결의했다. 한마디로 제주도 민민전은 소련-김일성-박헌영을 연결하는 지휘계통 선상에 있다는 것을 만천하에 선포한 것이다.

이러한 움직임을 감지한 강인수 경찰청장은 2월 23일, 안세훈 등 투쟁위원 5명을 경찰청으로 초치하여

> "3·1절 기념행사에 대한 미군정 당국의 방침이 있다. 행사는 각 직장, 읍면, 리 단위로 하되 반드시 허가를 맡아서 하고 시위는 못하게 되어 있으니 질서 있고 평온하게 해주기 바란다"

이런 요지의 당부를 했다. 그런데도 안세훈은 대규모 시위 준비를 계속했다.

이에 미군정장관 스타우드는 2월 28일 자신의 사무실로 안세훈 등을 초치하는 한편, 경찰청장 강인수, 경찰고문 비드린치, 제주경찰서장 강동호 등을 부른 자리에서 안세훈에게 이렇게 말했다.

"당신들이 내일 3·1절 기념행사에 조천, 애월, 한림 등지의 군중들을 제주읍내로 집결시켜 과격한 시위를 감행할 것이라는 정보가 있는데 그렇게 되면 사회 질서가 혼란케 될 우려가 있으니 읍내 시위는 절대 안 되며 대중을 동원하여 행사를 치르는 것이 불가피하면 제주읍내를 벗어나 다호부락 북쪽인 서비행장에서 치러주기를 바란다."

이에 안세훈은 일언지하에 이를 거절했다. 그리고 3월 1일이 되었다. 제주 민전은 서쪽으로부터 동쪽에 이르기까지 3만 여명의 군중을 제주읍 북국민학교로 동원했다. 장소에 비해 군중이 너무 많아 넘쳐난 군중은 이조 관헌이었던 관덕정 앞 광장 즉 제주경찰서 앞 광장에까지 가득 메웠다. 관덕정은 제주경찰서와 이웃해 있고, 북국민학교와의 거리는 불과 직선으로 50~60m에 불과했다. 9시가 좀 넘자 제주도당위원장 안세훈이 참모 및 당원들을 인솔하고 제주북국민학교에 나타났다.

군중들은 이곳으로 집결하기 전에 각 지역에 미리 모여 지역별 행사를 개최했다. 오현중학교에서도 행사가 있었고, 다른 지역들에서도 사전 행사들이 있었다. 제주도민 김하영의 수기에 의하면 화북초등학교에서도 사전 행사가 있었다. 일본에서 건너온 양지명이라는 초등학교 '자원봉사 교사'의 인솔 하에 옛 음조의 애국가, 적기가, 김일성 장군의 노래를 부르고, 조선독립만세, 김일성장군 만세, 신탁통치 결사반대 등의 구호를 외치고 열기를 고조시킨 다음에 관덕정으로 집결했다.

제주도 남로당은 북국민학교에 설치된 무대에서 중앙당으로부터 지시된 표어의 내용들이 담긴 삐라를 뿌리고 군중을 선동하여 흥분시켰다. 군중 속에서도 옳소 옳소 하는 소리가 나게 하여 군중무드를 더욱 고조시켰다. '인민공화국수립만세'라는 만세삼창이 끝나자 누군가가 단상으로 올라가 "경찰서 유치장에 구속된 동지들을 석방하자" "경찰이 불응하면 강력한 실력으로 대응하자" 이렇게 외치자 대중들은 "옳소, 옳소"를 연발한 후 4~5명씩 한 손으로는 어깨동무를 하고, 다른 한 손으로는 앞 사람의 허리띠를 붙잡고 '왔샤 왔샤' 구령소리를 내면서 뱀처럼 S자를 그리며 경찰서를 향해 위협적으로 행진하기 시작했다. 이런 모습은 숫적으로 상대가 안 되는 소수의 경찰에게 엄청난 공포감을 주었다.

대나무로 말의 항문을 찔러 아파하는 말이 날뛰어 어린아이 건드려

교문을 나서서 대오는 두 갈래로 나뉘었다. 한 행렬은 경찰서를 향해, 다른 행렬은 감찰청(경찰청)을 향해 노도와 같이 진격했다. 경찰서가 유린되고 제주 경찰청의 전신인 감찰청이 위험에 빠졌다고 판단한 경찰은 이를 해산하기 위해 기마경찰대를 다급하게 내보냈다. 이들이 군중들 사이에 길을 뚫자 남로당의 기발한 공작이 나타났다. 깃대로 사용하던 대나무 막대기를 임영관 순경이 탄 말의 항문을 찌른 후 말을 마구 때렸다. 갑자기 상처를 입고 매타작을 당한 말은 통제할 수 없이 날뛰었다. 성인들은 피할 수 있었지만 어린아이는 미처 피하지 못해 상처를 입고 비명을 질렀다. 바로 이 장면이 전문가의 공작이 이끌어낸 장면이 아닐까 한다.

이에 군중들이 들고 일어나 "기마경찰이 사람을 죽였다" "저놈 죽여라" 함성을 지르며 임영관 순경 외 1명의 경찰관들을 끌어내려 집단폭행을 가한 후 경찰서를 향해 행진하기 시작했다. 경찰서 앞에서 잔뜩 긴장한 채로 경계근무를 서고 있던 경찰들은 경찰관 2명이 집단폭행을 당하는 모습에 먼저 겁을 먹었고 이어서 경찰서를 향해 몰려드는 군중들의 위세에 위협을 느껴 자위수단으로 총을 발사했다. 전쟁공포증의 발로였다. 특히 총을 쏜 경찰들은 대구에서 10.1 폭동을 경험했던 경찰관들이라 이들 시위대들은 믿지 못할 집단이며 순식간에 폭도로 변할 것이라고 짐작을 했다. 이로 인해 시위군중 6명이 사망하고 6명이 부상을 입었다. 또한 제주 도립병원에는 육지에서 파견된 응원(지원)경찰이 교통사고로 입원하고 있었는데 응원경찰 2명이 그를 경호하고 있었다. 그런데 갑자기 경찰서 근방에서 총성이 나고 피투성이가 된 6명을 군중들이 들것에 들거나 부축하여 도립병원으로 들이닥쳤다. 대구사건에서 경찰이 시위

군중에게 비참하게 죽은 것을 목격한 응원경찰 이문규 순경은 군중들이 도립병원을 습격하는 줄로 알고 공포감에 총을 쏘아 2명에게 중상을 입혔다. 그래서 부상은 8명으로 늘어났다. 상호불신과 적대감이 불상사를 부른 것이다. 공산당의 전문 수법은 시체장사인데 갑자기 6명의 시체가 생겼으니 제주도 남로당 입장에서 보면 이는 그야말로 큰 횡재가 된 것이다. 파괴 및 선동작전을 펴라는 스티코프의 지령을 수행하기 위한 매우 귀한 소재가 생긴 것이다.

시체장사! 1970~80년대에 위장취업자들은 전태일을 효시로 17명의 인간 불화살을 만들어내 폭동의 불쏘시개로 이용했다. 누구라도 경찰에 고문을 당하다가 죽으면 이는 이들에게 그야말로 최상의 시체장사꺼리가 됐다. 5·18 때도 시체장사를 톡톡히 했다. 광주시위대는 5월 21일 새벽에 광주역에서 총에 맞고 난자된 시체 2구를 리어카에 싣고 다니며 시체놀음을 했다. 김재화(25)와 김만두(44)의 시체였다. 이 두 시체는 무기고에서 나온 카빈총, 즉 시위대가 탈취한 소총에 의해 사살된 시체였지만 시위 현장에서는 계엄군이 쏜 것으로 뒤집어 씌웠다. 광주시민들을 분노의 도가니로 몰아넣었던 두 시체는 시위대에 끼어든 불순분자들이 작전상 쏜 것이었다. 필자는 "솔로몬 앞에 선 5·18"에서 5·18 광주에 북한특수군이 분명이 왔을 것이라는 매우 설득력 있는 결론을 냈다. 광주에 북한이 전문특수전 집단을 보내지 않았다면 광주 일원 전체에서는 물론 전라남도 17개 시군에서 동시 다발적으로 발생한 시위작전들이 그토록 조직적으로 진행될 수는 없었다. 제주4·3폭동에서는 제주에서 자라난 빨갱이 영웅들이 있어서 이들이 작전들을 지휘했다. 그러나 5·18에서는 지휘자가 전혀 없다. 이 세상에 지휘자 없는 봉기는 없다. 5·18 지휘자는 바로 북한특수군이었던 것이다.

1980년 5월 18일에도 250여 명의 학생들이 전남대 교문 앞에서 줄을 지어 서있는 공수대원들에게 먼저 일제히 돌을 던져 공수대원 7명에, 얼굴에서 피가 줄줄 흐를 정도의 큰 부상을 입혔고, 전우들이 공격당하는 모습을 본 다른 공수대원들이 보복에 나서 몇몇 학생들을 구타했다. 이를 놓고 역사를 왜곡하는 좌파들이, "공수부대가 한 손에는 대검, 다른 한 손에는 '철봉이 들어 있는 살인용 곤봉'을 가지고 시민들을 호박처럼 찌르고 피를 튀길 정도로 때려 죽였다"는 식으로 침소봉대하여 시민들을 선동했다. 5월 19일, 불과 2명의 광주시민이 죽었는데도 유언비어는 40명이 죽었다고 선동했다. 1980년 5월 19일, 광주폭도들은 휘발유가 떨어져 고립돼 있던 장갑차 뚜껑에 불타는 짚단을 계속 올려 놓았다. 그 안에 있던 승조원들은 열을 이기지 못했고 드디어 소위가 뚜껑을 열고 일어서서 반사적으로 발포를 했다. 이게 광주에서의 첫 발포였다. 이렇게 하지 않는 군대는 죽어야 하는 군대가 아니겠는가? 4·3 당시의 경찰들도 이런 자위권을 행사했던 것이다.

3월 1일에 발생된 6구의 시체들은 남로당이 조직을 확장하고 군중을 더욱 선동하는데 가장 좋은 자양분이 됐고, 이를 구실로 한 선동은 3·10 총파업과 4·3사건으로 비화됐다.

3·1절에 대한 평가가 평가주체마다 다르다.

　3·1절의 성격에 대해 정부보고서, 강준만의 책, 제민일보의 책, 북한 책들은 같은 화음을 낸다. 북한책은 1982년에 나온 "주체의 기치 따라 나아가는 남조선 인민들의 투쟁"과 1991년 북한의 박설영이 쓴 "제주도인민의 4·3봉기와 반미애국 투쟁의 강화"(과학백과종합출판사가 발행한 '력사과학론문집')라는 제목의 논문이다. 제민일보가 쓴 책은 1994년의 "4·3은 말한다"이고 강준만의 책은 2002년 11월 16일에 발간된 "한국현대사산책"(인물과사상사) 그리고 정부가 낸 보고서는 2003년 12월 15일에 발간된 "제주4·3사건진상조사보고서"다. 결론부터 말하자면 제민일보의 "4·3은 말한다"와 강준만의 '한국현대사산책' 그리고 고건-박원순-김삼웅-강만길 등이 주도한 '정부보고서'는 북한이 발간한 두 개의 책을 그대로 수용하여 반영한 것들이다.

　고건과 박원순 등이 주도한 정부보고서 '제주4·3사건진상조사보고서'는 4·3사건의 시작과 원인을 3.1사건인 것으로 설정했다. 3·1절 기념행사를 거행하기 위해 제주경찰서 인근 광장에 운집한 3만여 명의 도민에 경찰이 발포를 하여 6명이 사망하게 된 데에서 분노를 느낀 도민들이 무장대를 만들어 스스로의 인권을 지키기 위해 저항한 항쟁이 4·3사건이라는 것이다. 여기에는 두 가지 쟁점이 들어 있다. 하나는 과연 6명의 사망자와 8명의 부상자를 발생케 한 원인제공자가 경찰이냐 아니면 안세훈을 위원장으로 하는 "3·1

절 기념 제주도 위원회"이냐에 대한 쟁점이고, 다른 하나는 과연 4·3사건으로 불리는 제주도 무장폭동이 1947년의 3.1사건에서부터 촉발되었는가에 대한 쟁점이다.

1) 3.1사건 사상자에 대한 책임은 누가 져야 하나?

3.1사건에서 피해를 입은 시위자들에 대한 책임은 누구에게 있는가? 좌파들은 이 날 피해를 입은 사람들은 모두 시위대가 아니라 구경꾼이었다고 주장한다. 시위대를 쏜 것은 정당한 공권력 행사이지만 구경꾼을 쏜 것은 공권력의 남용이라는 논리인 것이다. 당시의 시위대는 각지에서 조직적으로 모여든 3만명이고, 구경꾼은 불과 수십-수백 명에 불과했을 동네사람들이었을 것이다. 그런데 정부 보고서를 쓴 좌익들은 경찰들이 시위대는 무서워 쏘지 못하고 시위대가 사라진 후에 엉뚱한 구경꾼들만 쏘았다고 주장하는 것이다.

65년이 지난 지금 좌파들은 이들 사상자 14명이 시위자들이었는지 순전한 구경꾼이었는지 무슨 수로 규명했다는 말인가? 경찰들은 가장 위협적이라 판단되는 무리들을 향해 발포를 했을 것이고, 위협적인 존재에 대한 발포는 형법에 규정된 정당방위이며, 지금도 미국 등 선진국에서는 경찰관의 생명을 위협할 정도의 시위에 대해서는 가차 없이 발포한다. 공산주의자들은 언제나 '피해자들은 선량하고 무고한 시민들'이라고 주장한다. 이는 앞으로의 모든 시위대를 향해 발포하지 못하게 하려는 장기적인 심리전 전략인 것이다. 지금이나 그 때나 경찰 및 군의 발포는 본능적으로 가장 위협적인 존재를 향하여 발포하게 돼 있다. 총알을 맞은 14명은 구경꾼이 아니라 시위자들이었고, 시위자들 중에서도 가장 위협적인 존재로 인식돼 있던 핵심 시위그룹에 끼어 있었던 사람들이라는 데 대해 좌익들 말고는 이의를 달 사람은 드물 것이다.

1947년 3월 1일 당시 제주도 전체의 경찰력은 330명이었던 것으로 기록돼 있다. 100명의 응원경찰이 추가로 와 있었다고 하지만 이것으로 경찰병력이 많다고 할 수는 없을 것이다. 경찰이 100명 더 있었다 없었다 하는 문제는 문제의 본질과는 아무런 관계가 없다. 좌익들은 초점을 흐리기 위해 이런 가지치기 수법을 많이 사용한다. 3·1기념행사를 빙자한 시위는 제주에서만 있었던 것이 아니고 전국적으로 있었기 때문에 그 어느 지방도 제주도에 응원경찰을 보낼 처지가 아니었다. 그리고 제주도 전체에는 24개 파출소(지서)가 있었다. 그리고 특히 제주읍에는 시위를 저지하기 위해 곳곳에 경찰들이 깔려 있었다. 그렇다면 관덕정 앞에 있는 제주경찰서와 감찰청(제주경찰청)에는 잘해야 각각 20명 정도의 경찰들이 배치돼 있었다고 보는 것이 상식일 것이다. 설사 수십 명의 경찰이 당시 제주경찰서에 대기하고 있었다 해도 30,000명 정도의 시위대가 경찰서를 향해 적기가를 부르고 김일성 만세를 부르면서 어깨동무를 하고 뱀처럼 S자의 행진을 해오면 아무리 훈련이 잘 된 경찰이라 해도 자위수단을 취하지 않을 수 없었을 것이다.

1980년 당시 광주에서도 공수부대는 숫적으로 밀려 이리 뛰고 저리 피하며 매타작을 당했다. 불과 4-5명 단위로 서 있던 공수부대원들에 대해 수백명의 시위대가 돌을 던지고 낫과 도끼로 위협하고 화염병을 던지고 불타는 드럼통을 굴리고 대형차를 공수부대를 향해 지그재그로 돌진시켰다. 자위적 발포가 있고 난 다음부터 비로소 소수의 공수대원들은 중과부적의 시위대로부터 당할 수밖에 없었던 '집단살인'을 면할 수 있었다.

3.1사건에서의 경찰 역시 중과부적의 시위대로부터 극한적인 위협을 당하고 있었다. 이런 것을 놓고 3·1사건에 대해 좌파들은 발포경찰의 일부가 정신적으로 나약하고 어리어리해서 시위대가 다 흩어진 다음 불과 200명 정도의 구경꾼을 향해 발포를 했다고 주장한다. 경찰이 정신적으로 나약하고 어리어리해서 3만명이 경찰청을 향해 위협적으로 몰려올 때는 사격을 하지 않고 있다가 그 3만명이 다 흩어지고 200명의 구경꾼들만 있었는데 그 200명을 향해 발포를 해서 14명의 희생자를 냈다는 것이다. 이러한 주장은 극히 비정상적인 인식구조를 가지고 있는 그들 사이에서만 통용될 수 있을 것이다. 이게 정부보고서인 것이다.

2011년 8월 29일, 서울시 좌파 교육감 곽노현이 2010년 6월 2일 선거에서 좌파 경쟁자 박명기에게 7억원을 주기로 하고 후보를 단일화했던 범죄가 백일하에 드러났다. 좌파정치권까지도 일제히 나서서 교육감을 사퇴하라 압력을 가했지만 곽노현은 그만의 세상에 침잠했다.

"나는 잘못한 게 없다. 2억원 정도 준 것은 인정으로 준 것이다" "제가 배우고 가르친 법은 인정이 있는 법이자 도리에 맞는 법입니다. 합법성만 강조하고 인정을 상실하면 몰인정한 사회가 되고 그것은 법의 절반에도 미치지 못하는 것입니다"

예나 지금이나 좌익들의 논리는 이렇게 생철 깡통을 우그리듯이 어지러운 궤변으로 일관돼 있다. 문제는 이런 궤변에 놀아나는 무식하고 정신적으로 게으른 사람들이 이들의 먹잇감으로 전락하여 이들의 로봇으로 이용되고 있다는 사실이다.

경찰의 발포가 없었는데도 3만 시위대가 조용하고 얌전하게 자진 헤어졌다는 것은 마치 해가 서쪽에서 뜨는 것과 같은 이변일 것이다. 좌파들과 정부보고서는 3·1집회가 불법집회가 아니었다고 주장하지만 정부보고서 자체가 불법집회임을 인정하고 있다. 정부보고서 자체도 안세훈 등이 경찰청장 강인수와 미군정장관이 집회를 불허했는데도 집회를 강행했다고 기술하고 있기 때문이다. 결론적으로 피해자를 유발한 측은 민민전 공산당원들이고, 경찰은 임무수행중 당연한 권리인 자위권을 발동했을 뿐이다.

2) 4·3사건의 시작은 어디인가?

4·3사건의 시작은 3·1사건이 아니라 1945년 8월 24일 소련군이

북한에 진주하여 북한에 먼저 북조선인민공화국을 세워놓고 남한까지 흡수하려고 적화통일 공작을 획책하기 시작했던 바로 그 순간부터 시작된 것이다. 1946년 12월 12일자 스티코프 비망록에 기록돼 있는 대남공작 지령문은 남한에 비밀조직들을 만들되 조직의 이름은 '애국자' 라는 인식을 갖도록 지으라는 것이었고, 파괴활동과 삐라에 의한 선동을 하라는 것이었다. 9월 파업과 10월 폭동도 파괴와 삐라에 의한 선동을 내용으로 한 것이었고, 5·10선거를 방해하기 위한 공산당의 모든 책동들도 파괴와 삐라에 의한 선동을 내용으로 했다. 4·3사건은 소련의 대남공작 시리즈의 한 부속사건이었던 것이다.

1947년 3·1절 이전에 이미 제주도 공산주의자들은 제주도 주민의 80%를 장악한 상태에서 소련과 남로당의 지령을 수행할 준비를 차곡차곡 준비해 놓고 있었다. 제주도에서만 해도 3·1사건 이전에 좌익들에 의해 저질러진 수많은 사건들이 있었으며 이러한 사건들은 단순한 폭력사건들이 아니라 소련과 남로당 중앙당과 연결된 계획적이고도 조직적이며 주체가 있는 사건들이었다. 1921년부터 꾸준히 야체이카(세포) 조직들을 설치하여 제주도 주민의 80%를 좌경화시켜 놓은 행위들은 제주도에서 폭발할 화산의 잠재력을 충만하게 배양해 놓은 공산당의 전투준비들이었다. 3·1사건은 단정, 단선을 저지하기 위한 소련의 전략과 소련의 지령에 의해 남로당 세력들이 수도 없이 방화했던 화재들 중의 하나였다. 그리고 남로당은 3·1사건을 대중선동의 불쏘시개로 삼아 1947년 한해를 역량확대와 인민유격대 양성을 기할 수 있었다. 그리고 1948년 4월 3일, 전 제주도 경찰과 우익들을 일거에 숙청하기 위한 무장 폭동을 일으킨 것이다.

좌파들과 정부보고서가 3·1사건을 4·3폭동의 시발점으로 보려는 이유는 위 14명의 사상자에 대한 책임을 경찰에게 돌림으로써 4·3폭동을 정당화하려는 데 있다. 3·1행사 참가자들은 평화적이고도 준법적인 시위를 끝내고 돌아갔는데도, 경찰이 시위와는 무관한 구경꾼들을 향해 발포를 하는 만행을 저질렀기 때문에 이후부터 제주도 주민들이 자위책으로 무장을 갖추고 무력을 사용하게 된 것이라는 궤변을 전개하기 위한 것이었다.

제10장 제주도의 1947년

1946년은 대구폭동사건으로 마감됐다. 그리고 1947년은 한반도문제를 해결하려는 UN의 노력이 주를 이루었고 내륙 본토에서는 이렇다 할 폭동이 없었다. 그러나 제주도만은 1947년에도 영일이 없었다.

3월 4일 사건 : 이 사건은 4·3사건에서 반드시 특별하게 기록돼야 할 역사적 사건이다. 이 날 경찰은 박운봉 등 수명의 형사를 보내 북초등학교 부근 김 모의 집에서 비밀리에 투쟁모의를 하던 남로당 제주도당의 파업 주동 인물인 안세훈, 김용해, 오대진, 이도백, 조몽구를 비롯한 각 읍면대표 24명을 체포-연행했다. 하지만 어이없게도 제주도 미군정의 경찰고문관 패드릿치 대위가 이들을 당장 풀어주라 했고 경찰은 이들을 3월 7일에 풀어주었다. 뚜렷한 증거 없이 사람을 무더기로 구속하는 것은 인권유린이라는 것이었다. 만일 이들을 구속하여 남로당 조직을 뿌리 뽑았다면 4·3폭동은 물론 그 이후의 모든 제주도 피해를 막을 수 있었을 것이다. 왜냐하면 바로 이 24명이 제주도 반란을 주도했기 때문이다. 어설픈 판단이 엄청난 비극을 초래한 것이다.

3·10 파업 : 제주도 남로당은 3·1사건에서 발생한 사망사건을 최대로 이용하기 위해 3월 5일, "3·1사건대책 투쟁위원회"를 결성했다. 위원장 김용관, 부위원장 김상훈, 조직부장 김용해, 선전부장 김영홍 등을 선임하고 투쟁방침에 대한 지령을 하달했다. 사건의 책임이 경찰에 있으므로 경찰이 민중에게 사과해야 하고, 무고한 시민이 학살당했으니 경찰의 무장을 해제해야 한다는 억지를 쓰기 시작한 것이다. 그리고 만일 이를 시행하지 않으면 전면적인 파업을 하겠다고 엉뚱한 시비를 걸었다. 한마디로 위장취업자들과 민노총들이 기업을 상대로 전면전을 벌이기 위해 엉뚱한 트집을 잡는 것과 조금도 다름이 없었다.

제목 : 3·1사건대책투쟁에 관한 건
발신 : 남조선 노동당 제주도 위원회,
수신 : 각 읍면위원회 야체이카
지령일 : 1947. 3. 7.

방침 : 1) 3·1투쟁방침의 연장으로 대중투쟁을 위한 합법전취
       2) 미제 및 반동진영의 약체화에 대한 결정적인 최후 투쟁
       3) 제2혁명단계를 위한 정체성, 사상성, 무력성에 대한

준비
　4) 각 직장별로 파업단을 조직할 것
요구조건 : 1) 발포책임자인 강동호 경찰서장 및 발포경찰을 즉시 살인죄로 처단하라
　　　　　 2) 경찰 수뇌부를 즉시 해체하라
　　　　　 3) 경찰의 무장을 즉시 해체하라
　　　　　 4) 경찰에서 친일 민족반역자를 즉시 축출하라
최후통첩조건 : 위와 같은 요구조건이 3월 10일까지 관철되지 아니하면 3월 10일 정오를 기해 전도적인 파업을 단행할 것이다.

　이 최후통첩에 대해 경찰의 반응이 없자, 이들은 파업을 단행했다. 법원, 검찰, 경찰을 제외한 도청 및 전 행정기관, 학교, 은행, 교통기관 등이 총 파업에 돌입했고, 제주도의 전 기능이 마비되었으며, 연일 불법시위가 줄을 이었다. 이 하나의 사실만 보아도 제주도가 얼마만큼 좌익들에 의해 일사불란하게 장악되어 있었는지, 알고도 남음이 있을 것이다.

　3월 10일의 파업을 단행하자는 아이디어는 남로당 대정면당에서 냈다. 면당 책임자 이운방은 면당 조직부장 김달삼으로 하여금 제주도당에 이 아이디어를 전달토록 했다. 바로 이것이 계기가 되어 김달삼이 제주도당 주요 간부로 등장하게 되었다.

　대규모 파업이 지속되자 3월 13일 조병옥 경무부장이 발 빠르게 250명의 육지 경찰을 대동하고 당도했다. 제주도민에게는 신속한

식량지원을 약속했고, 경찰에는 조속한 사태진압을 지시했다. 경무부장의 지침에 따라 중문경찰지서 경찰관이 3월 17일 남로당 민애청 위원장 강팽성 및 부위원장 김성추 등을 포고령 위반으로 검거하여 지서로 연행해 갔다. 그러자 남로당원 70여 명이 이에 대한 보복으로 중문지서를 습격하여 기물을 마구 파손하고 경찰관들을 폭행했다.

제주도가 얼마나 좌익화되었는지를 알 수 있는 사실이 또 하나 있다. 3·1사건과 3월 10일의 파업으로 인해 제주도의 행정기능이 총체적으로 마비되었음에도 제주도지사는 움직이지 않았다. 그러다가 3·1사건 26일 만인 3월 26일이 지난 후에야 비로소 제주도지사 관사에서 3·1사건 수습을 위한 대책회의가 열렸다. 이나마 회의가 열린 것은 3월 13일의 조병옥 경무부장이 제주도를 방문했고, 3월 17일, 중문경찰지서에 대한 일대 난동사건이 터지고 난 다음에야 열린 것이다. 실제로 1947년 3월의 제주도를 맡고 있던 제주도지사 박경훈은 남로당 당원이었고, 경찰의 고위 간부들 상당수가 공산당원 협력자들이었다.

1947년 4월 10일까지 남로당원 500여 명이 연행되었다. 500여 명 중 260여 명이 재판을 받았고, 이 중 52명이 실형을 선고받았다. 또 52명이 집행유예, 56명이 벌금, 168명이 기소유예, 나머지는 훈방 조치됐다. 한편 미군정에서는 도립병원 앞에서 총을 쏜 이문규 순경을 파면했고, 파업에 가담한 붉은 경찰 66명에 대해서는 직장 이탈사태로 파면했다. 1947년 3월 31일에는 제주경찰청장 강인수를 해임하고 그 자리에 김영배를 임명했다. 4월 2일에는 제주도 군정장관 스타우드 소령이 베로스 중령으로 교체됐다. 4월 10일에는 제주도지사 박경훈이 유해진으로 교체됐고, 경찰 고문관 패트릿지 대위는 레데루 대위로 교체됐다. 발포사건에 대한 엄중한 문책들이었다.

4월 15일에는 남로당 중앙당의 요구에 따라 제주도당 대회가 열렸다. 이 대회에서 두 가지 사항이 결의됐다. 투쟁 목표를 5·10 단독선거 저지에 둔다는 것과 면 단위에 조직돼 있던 유격대를 모두 합쳐 중앙조직으로 이동하고, 연대 단위로 편성한다는 것이었다. 이는 유격대를 이용하여 5·10 선거를 저지시키라는 남로당 중앙당의 의지를 반영한 것이었다.

6월 6일에는 남로당 최초의 테러 살인사건이 발생했다. 3월 10일 이후 계속적인 파업이 이루어지고 제주사회가 혼미를 거듭하는 사이에 남로당은 세력을 확장할 목적으로 각 부락에 침투하여 불법집회를 감행했다. 세화지서는 6월 6일 밤 9시 구좌면 종달리에서 남로당원들이 불법집회(민청집회)를 연다는 정보를 입수했다. 그리고 겨우 3명(김순형, 황종욱, 최한수)의 경찰관을 파견했다. 이렇게 안이하게 대처한 결과, 정부보고서에 의하면 이때 남로당원 200여명이 3명의 경찰관을 집단 폭행하여 2명을 죽이고 1명에게 중상을 입혔다. 수배자 71명 중 42명을 검거하여 재판에 회부했고, 주동자인 민청부위원장 부만옥을 4년형에 처했다.

1947년은 무장대 창설과 훈련의 해였다. 6월 6일의 엄청난 테러 사건으로 인해 남로당 제주도당 지도부가 검거대상이 되자 주동자인 인민위원장 오대진과 김택수 등은 일본으로 도피하고, 3.1사건 주동자인 안세훈이 목포를 경유, 북한으로 도망함에 따라 남로당 제주도당은 순전히 군사체제로 돌입할 수밖에 없었다. 인민해방군이 창설된 것이다.

남한만의 단선-단정을 저지하고 통일국가를 이룩하자는 명분은 세상물정 모르는 사람들을 선동하기 위한 허위주장이었다. 이들 남한의 공산주의자들이 단선-단정 반대를 외치고 있었던 시기는 1948년이었다. 하지만 북한은 1946년 2월 8일, 이미 북한만의 단독정부를 수립해 놓고 토지 및 산업 국유화 작업을 진행하고 있었다. 기밀해제된 소련문서에 의하면 스탈린은 이미 1945년 9월 20일 "북한만의 단독정부를 수립하라"는 지령을 내렸고, 이에 따라 북한에는 같은 해 10월 10~13일 사이에 조선공산당 북조선분국을 설치했다가 2개월만인 12월 17일에 북조선공산당으로 개명했다.

이어서 1946년 2월 8일에는 북조선 임시위원회 즉 임시정부를 수립하여 사실상의 단독정부를 수립했다. 같은 해인 1946년 11월 3일에는 북한 전인민이 참가하는 북한만의 단독선거를 실시하여 도-시-군 인민위원회 즉 도-시-군청을 이미 설치했다. 1946년에 이렇게 다 해놓고 공산주의자들은 무식 무지한 대중을 상대로 하여 거짓말을 퍼트렸다. 김일성과 스탈린은 통일정부를 만들려고 노력했는데 미군정과 이승만이 욕심에 사로잡혀 통일을 부정하고 남한 만의 단독정부를 수립하기 위해 1948년 5월 10일 남한 만의 단독선거를 강행하려 했고, 이에 애국적인 제주도 도민 모두가 저항하여 항쟁에 나선 것이 4·3사건이라는 것이다.

제11장 1948년의 전국 상황

소련은 이미 1946년 2월 8일에 북조선 임시정부를 수립하여 북한을 20개 위성국가 중의 하나로 편입시킴과 동시에 허술한 미국을 내쫓고 남한까지 북한에 합병하려고 대남공작을 자행함으로서 남한 사회는 그야말로 혼란에 혼란을 거듭하고 있었다. 이에 대해 이승만은 1946년 6월 3일, 소위 '정읍발언'을 했다.

"이제 우리는 무기 휴회된 공위(미소공동위원회)가 재개될 기색도 보이지 않으며, 통일정부를 고대하나 여의케 되지 않으니 우리는 남한만이라도 임시정부 혹은 위원회 같은 것을 조직하여 38 이북에서 소련이 철퇴하도록 세계 공론에 호소하여야 될 것이다. 여러분도 결심하여야 될 것이다. 그리고 민족 통일기관 설치에 대하여 지금까지 노력하여 왔으나 이번에는 우리 민족의 대표적 통일기관을, 귀경한 후 즉시 설치하게 되었으니 각 지방에서도 중앙의 지시에 순응하여 조직적으로 활동하여주기 바란다."

이를 놓고 좌파들은 이승만이 남한 만의 단독정부를 수립하겠다는 첫 의사표명이라 주장해 왔다. 1946년 2월 8일 북한에 세운 북조선 임시정부의 존재에 대해서는 일체 언급하지 않으면서 남북분단의 책임을 전적으로 이승만에 돌려온 것이다. 하지만 1946년 6월 3일의 정읍 발언은, 1946년 2월 8일에 북조선을 소련의 위성국가로 설립한 소련의 야욕을 비난하는 말이었고 동시에 남한에 정치-행정적 구심체를 만들어 국제사회에 호소하는 방법으로 소련을 북한에서 내쫓자는 말이었다.

이승만의 예상대로 미소공동위원회는 1947년 8월 12일 해체되었고, 한국문제는 미국의 제안으로 9월 17일 국제연합(UN)에 상정되었다. 한반도 문제가 소련의 손을 떠난 것이다. 이에 자극받은 남북노동당은 음모공작을 구사하기로 했다. 이승만의 단독정부 수립을 적극 방해하기 위해 김구를 활용하기로 한 것이다. 단독정부가 수립되면 이승만과 한민당에 주도권이 가게 되고, 이렇게 되면 김구의 불만이 클 것이라는 점에 착안한 것이다. 김일성은 김구에게 "만일 선생이 오시면 남한에 단독정부가 수립돼도 북한에서는 단독정부를 세우지 않겠습니다"라는 편지를 보냈다. 그리고 평소 김구와 아주 가까운 홍명희를 시켜 김구를 설득했다. 김구와 홍명희는 "단독정부는 미국과 이승만의 음모임으로 깨야 한다"는 데 합의했다. 이 때 김구는 북한의 일정에 따라 연석회의를 연다는 것에 합의했다. 이후 홍명희가 김구에 코치를 했다. "김구, 김규식 이름으로 북한에 연석회의를 제의 하십시오." 이에 김구는 연석회의 제안을 김일성에 보냈다. 허수아비 노릇을 한 것이다. 그런데 이런 일을 꾸며놓은 김일성은 이 편지를 받고도 싹 무시했다. 순전히 각본에 의한 고도의 연극이었던 것이다. 이 연극에 말려든 김구 일행은 평양에 도착하기는 했지만 연석회의에는 처음부터 참석할 수 없었다. 그리고 한심하게도 마지막 장면에 참석해 아부성 발언만 하고 돌아왔다. 김일성은 김구 등을 처음부터 연석회의에 참여시키면 혹시 엉뚱한 발언을 할 수 있다는 것을 경계한 듯 하다.

이 흑색공작을 성공시킨 홍명희는 1949년 9년 9일 조선인민공화국 설립 당시 부수상이 되었다. 김구를 가지고 논 공적으로 홍명희가 출세한 것이다. 평양 연석회의에 가서 김일성의 들러리를 서준 이유에 대해 사람들은 의아해 할 것이다. 하지만 이는 당시의 김구 입장을 살피면 이해가 갈 것이다. "양쪽에 단독정부가 들어서면 북한에는 김일성, 남한에는 이승만이 출세하지만 통일국가를 세우면 김구가 대통령이 된다" 이것이 당시의 김구 마음이었을 것이라는데 많은 학자들의 의견이 일치하고 있다. 북한은 영화와 노동신문을 통해 이런 김구를 아낌없이 농락하고 있다,

북한은 당시 김구의 방북사실에 초점을 맞춰 "위대한 품"이라는 제목으로 영화를 만들었고, 이는 KBS에서도 방영된 적이 있다. 이 영화에서 김구는 김일성을 장군으로 불렀다. 김구가 김일성한테 읍하고 "김일성 주석님, 받으십시오"하며 '임시정부'의 옥새를 바치는 장면도 나왔다. 영화의 장면이 이어졌다. "나는 통일이 되면 주

석께서 황해도 고향에다 몇 평 주시면 과수원이나 하며 말년을 지내겠다" 무릎을 꿇고 참회의 눈물을 흘리는 장면도 나왔다. "지난날 장군님을 몰라 뵙고 반공운동을 한 것을 용서해 주십시오." 이런 말도 나왔다.

1997년 5월 26일(월), 로동신문은 "민족의 령수를 받들어 용감하게 싸운 통일혁명렬사-신념과 절개를 목숨 바쳐 지킨 성시백 동지의 결사적인 투쟁을 두고-"라는 제목으로 장장 2개면에 걸쳐 그의 업적을 기리는 글을 실었다.

이하 로동신문 발췌본

1946년 11월 11일, 당시 서울에서 발행된 한 신문은 이달 호에 "20여 년간 해외에서 독립광복을 위하여 분골쇄신하던 정향명 선생 일행 서울착"이라는 제목으로 다음과 같은 글을 실었다.

열혈청년 시절에 나라를 광복코자 황해를 건너갔던 정향명 선생, 해방 소식에 접하자 귀로에 오른 수많은 사람들과는 달리 타국에 의연히 남아 방랑하던 동포들을 모아 귀국을 종결짓고 떳떳이 환국했다. 정향명, 그가 바로 성시백 동지였다. 정향명은 해방 전 독립운동 시기에 이국땅에서 부른 성시백동지의 가명이었다. 성시백, 세상에 널리 알려지지도 않았으며 근 반세기 전에 우리의 곁을 떠나간 전사, 그는 과연 어떤 사람인가.

위대한 수령 김일성 동지께서는 1992년 12월에 성시백 동지에 대하여 회고하시면서 다음과 같이 교시하시었다.

"성시백 동무는 나를 위해, 자기 당과 자기 수령을 위해 신념을 굽히지 않고 잘 싸운 충신입니다. 이 세상에 그렇게 충실한 사람은 없습니다."

세계 지하혁명 투쟁사에는 이름 있는 혁명가들의 위훈담이 수없이 기록되어 있다. 하지만 그 위훈담들은 공작내용과 활동범위로 보나 투쟁방식으로 보나 성시백동지의 지하공작과는 대비조차 할 수 없는 것이다. 1947년 정초였다. 민족의 태양이신 위대한 수령님을 뵈옵고저 서울을 떠나 38선을 넘어 평양을 향해오는 사람이 있었다. 그가 바로 성시백 동지였다…"장군님 말씀을 받고 보니 앞이 탁 트입니다. 지금 저의 심정은 당장 남으로 달려나가 장군님께서 가르쳐 주신대로 힘껏 싸우고 싶은 것뿐입니다. 룡마를 타고 장검을 비껴든 것만 같습니다…"

성시백 동지는 김구선생을 만나 허심탄회하게 이야기를 나누었다.

"제 생각에는 선생님은 우리 민족을 위해 한생을 바쳐 오신 분인데 김일성 장군님을 직접 만나 뵈옵는 것이 어떤가 하는 것입니다…"

김구선생은 그의 이 말을 듣고 한숨을 푹 내쉬더니

"자네 말에는 반박할 여지가 하나도 없네. 그렇지만 공산주의자들이라면 무조건 경원시하며 적으로 규정한 이 김구를 북의 공산주의자들이라고 반가와 할 리가 없지 않은가" 라고 말하는 것이었다.

이 때라고 생각한 성시백 동지는 이렇게 드리대었다.

"바로 그것이 선생님의 고충이시겠는데 오늘 나라가 영영 둘로 갈라지느냐 아니면 통일이 되느냐 하는 시국에서 지나간 일을 두고 중상시비할 것이 있습니까? 백문이 불여일견이라고 선생님이 결단을 내리시어 북행을 하는 것이 어떻습니까? 미국사람들의 시녀노릇을 하는 리승만과 손을 잡겠습니까. 아니면 북에 들어가서 김일성 장군과 마주앉겠습니까?"

"음, 그러니 군은 김일성 장군을 신봉하고 있군그래. 알겠네. 내 알아서 용단을 내리겠네"

성시백 동지는 이러한 실태를 인편으로 위대한 수령님께 보고드리었다. 그의 보고를 받으신 수령님께서는 남북련석회의에 참가할 각계 민주인사들에게 초청장을 보내면서 김구, 김규식에게 보내는 초청장만은 성시백 동지가 직접 전달하도록 하시었다…

성시백 동지는 김구선생에게 이렇게 말하였다.

"선생님은 전번에 북의 공산주의자들이 과거를 불문에 붙인다는 것을 무엇으로 담보하겠는가고 물으셨지요' 하고 단도직입적으로 들이댔다. 그리고는 '북의 공산주의자들은 선생님의 애국충정을 무엇보다 귀중히 여기고 지나간 일들을 모두 백지화할 것이라고 담보하고 있습니다. 이것은 저의 말이 아닙니다. 저는 다만 절세의 애국자이신 김일성 장군님의 의사를 전달할 뿐입니다'"

그러자 김구선생은
"아니, 뭐, 뭐라고? 김일성 장군님께서?"
이렇게 말하며 그에게
"그런데 자네는 도대체 어떤 인물인가?" 하고 물었다.
"내가 바로 김일성 장군님의 특사입니다"
김구선생은 자리에서 벌떡 일어섰다. 의문과 새삼스런 눈길로 그를 바라보던 김구선생은 "아니 자네가? 그렇다면 임자가 오늘 오신다고 하던 김일성 장군님의 특사란 말씀이시오?" 하고 물었다. 이렇게 김구선생의 말투도 대뜸 달라졌다. 성시백 동지가 일어나서 김구선생에게 엄숙히 초청장을 전달하였다.

"우리 민족의 태양이신 김일성 장군님께서 백범선생에게 보내시는 남북련석회의 초청장입니다."

이 순간, 과묵하고 고집스럽던 김구선생의 얼굴이 크나큰 감격과 흥분으로 붉어졌다.

"김일성 장군님께서 그처럼 믿어주실 줄은 내 미처 몰랐습니다. 장군님께서 불러주시었으니 기어이 평양으로 가겠습니다. 내 이후로는 다시 일구이언하는 그런 추물이 되지 않겠습니다…"

1950년 6월 27일 5시, 적들은 이 새벽에 성시백 동지를 사형장으로 끌어내었다. 성시백 동지가 영웅적으로 최후를 마친 것은 서울이 인민군대에 의하여 해방되기 24시간 전이었다.

이처럼 김구는 대한민국 정부수립을 끝까지 방해했고, 정치적 욕심 때문에 김일성에 농락당해 북한정권에 정통성을 부여했다. 그는 문익환 목사처럼 통일을 빙자한 국가 반역자였다. 그는 꼿꼿하지도 못했다. 거구를 가지고도 이승만에 배 아파하는 졸장부에 불과했던 사람이다. 이런 사람을 노무현 시대에 여야 국회의원 거의 모두가 가장 존경하는 인물로 뽑았다. 대한민국 국회의원들이 독서가 없는 건달들인 것이다.

남한의 국회의원 선거는 1948년 5월 10일에 치러졌다. UN의 결의에 따라 남한지역 총 200의석 가운데 제주도 2개구를 제외한 전국 198개 선거구에서 198명의 국회의원이 선출됐다. 정당별 분포도를 보면 대한독립촉성국민회(이승만 지지파)가 54석으로 가장 많은 의석을 차지하였고, 한국민주당이 29석, 대동청년단 12석, 조선민족청년당 6석, 대한독립촉성농민총동맹이 2석, 그 밖이 95석(무소속 84석 포함)이었다. 이때의 투표율은 75% 정도였다. 투표율이 이 정도에 그친 것은 전국적으로 남로당이 펼친 선거방해공작 때문이었다.

5월 10일에 형성된 제헌국회는 5월 31일에 개원됐다. 이날 동대문 갑구에서 국회의원으로 출마하여 무투표로 당선된 이승만이 재석의원 198명 중 188표로 국회의장에 선출됐다. 이승만은 제헌국회의 의장이 됨으로써 헌법 제정을 총괄하는 중책을 맡게 됐다. 1948년 7월 17일, 이승만 주도로 제정된 헌법이 공포됐다. 3권분립주의, 대통령중심제의 행정부, 단원제 국회, 농지개혁, 주요 산업의 국영화 등을 골자로 하는 것이었다.

초대 대통령 선출은 1948년 7월 20일, 이승만은 국회에서 대통령으로 선출됐다. 그는 재석의원 196명 중 180명이라는 압도적 다수의 지지표를 획득했다. 부통령은 이시영. 그리고 마지막으로 1949년 10월 1일 3군 체제를 갖춘 국군이 창설됐지만 그 수는 불과 8만이었다. 북에서는 약 2년 전인 1948년 2월 8일, 15만에 이르는 인민군이 창설됐다. 6·25 당시 북한군은 20만, 한국군은 불과 9만8천이었고, 6월 28일 서울이 함락된 시점에서 한강 남쪽 제방에 집결된 병력은 불과 2만 2천이었다.

제12장 이승만의 건국투쟁

어수룩한 미국과 영리한 이승만

이승만은 워싱턴D.C.에서 일제의 패망 소식을 듣자마자 귀국을 서둘렀다. 그러나 애치슨이 이끄는 미국무성은 그가 미국시민이 아니라는 핑계로 여행증을 바로 발급해 주지 않았다. 국무성 관리들은 이승만이 1940년 이래 국무성을 뻔질나게 드나들면서 대한민국 임시정부를 승인하라고 요구했고 또 말로나 글로써 기회 있을 때마다 소련을 비방해 왔기 때문에 그를 맹목적인 반공·반소주의자로 낙인찍고 있었다. 한마디로 그는 미국무성에 골치 아픈 존재였다.

당시 미국 정부는 제2차 세계대전을 치르는 동안 미국의 동맹이었던 소련을 중시하여 전후 한국 문제를 처리함에 있어 반드시 소련과 협의하여 처리하려고 했기 때문에 이승만의 반공·반소 노선을 달갑게 여기지 않았다. 그래서 이승만이 한국에 돌아가면 미국의 대한정책 실천에 방해요소가 될 것이라고 생각했다. 이것이 바로 미국정부가 그에게 여행증을 속히 내주지 않은 이유였다.

막다른 골목에 처해 있던 이승만은 하는 수 없이 1945년 7월부터 편지로 인연을 맺은 미 태평양지구 총사령관 맥아더(Douglas MacArthur) 장군에게 부탁하여 맥아더가 마련해 준 미 군용기 편으로 뒤늦게 서울에 도착했다. 이로써 이승만은 42년에 걸친 미국 망명생활을 마감하고, 해방 2개월 후인 10월 16일에야 비로소 71세의 노구를 이끌고 귀국할 수 있었다. 서울에 도착한 다음에도 이승만은 2년 이상 미 국무성의 지시에 따라 움직이는 미군정의 총책임자 하지(John R. Hodge) 중장과 '견원지간'의 관계로 사사건건 충돌했다. 요컨대 이승만은 1947년 9월까지 미국 정부의 지지를 얻지 못한 상태에서 미국의 대한정책을 비판하면서 건국 운동을 벌이고 있었다.

소련의 야욕 간파한 이승만

이승만은 1945년 10월 25일, 독립촉성중앙협의회(獨立促成中央協議會, 이하 '독촉협')라는 범민족적 정치단체를 조직하고 그 단체의 총재로 건국운동을 이끌었다. '촉성'이란 '빨리 이룬다'라는 뜻이다. 그는 독촉협을 가동함으로써 '카이로 선언'에서 연합국 수뇌들이 약속한 '적당한 기간을 거친 다음에' 한국을 독립시켜 준다는 강대국의 일방적인 계획을 무산시키고 한국민 스스로의 힘으로 하루 빨리 독립 국가를 건설하려고 서둘렀던 것이다. 그는 한국민이 일치 단결하면 이것이 가능하다고 믿었고 "뭉치면 살고 헤어지면 죽는 다"라는 구호 아래 좌·우익의 정파들이 이데올로기적 장벽을 초월하여 모두 자기 밑에 결속할 것을 호소했다. 그 결과 고하 송진우 인촌 김성수 등의 한국민주당과 대부분의 우익 정당들이 독촉협에 가담했으며 심지어 해방직후 재건된 조선공산당(나중에 남로당)도 한때 독촉협에 참여했었다.

그러나 얼마 후 공산당이 독촉협을 탈퇴하면서 독촉협은 순수 우익단체가 되었다. 이승만은 1946년 초부터 남한의 우익세력을 총망라한 최고 지도자로서 김구 와 함께 미국과 소련이 획책하는 신탁통치안을 배격하고 '자율적으로' 통일독립국가를 건설하는데 혼신의 힘을 기울였다.

그 후 미·소는 1945년 12월에 모스크바에서 개최된 3상회의를 통해 한국에서 5년간 4대국(미·소·영·중)의 신탁통치를 실시하기로 결정했다. 이 결정에 따르면, 신탁통치를 실시하기에 앞서 우선 한반도에 주둔한 미·소 양군의 대표자들로써 미소공동위원회(The US-USSR Joint Commission, 이하 '미·소공위')를 구성하고, 이 위원회가 신탁통치에 필요한 자문기구로서 조선민주주의 임시정부(the Provisional Korean Democratic Government)를 조직하게 되어 있었다. 이에 따라 1946년 3월부터 5월까지 서울 덕수궁에서 제1차 미·소공위 회의가 열렸다.

그런데 이 회의에서 미·소 대표들은 조선민주주의 임시정부에 참여시킬 한국인 정당들의 자격기준 문제를 놓고 왈가왈부 논쟁을 벌인 끝에 합의점을 찾지 못하고 5월 16일에 무기 휴회를 선언하고 말았다. 말하자면, 미국과 소련이 모스크바 3상회의에서 결정했던 신탁통치 계획에 중대한 차질이 빚어졌던 것이다.

정읍의 단독정부 발언 이전에 이미 북한정권 수립

1993년에 공개된 소련의 한 비밀문서(전보문)에 의하면, 소련 수상 스탈린(Joseph Stalin)은 1945년 9월 20일, 시베리아 연해주의 군관구 및 제25군 군사평의회 앞으로 38선 이북 한반도지역에 '부르조아 정권(필자 주 : 소련의 위장전술-실제는 프롤레타리아 정권)'을 수립하라는 지령을 내렸다. 이 전보문은 해방 후 소련의 대한반도 정책을 이해하는데 중요한 문서다. 그것을 분석해 보면, 스탈린은 해방 후 1개월 남짓 지난 시점 즉, 이승만이 서울에 도착하기 이전에 이미 북한에 진주한 소련군 최고 사령관에게 미국과의 협상 결과를 기다리지 말고 38선 이북에 친소정권을 수립하라고 지시했음을 알 수 있다. 스탈린이 왜 하필 그 시점에 그러한 조치를 취했느냐 하면, 원래 소련은 제2차 세계대전이 종결되기 1주일 전, 즉 미국이 일본 히로시마에 원자폭탄을 떨어뜨린 2일째 되는 날에 대일선전 포고를 하고 그후 1주일 동안 '이미 전의를 상실한 일본'과 전쟁을 한 끝에 38선 이북의 한국 땅을 점령했던 것이다. 스탈린은 소련이 일본에 대한 승전국이라는 근거로 종전 후 한반도의 북반부뿐만 아니라 일본의 북반부까지도 점령하려 했다.

스탈린의 이러한 야망은 9월 12일부터 10월 2일까지 런던에서 개최된 전후 최초의 승전국 외상회의에서 표출되었다. 즉, 런던 외상회의에서 소련 외상 몰로토프(M. Molotov)는 미-영 외상들에게 소련이 '일본 점령'에 참여할 권리를 요구했던 것이다. 그러나 미 국무장관 번즈(James F. Byrnes)는 이 요구를 일축해 버렸다. 그 결과 스탈린이 원했던 소련의 일본 점령계획이 좌절되고 말았다. 런던 외상회의에서 이 같은 좌절을 경험한 스탈린은 미국과의 협조를 포기하고 한반도의 북반부만이라도 확실히 장악하겠다는 결심을 하게 되었고 바로 그 동기에서 연해주 군관구 및 25군 군사평의회에 앞서 소개한 전보문을 발송했다. 제1차 미·소공위 회의가 왜 공전했는 지 그 이유가 여기에 있는 것이다.

그 후 북한의 사정은 다음과 같이 변했다. 1946년 2월 8일 평양에 김일성을 위원장으로 내세운 '북조선임시인민위원회'라는 행정기구가 발족되었다. 이것이 바로 스탈린이 원했던 북한의 친소정권이다. 북조선임시인민위원회라는 것은 이 기구의 실체를 위장하기 위해 편의적으로 붙인 명칭이고 사실은 북한의 단독정권이었다. 소련은 동구라파에서 위성국가를 만들 때 그것을 처음에는 '임시인민위원회'라고 부르다가 나중에 정부로 고쳐 불렀다. 마찬가지로 38선 이북에도 사실상의 친소정권을 만들어 놓고 얼핏 보기에 정권이 아닌 '임시인민위원회'라는 완곡어법(euphemism)을 사용했던 것이다.

북조선임시위원회는 사실상의 정부였고, 그 시점이 1946년 2월이라는 사실이 매우 중요하다. 그 시점은 남한에 대한민국이 수립된 1948년 8월 15일보다 2년 반 전이었고, 이승만의 '정읍 발언'이 나오기 4개월 전이었던 것이다. 이러한 점들로 미루어 한반도 분단 고착화의 원흉은 이승만이 아니라 소련과 김일성정권이라는 것이 증명된 셈이다.

우리는 해방 후 미국과 소련의 대한반도 정책을 비교해 볼 필요가 있다. 좌파들은 해방 후 미국이 한국을 자국의 식민지로 만들 의도로 남한에 미군을 주둔시키면서 군사기지를 구축하고 있었다고 주장한다. 그러나 이것은 사실이 아니다. 미국 정부는 대체로 동북아시아에서 미국의 국익을 확보하기 위해서는 일본만 장악하고 있으면 되지 한반도까지 탐낼 필요가 없다는 입장에 서 있었다. 왜냐하면 미국은 한반도와 지리적으로 가깝지도 않고 역사적으로도 한국에 이해관계가 적은 나라일 뿐만 아니라 해방 후 남한에 미군을 주둔시켜 보니 막대한 경비가 들었다. 미국은 제2차 세계대전에 과도한 군비를 쏟아 부었기 때문에 종전 직후부터 경비절감을 위해 군축을 서둘러야 할 입장에 있었다. 결론적으로 미국은 하루라도 빨리 남한에서 미군을 철수하는 것이 상책이라고 판단했던 것이다. 실제로 미 육군장관 패터슨(Robert P. Patterson)은 한반도의 전략적 가치가 적다며, 1947년 4월 한국에서 미군을 철수해야 된다고 공언한 바 있다.

반면에 소련의 입장은 달랐다. 소련은 1860년부터 조선과 이웃이 된 이래 한반도를 통해 부동항을 얻으려 꾸준히 노력해 왔다. 그래서 한반도 내에 친소정권이 세워지는 것을 간절히 원했다. 소련군이 북한에서 철수한다 해도 그 군대는 두만강 건너편에 주둔하면서 한반도에 언제든지 영향력을 발휘할 수 있는 지정학적 위치에 있었다. 그렇기 때문에 소련은 이북지역에 친소정권을 수립하는 것에 만족하지 않고 적극적으로 기회를 만들어 한반도 전체를 공산화하여 자국의 영향권 안에 묶어두려고 했다. 남북이 하나로 통일만 되면 소련은 국제적 비난을 감수하면서 한반도에 소련군을 주둔시킬 필요가 없었다.

이승만의 고군분투

이승만은 한반도를 둘러싼 미·소의 정책을 정확하게 판단하고 남한에서 철수하려는 미군을 당분간 붙들어 둔 상태에서 대한민국 정부를 수립하고 이어서 UN에 가입한 다음 UN의 권위와 외교력을 동원하여 북한에서 소련군을 철퇴시키고 남·북을 아우르는 통일정부를 세우려 했다. 그는 6월 3일 정읍에서 남한 단독 정부수립 불가피론을 제창한 다음 미국으로 건너가 트루먼 대통령을 위시한 의회 지도자들과 국무성 관리들, 언론계 인사들 등을 만나 미군이 남한에서 철수하기 전에 한국인이 스스로 정부를 세우는 것을 도와야 된다고 설득했다. 그런데 여기에는 단서가 있었다. 새 나라를 건설함에 있어 미국의 권위에 의존하지 않고 1945년에 창설된 UN이라는 국제기구의 권위를 이용할 것을 주장한 것이다. 왜냐하면 미국의 권위를 빌어 새 나라를 세우게 되면 그 나라는 미국의 괴뢰국가로 비난받을 수 있지만, UN의 권위를 빌린다면 정당성을 지닌 떳떳한 나라가 될 수 있다는 생각을 한 것이다. 일찍이 프린스턴대에서 국제정치와 국제법을 전공했기 때문에 이렇게 기발한 발상을 할 수 있었을 것이다.

이승만은 1946년 겨울, 미국 워싱턴을 방문하여 1947년 3월까지 체류하면서 미국 조야의 지도자들과 만나 대한민국 건국 방안을 설명하고 이에 대한 지지를 호소했다. 그는 미국 대통령과 국무장관은 만나지 못했다. 그 대신 그는 국무성의 점령지역 담당 국무차관보 힐드링(John R. Hilldring) 장군과 면담할 수 있었다. 한국의 사정, 특히 북한의 실정에 정통했던 힐드링은 이승만의 주장에 동조했다. 나중에 미국무성은 이승만의 입장을 지지하는 방향으로 정책을 전환했다. 아마도 이러한 미국의 정책전환의 배경에는 힐드링 차관보의 영향력이 작용했을 것이다.

이승만이 미국에 체류하는 동안인 1947년 3월 12일에 미국 대통령 트루먼은 그리스에서 발생한 공산주의자들의 내란책동을 계기로 '트루먼 독트린(The Truman Doctrine)을 발표했다. 이것의 요점은 미국은 앞으로 공산주의 침략에 대항하여 투쟁하고 있는 세계의 모든 국민을 원조하겠다는 것이었다. 트루먼 독트린의 선포를 계기로 미국은 그때까지 소련에 대해 유지해 왔던 유화-협력정책을 버리고 대소봉

쇄정책으로 선회했다. 이 시점이 되어서야 비로소 미국은 소련을 가상적국으로 간주하면서 소련이 책동하는 전 세계적 공산화 정책에 적극 대처하기 시작했다. 트루먼 독트린은 원래 한국문제 해결을 염두에 두고 고안된 것은 아니지만 이승만이 그동안 취해 왔던 반공-반소 노선과 일치하는 것이었다. 따라서 그 원칙이 한반도에 적용되자 이승만은 비로소 미국 정부의 지지를 받게 된 것이다.

1947년 여름에 제2차 미·소공위 회의(1947.5.21~10.18)가 서울에서 다시 열렸다. 그런데 이 회의 역시 제1차 미소공위 회의 때(1946.3.20~5.12)와 마찬가지로 '조선민주주의임시정부'를 구성함에 있어 한국의 여러 정당 중 어느 정당을 협의대상으로 삼느냐에 대한 문제로 미·소 대표간에 평행선을 달리는 설전을 벌이다가 1947년 10월 21일, 해체되고 말았다. 이에 마샬(George C. Marshall) 국무장관은 모스크바 3상회의에서 미소가 합의했던 신탁 통치안을 완전히 포기하고 9월 17일, 한국문제를 국제연합(UN)에 상정했다. 이승만이 주장해 왔던 대로 UN을 통해 남한에 단독정부를 세우기로 결정하고 한국문제를 UN에 이관한 것이다.

한국문제를 껴안게 된 UN총회는 1947년 11월 14일 본회의에서 전국적인 총선거를 통해 한국에 독립정부를 수립하기로 결의함과 동시에 이 목적을 달성하기 위한 UN한국임시위원단(The united Nations Temporary Commission on Korea, 'UN위원단')을 구성했다.

"조선의 독립을 위해서는 국제연합의 감시 하에 본 결의문 부록에서 제정한 절차에 의하여 조선 국회를 창설하고, 조선민족정부 수립을 지향하는 제1단계로 양 점령지에서 각 점령군이 1948년 3월 30일 한, 선거를 시행함을 건의함"

이러한 UN의 결의에 따라 오스트레일리아, 카나다, 중국, 엘 살바도르, 프랑스, 인도, 필리핀, 시리아 등 8개국 대표로써 구성된 UN위원단이 서울에 도착하여 남북을 아우르는 총선거를 실시하기 위해 현지조사를 펼쳤다. 그 과정에서 UN위원단이 1948년 1월 12일, 38선을 넘어 북조선에 '입경' 하겠다고 요청했지만 애당초 총선거를 반대했던 소련 점령군 당국은 1월 23일부로 UN위원단의 입북을 거절했다. 그 결과 UN위원단은 총선거 실시가 가능한 남한지역에서만 선거를 치르기로 UN에 건의했고, 1948년 2월 26일에 소집된 UN소총회는 그 건의를 받아들임으로써 5월 10일 드디어 남한에서 총선거가 실시된 것이다.

제3부

4월 3일 인민유격대의 기습공격과 5·10 선거 방해작전

제13장 1948년의 제주도 상황
제14장 공비들의 만행
제15장 4·3사건의 성격

제13장 1948년의 제주도 상황

UN임시위원단 추방을 위한 공산주의자들의 '2·7구국투쟁'

1948년의 한국 사회는 1월 8일 UN임시위원단이 서울에 들어오는 순간부터 요동치기 시작했다. 소련의 통치하에 있는 북한은 그야말로 벌집을 건드린 듯 들끓기 시작했다. 전 지역에 걸쳐 항의집회와 시위를 열었고, 이와 동시에 남한사회 전체에 노동계급을 전사로 하는 시위와 파업, 경찰서 습격 등 파괴활동이 이어졌다. 마치 9월 파업을 연상케 하는 것이었다. 이런 파업과 파괴활동은 2월 7일 절정에 이르렀다. 북한 자료에 의하면 이날 하루 동안에 전국적으로 26개 파출소가 습격당해 피해를 입고 무기 등을 피탈 당했다. 북한이 발행한 "주체의 기치 따라 나아가는 남조선 인민들의 투쟁" 105쪽에는 이런 내용이 있다.

"투쟁에 나선 남조선 인민들은 '김일성 장군 만세!' '조선민주주의인민공화국수립 만세!'를 소리 높이 외치며 원수들의 피비린 탄압을 불굴의 투지로 싸웠다. 2월 7일 이후 26일까지, 수많은 경찰지서가 녹아나고 악질경찰관, 악질관리, 반동분자 수십 명이 처단되었다. 26자루의 총과 481발의 탄약을 빼앗고, 61대의 기관차, 27개의 통신기구, 수많은 다리, 도로를 파괴하고, 83개소의 전신전화선을 끊어버렸다"

제주도의 1948년 역시 격랑의 해였다. 하지만 제주도의 2.7구국투쟁은 내륙에 비해 강도가 아주 미미했다. 1948년 1월 22일, 제주도에서는 이른바 신촌리 사건이 발생했다. 이날 남로당 제주도당 간부들이 남로당 중앙당의 지령인 5·10선거 반대를 위한 2.7폭동 준비를 위해 조천면 신촌리에 모였다. 그런데 남로당에서 전향한 김생민이 이 내용을 경찰에 신고하여 거기에 모였던 106명이 연행됐다. 그런데도 끈질긴 제주 남로당 간부들은 1월 26일 또 다시 2·7폭동을 준비하기 위해 모였다. 이 모임도 신고되어 또 다른 115명이 경찰에 연행됐다. 졸지에 221명의 남로당 간부들이 연행된 것이다.

연행된 자들 중에는 남로당 제주도당 책임자 안세훈, 김유환, 김용관, 이좌구, 이덕구 등 간부들이 있었고, 김달삼과 조몽구는 연행 도중 도망쳤다. 조사 후 63명은 곧 훈방조치 됐고, 나머지 대부분은 1948년 3월말에야 모두 석방됐다. 미군정이 석방하라 한 것이다. 1월말부터 3월 말까지 제주남로당 대부분의 간부들이 구속돼 있었던 관계로 제주남로당은 육지에서와는 달리 2·7폭동을 적극적으로 전개하지 못했다. 바로 이것이 그들에게 전화위복이 되어 남로당 제주도당이 건재할 수 있었고, 이어서 제주 4·3폭동을 일으킬 수 있게 되었다.

제주남로당 주요 간부들이 구속돼 있는 동안에도 제주남로당은 1948년 2월 9일-11일에 걸쳐 6개의 경찰지서를 습격하고, 삐라를 살포하고, 17건에 달하는 무장시위를 벌여 또 다른 290명이 연행됐다. 2월 29일에는 안덕면 사계리 마을 청년 이양호(25세)와 임창범(28세)이 5·10선거 반대시위를 획책하던 도중 육지로부터 파견된 최(崔) 안덕지서 주임과 제주출신 오 순경이 마을에 있는 것을 발견하고는 청년들을 동원하여 경찰의 카빈총을 빼앗고 죽음 직전에 이르기까지 마구 구타했다. 이 두 경찰은 마을 사람의 신고를 받고 출동한 경찰들에 의해 겨우 목숨을 건질 수 있었지만, 경찰들은 이 일로 매우 화가 났다.

이에 경찰은 5·10선거 반대 시위자들을 연행하여 조사를 했고, 조사과정에서 조천중학교 2학년 김용철(21세)이 3월 6일에 고문으로 사망했다. 이어서 3월 14일에는 대정면 영락리 양은하(27세)가 모슬포 지서에서 조사를 받던 중 역시 고문으로 사망했다. 또 3월말에는 한림면 금릉리 박행구(22세)가 서청과 경찰관에게 곤봉으로 두들겨 맞고 총살을 당했다. 이로 인해 경찰과 남로당 사이에는 매우 험악한 분위기가 조성됐다.

이상의 사건들은 남로당의 공격행위와 이에 대한 경찰의 반작용으로 이루어진 사건들이다. 공격은 언제나 남로당으로부터 시작됐다. 남로당의 공격행위는 3.1절기념사건에 대한 보복 차원에서 이루어진 것이 아니라 5·10선거를 반대하는 차원에서 벌어진 것들이다. 그런데도 정부보고서 128쪽에는 1947년 3.1사건 이후 1948년 4·3발발 직전까지 1년 동안 2,500여 명이 검속되었다고 기술돼 있다.

그 의미는 무엇인가? 3·1발포사건 이후 미군정이 2,500여 명을 검거할 정도로 주민들을 난폭하게 다루었기 때문에 4·3항쟁(민중봉기)이 발발했다는 논리를 펴기 위한 것이다. 4·3 항쟁의 원인이 미군정의 탄압 때문이라는 것이다. 정부보고서가 주장한 2,500명은 맞는 수치인가? 아니다. 실제 3·1사건으로 검거된 인원은 500여 명뿐이다. 정부보고서에 1948년 4월 3일까지 검거된 수를 2,500명이라 한 것은 진상조사 위원들이 홍한표의 저서를 검증도 하지 않고 인용한 것이다. 그 외에는 아무런 근거가 없는 것이다.

그리고 참으로 희극적인 것은 정부보고서 148쪽에 위 17건을 폭동이라고 규정한 점이다. 총 290명이 동원되어 6개의 경찰지서를 습격하고, 삐라를 살포하고, 칼과 곤봉을 높이 들고 무장시위를 벌이며, 경찰관을 죽기 직전까지 구타하는 등의 17개 미니 사건들에 대해서는 '제주 남로당이 일으킨 폭동'이라고 규정한 진상조사위가 정작 4월 3일, 인민유격대가 총동원되어 전도적으로 벌인 대량

학살 만행에 대해서만은 '민중항쟁'이라고 주장하는 것이다. 이런 것이 좌익들의 한계인 것이다.

고재우에 의하면 '2·7구국투쟁' 이후 남로당 중앙당 간부들 즉 선전부장 강문석, 군사부장 이중업, 군사프락치 이재복(주 : 박정희를 포섭한 인물)과 전남도당 조창구, 이창욱 등 이른바 올구(ORG, 조직가)들이 대거 제주도로 건너 왔다. 이들은 남로당 제주도당을 극한투쟁을 할 수 있는 '구국투쟁위원회'로 개편했다. 위원장에 강규찬, 군사위원장에 김달삼이 지명되었다. 북한 박설영의 논문에는 이때부터 고농, 빈농, 어민들로 구, 면, 리 단위 '무장자위대'가 형성되었고, 4월 3일 이전에 8개 지구에 35개 유격근거지를 설치하였다고 기록돼 있다.

4월 3일의 기습적 무장 반란 사건

제주남로당이 5·10선거 반대를 위해 4·3폭동을 벌이기로 한 배경은 이렇다. 1월 하순, 221명이라는 많은 핵심 당원들이 경찰에 연행되자 조직 와해에 직면한 제주도당은 여러 차례에 걸쳐 회의를 거듭했다. 1948년 2월 20일경, 조천면 신촌리에서 제주남로당 도당 간부와 면당책임자 19명이 모였다. 조몽구, 이종우, 강대석, 김달삼, 이삼룡, 김두봉, 고칠종, 김양근 등이었다. 김달삼이 '이대로 있다가는 조직이 와해되어 상부에서 명령한 5·10 선거를 저지시킬 수 없다'며 무력투쟁을 벌여야 한다고 주장하자 조몽구 등은 무력투쟁은 신중을 기해야 한다고 했다. 결국 무력투쟁 방침이 12 : 7로 가결되었다.

이에 따라 2월 25일경 제주도당을 구국투쟁위원회로 조직 개편했고 전남도당 올구 이씨는 즉시 전남도당과 중앙당을 방문하여 제주도당의 조치에 대해 결과보고를 했다. 중앙당의 명령을 받아든 올구 이씨는 3월 15일 제주도로 건너와 무장 반격을 실시할 것과 여기에 국방경비대를 최대한 동원하라는 지시를 내렸다. 이는 남로당 중앙당이 제주 무장폭동을 직접 지시했다는 것을 의미한다.

무장폭동을 결행하자는 김달삼의 판단 근거는 세 가지였다.
1) 5 · 10선거 반대를 위한 무력투쟁을 벌이면 이것이 기폭제가 되어 전국에서 호응이 있을 것이다.
2) 국방경비대는 진압에 가담하지 않을 것이다.
3) 미군과 소련군이 곧 철수하면 북한의 김일성과 남로당의 박헌영의 세력이 강해지고 1949년에는 인민군이 38선을 넘을 것이다.

1980년 광주에서 얼굴 없는 주동자들이 폭도들을 선동한 것 역시 이와 똑같았다. 광주에서 불을 지르면 전국에서 들고 일어날 것이고, 그러면 미군이 계엄군으로부터 손을 뗄 것이고 그래서 곧 북한이 밀고 들어와 통일이 될 것이라는 것이었다.

1948년 4월 3일 오전 2시, 김달삼(본명 이승진)은 30여 정의 총기와 적탄통, 수류탄, 다이너마이트 그리고 죽창과 일본도 등으로 무장한 320여 명의 훈련된 무장병들과 각 부락에 심어놓은 민애청과 남로당원 수천 명을 동원하여 제주 전역 89개 오름에서 일제히 봉화불(횃불)을 올렸다. 이들은 일제히 총성을 울리고 인항가와 적기가를 부르고 단선-단정을 반대하는 취지의 격문을 뿌리며 잠자는 제주도 주민들을 공포의 도가니로 몰아넣었다. 12개의 경찰지서와 애국인사들의 명단을 작성해 가지고 일시에 습격하여 살인, 방화, 납치를 자행했다. 이것이 4월 3일의 폭거요 반란이었다.

북한의 박설영은 그의 논문 139쪽에 1948년 8월 20일자 로동신문을 인용하여 4월 3일, 하루에 경찰지서 2개소 방화, 경관 11명, 테러단원 11명, 악질반동 10여 명을 처단하고 5명의 반동분자에게 중상을 입히고 다수의 무기를 노획했다고 기록했다.

4·3을 전후하여 무장유격대가 무슨 일을 저질렀는지에 대해서는 이덕구가 사망했을 때 노획한 극비 상황일지인 "제주도인민유격대투쟁보고서"일 것이다. 이 극비 보고서는 1948년 3월 15일부터 7월 24일까지 무려 4개월 10일간에 이르는 투쟁 상황을 자세하게 기록했다. 이 기록을 보면 제주도 적화를 위한 무장 기습테러 행위가 3월 18일부터 시작되어 4월 3일 절정을 이루었고, 그 후 5월 10일의 선거를 무력화시킬 때까지 지속되었음을 알 수 있다.

이 유격대의 상황일지에 의하면 4월 3일 하루에 경찰관 4명이 사살 당했고, 8명이 부상 당했으며 2명이 행방불명되었다. 민간인 8명이 사살됐고, 19명이 부상을 입었다. 그리고 무장폭도 3명이 사살되고 1명이 생포됐다. 유격대 상황일지에 나타난 유격대의 가해 현황은 충격적이다. 4월 3일부터 7월 24일까지 110일 동안 인민유격대는 31회에 걸쳐 지서를 습격했다. 경찰관 74명 및 경찰가족 7명을 살해하고 23명에 부상을 입혔다. 우익 민간인 226명을 살해하고 22명을 납치해갔으며 28명에게 부상을 입혔다. 120채의 가옥을 소각하고 940개소의 전선을 차단하고 170개소의 도로를 파괴했다.

피해상황을 숫자 표현만으로 보면 4·3이 무엇인지 잘 이해하기 어렵다. 가장 피부에 와 닿는 것은 공비사령관이 직접 꼼꼼하게 기록해 놓은 상황일지다. 지면관계상 8개 지역에 설치된 유격대 조직들이 벌인 습격상황을 모두 소개할 수 없기에 가장 대표적이라 할 수 있는 부분만 소개하도록 한다.

제주읍의 4월 3일(유격대 일지)

오전 2시를 기하여 삼양, 화북, 외도의 3개 지서를 일제 습격했다. 삼양지서에서는 경관 6명을 상대로 우군 16명이 99식 소총 1정, 다이너마이트 2발, 휘발유탄 4발을 보유하고 상호 접전하에 지서 정문까지 육박하여 유리창을 죽창으로 파괴했지만, 적의 발포가 극심한데다가 응원대가 올 것을 염려하여 퇴각했다.

상호간 피해는 없었다.

　화북지서에서는 경관 5명을 상대로 아 부대 14명이 99식 소총 1정, 다이너마이트 4발, 휘발유탄 4발 나머지는 창을 가지고 4개 부대로 편성하여 습격했다. 처음에 전선 2개소를 절단하고 수류탄 1발 투척한 결과, 지서 내의 램프에 불이 붙어 지서가 전소됐다. 경관 1명이 도주하고, 급사(필자 주 : 심부름하는 급사) 1명이 즉사했다. 1개 분대는 경관 사택을 습격하여 경관 부부를 살해하고 카빈소총 1정을 압수했고, 1개 분대는 경관 사택을 습격하여 수류탄을 투척한 결과 경관 1명이 부상했다.

　외도지서에서는 경관 6명을 상대로 아 부대 14명이 99식 소총 1정, 다이너마이트 3발, 휘발유탄 3발. 나머지는 창으로 습격하여 경관 1명을 숙청하고 즉시 퇴각했다. 돌아오던 중 노형리 부근에서 적 기동대와 부딪쳤으나 약 5분간 접전한 후 이를 격퇴시켰다.

애월면의 4월 3일(유격대 일지)

　4월 3일 오전 2시, 구엄, 애월 양개 지서를 습격했다. 구엄지서에서는 개(경관) 9명을 상대로 아 부대 120명이 99식 소총 4정 다이너마이트 5발, 나머지는 죽창으로 습격했다. 숙청 대상 반동 1명당 아 부대원 5명씩 배치했고, 지서에는 약 40명을 배치했다. 처음에 지서를 향하여 다이너마이트를 투척하고 그 폭발음을 신호로 일제 습격하기로 하였으나, 애월지서 습격부대가 약속돼 있던 시각보다 약 30분 전에 습격한데다 구엄과 애월 간의 전선을 절단 하지 않아서 애월지서에서 구엄지서에 지원을 요청해놓은 상태였기 때문에 사전 발각됐다. 지서 내부에는 개(경관) 3명과 향보단원 2-3명이 있었고 나머지 개(경관) 6명은 집에 있었다.

다이너마이트를 투척하자 적은 지서 내에서 발사하기 시작했고, 우리 부대도 이에 응전하면서 일보 일보 전진해 나갔다. 이 때 악질 개 송원화 집에 배치한 분대는 송원화를 붙잡아 단창으로 찔렀으나 단창을 빼자마자 송은 도주했다.

다른 분대는 반동 2명과 반동 가족 3명을 숙청하고 가옥 2호를 소각한 후 소학교에 집합하여 지서에서 울리는 사이렌을 들으면서 인항가(人抗歌)와 적기가(赤旗歌)를 고창하면서 지서 습격대를 지원하러 갔다. 지서 습격부대와 합류하여 새 공격으로 들어갔으나 약 30분 후 외도(外都) 지서의 기동대가 출동함에 퇴각했다. 우리 유격대 2명이 희생됐다.

애월지서를 향해서는 아 부대 약 80명이 습격하여 다이너마이트를 던지고 지서장 송달호에게 경상을 입히고 퇴각했다.

한림면의 4월 3일(유격대 일지)

4월 3일 오전2시를 기하여 한림지서, 저지지서, 한림여관, 신창여관, 매립지여관 및 기타 반동들의 집을 향해 일제히 습격을 단행했다. 한림지서의 개(경관) 7명에 대하여 아 부대 15명 (99

식 총 1정, 다이너마이트 12발, 가솔린탄 12발)을 배치했고, 한림여관의 개(경관) 7명에 대하여 아 부대 6명(99식총 3정, 군도 1본, 나머지 창)을, 신창여관의 서청(서북청년단) 7명에 대해여는 아 부대 15명 (99식 총 1정, 군도 1본, 나머지는 창)을, 각 경관급 반동 가택에는 나머지 31명 배치했다.

매립지 여관에서는 개 1명 및 대청 1명을 숙청했고, 신창여관에서는 서청 7명을 숙청했다. 한림여관에 숙박했든 기동대와도 접전했지만 성과가 없었다. 이어 각지에서 투쟁을 전개한 결과 1명은 사택에서 숙청하고, 면장 1명과 독촉(獨促, 독립촉성회) 최고 간부 1명에게 각각 부상을 입혔고, 한림지서 습격부대 동무들은 다른 부대들이 적 기동대와 접전하는 총성에 놀라 전부 도피하는 바람에 소총수 1명만 남은 상태였기에 투쟁이 불가능했다.

저지지서 습격은 직전의 누설(푸로파카트의 발생)로 사전 중지됐고, 전선절단 4개소, 도로파괴 2개소 등의 전과를 올렸다. 사전에 지정된 집합장소인 '미마루 동산'에 전원 집합한 후, 금악(今岳)에 이르기까지 무장 시위를 단행했다. 금악에서 반동이 소지한 일본도 1정을 압수하고 오전 9시 아지트에 귀환하자, 저지지서원 6명과 경찰 후원회원 25명이 금악을 습격하고 있다는 정보를 접수하고 즉시 출동하여 적을 격퇴시키고 후원회원 3명을 포로로 잡아 개전시킨 후에 석방했다

아래는 제주읍 유격대가 제주읍을 상대로 한 일자별 상황일지다.

3월 18일 : 도련리의 악질 향보단을 습격하고 이를 해산시킴과 동시에 반동 가옥 3호를 완전 파괴하고, 반동 7명을 부상시켰다.

향보단이란 55세 이하의 청장년으로 조직된 경찰 보조단체를 말한다.

4월 1일 : 영림서원(營林署員) 2명을 포로로 잡고, 3일 후인 4일에 개전시킨 후 석방했다.

4월 3일 : 생략

4월 4일 밤에는 아군 30명으로 영평리 상동 대청 사무소를 습격하여 사무소를 완전 파괴하고, 문서 일체를 압수했다. 대청 동원부장 1명을 숙청하고, 반동 2명에게 중상을 주고 돌아오는 도중 월평리 거주 경관의 집을 습격하였으나 경관이 부재중임으로 가옥을 파괴한 후 가옥 약 4분지 1을 소각한 후 의류 다수를 약탈했다.

4월 8일에는 4인 1조로 이호리 대청 거두 1명을 숙청하고, 8인 1조로 삼양지서를 제2차 습격하였으나 사전 발각되어 퇴각했다.

4월 12일에는 4인 1조로서 오라리에 거주하는 악질경관 송원화 부친을 숙청한 후 동 가옥을 소각했다.

4월 14일에는 외도지서를 제2차 습격했다. 송칠 동무가 유도작전을 지도하다가 희생당했다.

4월 16일에는 화북에서 우군 5명이 경관과 대청원에게 포위당했으나 권총으로 경관 1명을 즉사케 한 후 전원 무사히 탈출했다.

4월 18일에는 삼양지서를 제3차 습격했다. 경관 16명을 상대로 아 부대 22명이 총 6정을 가지고 습격하였으나 사전 발각되어 아 부대원 1명이 희생당했다.

4월 19일에는 외도지서를 제3차 습격하여 수류탄을 투척한 결과 경관 1명이 부상되고 지서가 반파되었다.

4월 20일에는 월평리에서 엿장사로 가장한 스파이 2명을 숙청했다.

4월 27일에는 리구장 집에서 경관이 식사 중이라는 정보를 입수하고 아 부대 16명이 이를 포위하였으나 경관(개)은 도주해 버리고 반동 구장 1명을 잡아다가 숙청했다.

4월 28일에는 노형리 2구에서 적 기동부대 22명과 아 부대 20명이 약 6시간 접전한 후 이를 격퇴시켰다. 경관(개) 3명이 부상당했고, 경관 모자 1개, 문서 다수, 카빈 탄창 2개, 카빈 탄환 9발, 백미 1두(斗)를 노획했다.

5월 1일에는 경관 7명, 반동 2명이 화북리 3구에 침입한 상태에서 아 부대원 20명이 포위하고 도주하는 경관들을 추격했지만 반동 1명만 숙청했다.

5월 3일~7일까지에는 동, 서 각 지구에 아 부대 각각 1개 대대씩 주둔하면서 1개 대대는 본부 근무했다. 노형리에서 엿장사로 가장한 스파이 2명 숙청하고, 오라리 2구에서 반동 3명을 숙청하고, 오라리 2구에서 적 기동부대 약 30명과 20분간 접전 후

적의 다른 부대에 포위당해서 퇴각했다. 상호간 희생은 없었다. 월평리에서 4월 4일 소각하다가 남은 경관집을 완전 소각했다.

5월 6일에는 서 대대가 산으로 가던 도중 적 기동대 약 30명과 조우하여 약 8시간 동안 접전 후 이를 격퇴했고, 이 과정에서 경관 2명이 즉사했고, 우리 대원도 2명이 희생됐다. 5월 7일에는 화북리의 반동분자 4명, 삼양리 2구의 반동분자 2명, 삼양리 3구의 반동분자 2명, 도련리 1구의 반동분자 2명 계 15명의 반동분자를 숙청했다. 죽성리에서 반동분자 3명을 숙청했다.

5월 8일에는 삼양리로부터 화북에 이르기까지의 전선을 완전 절단했다. 아침에는 죽성의 반동 거두의 가옥 4호를 소각하고, 반동분자 11명을 숙청했다. "고다시" 반동의 집 2호를 소각하고, 반동의 가족 2명을 숙청했다. 아라리 1구의 반동 가옥 2호를 소각하고, 반동 가족 2명을 숙청했다.

5월 9일에는 농교에 수류탄을 투척하여 적에게 위협을 주었다.

5월 10일에는 도두리의 반동 4명을 숙청했다. 읍사무소(투표장소)에 수류탄 2발을 투척하여 투표를 방해했다.

5월 15일에는 오현중학교에 수류탄 1발을 투척했다.

5월 18일에는 화북리의 반동 1명을 숙청했다.

5월 25일 2시, 특무대원 3명이 단선 을지구 당선자(필자 주 : 당시 북제주군 갑·을선거구 선거는 유효투표수 미달로 무효가 되고 1949년에 재선거가 실시되었음) 한림면 출신 양병직의 아지트를 습격하였으나 실패하고, 대원 1명이 검거됐다.

6월 14일에는 표선의 반동 1명을 회천에서 숙청했다.

7월 9일에는 월평리에서 엿장수로 가장한 스파이 2명을 숙청했고, 반동분자 31명을 숙청했다.

이상의 제주읍 합계는 다음과 같다. 지서 습격 수 7회, 지서 소각수 1, 지서 파괴수 1, 경관 사망 5명, 경관 부상 5명, 경관(개) 가족 사망 3명, 반동분자 숙청 66명, 반동분자 가족 숙청 4명, 반동 부상 9명, 경관가옥 소각 2호, 반동가옥 소각9호, 반동 가옥 파괴 3호.
무기노획에 대해서는 카빈소총 1정. 탄창 2개, 탄환 9발
전선 전단 349개소, 도로파괴 140개소, 교량파괴 1개소

아군 피해로는 대원 3명이 전사했다.

제주도 인민군이 벌이는 일방적인 테러 행위에 대해 미군정이 토벌을 결심한 시점은 5·10선거가 파탄 난 시점이었다. 5·10선거가 파탄나자 5월 15일, 미군정은 국방경비대를 전격 투입했고, 대규모 지원 경찰 및 청년단을 투입했다. 미군정 주도의 본격적인 토벌작전이 전개되면서부터 제주도는 쌍방 간의 전투장으로 변할 수밖에 없는 운명을 맞이하게 되었다. 이 책임은 누구에게 있는가? 좌익들은 그 책임이 미군정에 있다 하고, 객관적 사실들은 그 책임이 제주도 남로당과 인민유격대의 끝없는 테러행위와 반란행위에 있다는

것을 증명하고 있다.

정부보고서가 본 5 · 10선거 방해작전

　　정부보고서의 206~210쪽을 보면 제주4 · 3 폭도들의 선거사무소 피습현황이 나열돼 있다. 선거방해 행위는 4월 18일부터 5월 10일까지 지속됐다. 특히 선거 당일인 5월 10일의 방해책동은 대단했다.

4월 18일	새벽 제주읍 도평리 투표소 피습당해 선거기록을 빼앗김.
4월 19일	조천면 신촌리 투표소가 피습, 화재로 선거기록 소실.
4월 21일~22일	이호리 선거사무소 피습, 선거기록 탈취.
4월 21일~22일	내포리 선거사무소 피습, 선거기록 탈취.
4월 21일	동일리 선거사무소 피습, 선거기록 탈취.
4월 21일	모슬포 면사무소 피습.
4월 22일	대정 선거사무소 피습 위원장을 죽이고 선거기록 탈취.
4월 30일	새벽 대정면 신평리 선거관리위원 피살.
5월 1일	제주읍 도평리에서 마을 선거관리위원장 피살.
5월 5일	화북리 선거관리위원장 피살.
5월 3일	조천면 조천리 선거관리위원들 전원 사퇴.
5월 5일부터	폭도들은 주민들을 산으로 안내, 선거에 참여치 못하게 함.

5월 10일	중문면 투표소 기습당함.
"	성산면 투표소 60명(폭도 : 필자 주) 집단에 의해 방화.
"	제주읍 다이나마이트 2개 폭발.
"	제주공항 300여 명(폭도 : 필자 주) 총격전.
"	표선면 투표소 기습, 2명 피살, 투표용지 파손.
"	구좌면 송달리 투표소 피습, 2명 피살, 1명 부상, 가옥 7채 불.
"	조천면 14곳 투표소 제 기능 못함.
"	조천면 북촌리 투표소 불에 탐.
"	표선면 가시리 투표소 피습, 이장과 학교장 피살.
"	성산면 투표소 피습, 4명 피살.

제주도 3개 선거구 총유권자 85,517명 중 53,690명 62.8%가 참여함. 남제주군 선거구는 86.6%가 참여하여 무소속 오용국이 당선되었으나 북제주군 갑구는 43%, 북제주군 을구 46.5%로 2개 선거구가 무효가 되었다. 북한과 인민유격대를 편드는 정부보고서 역시 인민유격대의 선거방해 행위와 폭력테러 행위들을 고스란히 인정한 것이다.

UN한국임시위원단이 본 5·10방해작전

UN한국임시위원단 보고서에는 이런 표현이 있다.

공산주의자들의 방해 책동이 있었지만, 제주도를 제외하고는 선거가 비교적 조용히 그리고 능률적으로 진행되었다. 5월 8일에서 10일간의 선거 주말 동안 57건의 습격이 있었다. 2월 7일부터 5월 14일까지 선거종사자들과 후보자 17명이 살해됐고, 65명이 부상을 입었다, 경찰관과 그 가족 56명이 살해됐고, 142명이 부상을 입었다. 반면 공산주의자들과 폭도들 261명이 살해됐고, 123명이 부상을 입었다.

대한민국에서 공산주의자들의 방해책동에 의해 주민들이 투표를 하지 못해 국회의원을 2명씩이나 뽑지 못한 곳은 오직 제주도뿐이다. 4월 18일부터 5월 10일까지 무려 3주 동안이나 거의 매일 투표소를 기습하여 사람들을 죽이고, 선거관리요원들을 살해하고 선거인 명부를 몽땅 탈취하여 불태우고 제주도민을 산으로 끌고 가 투표를 하지 못하게 하고 공무원들을 살해하는 만행을 저지른 것을 놓고 정부보고서는 이 모든 행위가 미군정과 경찰과 서북청년단들의 횡포에 반기를 들고 일어난 민중항쟁이라고 규정했다. 대한민국 정부보고서가 아니라 조선인민민주주의 공화국 보고서라 해야 마땅할 것이다.

남로당 기관지가 본 5 · 10방해작전

1948년 5월 20일 전후로 발간된 남로당 기관지 '노력인민' 92-94호에는 4 · 3투쟁에 대한 기사와 함께 5 · 10 '망국단선 분쇄투쟁'이라는 제하의 기사가 있다. 대략 요약하면 아래와 같다.

당일에는 비가 내렸다. 제주도의 애국적 인민들은 투표소로 가지 않고 인민자위대가 있는 산악으로 올라왔다. 갈대를 엮어 임시 지붕을 만들고 그 밑에서 1,000명 또는 400명 단위로 비를 피하고 있었다. 연기가 나는 모든 곳에는 모두 인민들이 집결돼 있었다.

경찰서와 재판소 등 놈들의 권력기관들이 모여 있는 '성내'를 빼놓고는 완전히 투표를 보이코트하였다. 투표소들은 수류탄으로 폭파되었고 반동들은 숙청됐다. 전도에 걸쳐 공포와 전율이 극도에 달했고, 인민들은 무서워서 감히 투표장에 나설 수 없었다. 경찰이 투표를 하라고 하면 인민들은 "우리가 투표하면 매국노라 인민재판으로 맞아 죽는데 누가 하겠느냐'며 받아쳤다. 감히 투표상자를 나를 인민도 없었다.

동리 사람들은 남녀노유가 곤봉을 들고 나와 투표함을 가져온 자에게 들이댔다. "아무리 돈벌이라 하지만 나라 파는 그릇을 짊어지고 다니는 놈이 어디 있느냐"며 질타하여 쫓아버렸다. 투표상자를 지고 가던 서청원 단원들은 모두 행방불명이 되었다. 국경들이 나서서 투표를 강요했다. 인민들은 "우리는 못 나간다"했고, 국경은 "안 나가면 쏜다"는 행패를 부렸다. "쏘아도 나갈 수 없다", "그러면 몰살당해도 원망마라" 이에 숨어 있던 인민들이 모두 가슴을 풀어 제키고 쏠래면 쏘아라 하며 들이 댔다. 국경들은 이 기개에 기가 죽어 돌아갔다. 이에 인민들은 "인민공화국 만세!"를 불렀고 이 소리는 고을을 메아리쳤다.

남로당 본부가 직접 밝힌 5 · 10선거 방해 폭동이 위와 같은데도 고건과 박원순 등이 작성한 『정부보고서』에는 5·10선거 방해 책동이 군경의 탄압에 반발하여 일어선 정당한 봉기와 민중 항쟁이었다고 기록돼 있는 것이다.

북한이 본 5·10방해작전

북한의 박설영은 력사과학 론문집 147~150에서 다음과 같이 묘사했다. 남로당 기관지 내용과 대동소이 하다.

> 남북련석회의 결정과 호소문에 적극 호응한 제주도인민들은 거기에서 제시된 숭고한 과업을 관철하기 위하여, 선거를 파탄시키기 위하여 투쟁에 과감히 돌입하였다. 선거 날을 며칠 앞두고 약 5만 명의 제주도인민들은 한나산(필자 주:한라산의 북한식 표기)에 올라가 집단적으로 투표참가를 거부하였다.
>
> 단독선거가 감행되는 5월 10일 새벽에 제주도인민들은 총과 수류탄, 칼과 몽둥이, 휘발유병, 낫과 망치를 들고 원쑤들을 향하여 총공격을 개시하였다. 봉기한 군중은 제주읍의 투표장으로 되었던 관청과 세무서, 신한공사 출장소 등을 습격 파괴하였다.
>
> 청년학생들은 어깨를 걸고 단선결사반대를 소리 높이 웨치면서 시위를 단행하였으며 농민들은 적 '토벌대'의 준동을 저지시킬 목적으로 도처에서 교량과 통신선을 파괴하고 중요 도로에는 바위돌을 쌓아놓거나 웅뎅이를 파서 적들의 기동을 차단하였다. 5월 10일 오전 9시에는 조천면에서 봉화투쟁이 벌어지고 군중들

의 함성시위가 일어났다. 조천-함덕 간 도로를 위시하여 각지 도로는 시위 군중에 의하여 차단되었다. 함덕에서는 9일 밤부터 밤을 새워 봉화가 올랐는데 이것을 신호로 전도민이 봉기하였다."
(로동신문 1948.5.12)

유격대는 한나산에서 일제히 내려와 경찰지서를 습격하고 반동을 처단하는 투쟁을 벌였다. 유격대는 이날 외도, 고산, 무릉, 삼양, 세화, 도리, 화순, 남원, 위미, 아라, 중문 등지의 수많은 경찰지서, 출장소들을 습격파괴하고 악질경관들을 처단하였으며 감금된 인민들을 구출하였다. 삼양경찰지서 습격에 참가한 60여명의 봉기자들은 견고하게 구축한 화점을 과감하게 까부시고 악질경관 3명을 처단하였으며 급보를 받고 달려오는 적 응원대를 불의에 포위 습격하여 수십 명을 살상하고 무기를 비롯한 많은 장비들을 로획하였다. 봉기자들은 또한 평대, 안덕, 조천의 선거사무소를 습격하고 불태워 버렸으며 국방경비대의 병영과 반동들의 소굴을 습격하였다.

인민들의 이러한 거세찬 투쟁의 불길은 적지 않은 반동지배층 내에 동요와 분렬을 조성시켰으며 일부 선거위원장, 선거위원들은 선거사업을 포기하고 인민의 편으로 넘어왔다. 이리하여 제주도에서 5·10단선은 완전히 파탄되었다. 이에 대하여 당시 유피통신은 "제주도에서는 치렬한 전투가 벌어져 선거관리의 반수는 사임하여 버렸다. 그리하여 선거가 불가능하게 되여 6월 23일로 연기되였다"고 비명을 올렸다. 당시 제주도 선거위원장이란 놈은 중앙선거위원회에 선거 성적을 다음과 같이 보고하였다.

1948년 5월 22일 로동신문은 이렇게 썼다.

"북제주의 134개 투표구 중 투표함을 거둔 것이 겨우 64개, 그 중 62개의 투표함에는 몇 표씩밖에 들어있지 않으며 2개의 투표함은 빈통이었다 남제주에서도 71개의 투표소에는 전혀 투표가 되지 않았다"

노동당이 발행한 "주체의 기치 따라 나아가는 남조선 인민들의 투쟁' 119~122쪽에는 이런 표현들이 있다.

봉기자들은 적군 와해공작을 진공적으로 벌였다. 국방경비대에 침투하여 5·10단선의 매국적 본질을 해설 선전하였으며, 애국자들과 인민을 테러 학살하는 데 가담하지 말라, 인민들과 함께 반미구국투쟁에 궐기하라로 호소했다. …4월 27일에는 국방경비대의 한 개 중대 100여 명 군인들이 련대장을 처단하고 애국의 거를 단행함으로써…적들도 놈들대로 '선거' 놀음을 기어이 성사시켜 보려고 '5·10토벌공세'를 준비하였으며, 증강된 미군부대 외에 1,500여명의 무장경찰, 3,000여 명의 국방경비대, 수천명의 무장테러단과 비행기까지 동원하여 토벌작전을 시작하였다. .

제주도 인민들은 적들의 토벌공세를 맞받아 주도권을 틀어잡고 4월말~5월초부터는 유격대의 무장투쟁, 대중의 폭동과 시위 등 각종 형태의 투쟁을 밀접히 결합시키면서 '선거자 등록의 거부'. '선거자명부의 탈취', 선거사무소의 습격과 파괴', 경찰과 반동의 처단 등의 투쟁을 벌여 나갔다. 5월에 들어서면서부터 인민유격대는 적에 대한 기습작전을 더욱 맹렬하게 벌렸는데(주 : 이는 저들이 주장하는 4·28 평화협상이 거짓임을 증명하는 내용임). 5월 7일, 애월면 장전과 수산 사이에서 있었던 전투, 5월 8일의 도순, 하순 상, 하 가리전투 등은 대표적인 전투들이었다.

 인민들은 낮에는 "벼락데모", 밤에는 "횃불시위"를 벌렸고, 5월 8, 9일에 가서는 여러 공장, 기업소의 로동자 사무원과 적 통치기관의 하급관리에 이르기까지 파업과 태업으로 선거를 반대하는 립장을 표현하였다.

 선거 날을 며칠 앞두고 약 5만명의 인민들이 한나산에 올라가 집단적으로 투표참가를 거부하였다…봉기자들의 맹렬한 습격에 의하여 많은 선거구들에서는 투표함마저 비치하지 못하였으며 선거자 명부는 거의가 탈취당하였다. 단독선거가 감행되는 5월 10일 새벽에 제주도 인민들은 총과 수류탄, 칼과 몽둥이, 휘발유병, 낫과 망치, 돌과 삐라를 안고 원쑤들을 향하여 총 공격을 시작하였다…

 유격대는 한나산에서 일제히 내려와 경찰지서 습격과 반동을 처단하는 투쟁을 벌렸다. 이날 외도, 고산, 무릉, 삼양, 세화, 도리, 화순, 남원, 위미, 아라, 중문, 함덕 등지의 수많은 경찰지서, 출장소들을 습격 파괴하고, 악질 경관들을 처단하였으며, 감금된 인민들을 구출하였다…악질경찰관 3명을 처단하였으며, 급보를 받고 달려오는 적 응원부대를 불의 습격으로 포위하여 수십 명을 살상하고 많은 무기와 장비들을 로획하였다. 봉기자들은 또한 평택, 안덕, 조천의 선거사무소를 습격하고, 불태워 버렸으며 국방경비대의 병영과 반동들의 소굴을 습격하였다….

이리하여 제주도에서의 5·10단선은 완전히 파탄되었다. 미군 정장관 띤 놈도 제주도의 선거무효를 선언하지 않을 수 없었다. 제주도 인민봉기는 유격투쟁과 각종형태의 투쟁이 결합된 새로운 특징을 지닌 반미구국투쟁이었으며 전체 도민의 30만 중 24만 명이 궐기한 대중적이고 전인민적인 항쟁이었다.

이 책의 124쪽에는 전국적인 5·10반대투쟁을 이렇게 묘사했다.

서울에서는 종로를 비롯한 주요 거리에서 노동자, 청년학생, 시민들이 삐라를 뿌리고 시위를 했다. 5월 10일에는 을지로 6가 선거장, 공덕동, 내자동 장충동 1가 제1투표소, 중구 제8투표소 등 수많은 투표소가 파괴되었고, 인천, 개성, 양평, 광주, 수원, 평택, 시흥, 이천, 용인, 포천, 파주, 고양, 김포 등의 지방농민들이 경찰지서와 선거장들을 기습 파괴했다. 대구를 비롯하여 거창, 영주, 예천, 안동, 영양, 문경, 상주, 김천, 선산, 달성, 의성, 청송, 군위. 칠곡, 경산, 청도, 경주, 포항 그리고 경상남도의 통영, 함양, 합천, 산청, 진주, 마산, 동래, 부산 등의 애국적 인민들이 경찰지서, 선거장, 관공서들을 파괴했다,

전라북도 부안, 옥사, 옥구, 전주, 군산, 이리 완주, 김제, 정읍, 고창, 임실, 남원, 순창, 진안, 무주, 장수 등과 전라남도의 광주, 목포, 여수, 장흥, 순천, 화순, 광산, 장성, 함평, 나주, 영광, 보성, 담양, 구례, 곡성 등, 충남에서는 대전, 홍성, 예산, 천안, 서산, 당진, 보령, 청양, 논산, 금산 등, 충북에서는 청주, 충주, 음성, 영동 등지, 그리고 일일이 열거할 수 없는 수많은 지역에서 선거방해를 위한 파괴와 살상 활동이 이어졌다.

북한이 지휘한 5 · 10선거 저지 투쟁과 폭력테러 행위들을 북한 스스로가 위와 같이 적나라하게 실토했는데도 남한 좌익들은 5 · 10선거 저지를 위한 반정부 폭동을 민중(인민)항쟁이라고 주장하는 것이다.

제14장 공비들의 만행

G2보고서에는 당시 제주읍 관내에서 발생한 우익인사 학살사건들이 담겨 있다.

1) 1948년 4월 27일 오후 4시경, 화북3구 선거관리위원장이 무장폭도 30여명의 습격을 받아 선거 관계서류를 약탈당하고, 납치되어 피살되었다.

2) 1948년 5월 1일 새벽 1시, 제주읍 도평리에서 도평리 선거관리위원장이 자기 집에서 피살되었고 같은 날 대한청년단원 1명이 납치되어 인근 야산에서 피살되었다.

3) 1948년 5월 5일 새벽 2시 화북1구 선거관리위원장 집에 죽창으로 무장한 5명 정도의 공비가 습격하여 방밖으로 뛰쳐나가는 선거관리위원장을 죽창으로 찔러 살해했다.

4) 1948년 5월 5일 내도동 선거관리위원장이 자신의 집에서

죽창공비의 습격을 받고 돌담을 뛰어 넘으려고 하다 워낙 높은 담벽이라 피신하지 못하고 피살당했다.

5) 1948년 5월 8일 아라1구 선거관리위원장 집에 죽창공비가 침입하였으나 선거관리위원장이 피신중이라 그의 처를 살해했다.

6) 1948년 5월 8일 오동마을 선거관리위원장 집을 죽창공비가 습격했으나 선거관리위원장이 출타중이라 노모와 처, 두 살 박이 젖먹이를 포함해 자녀 2명 등 4명을 살해했다.

정석균(2007.8, 국방군사연구소, 제주4·3사건의 진상)은 공비들의 만행 사례를 아래와 같이 소개했다.

1) 4월 18일, 무장폭도들은 조천면 신촌리에서 60이 넘은 경찰관의 부모를 목 잘라 죽인 후 수족을 절단했고, 애월면 애월읍에서는 임신중인 반공청년의 형수를 참혹하게 피살했으며, 임신 6개월이 된 경찰관 부인의 배를 갈라 학살했다.

2) 4월 22일, 모슬포에서는 칠순이 넘은 경찰관 부친을 참살한 후 수족을 절단했고, 만삭인 경찰관의 여동생을 생매장했다.

3) 5월 19일, 제주읍 도두리에서는 30여명의 폭도들이 이미 희생된 대동청년단원의 부인 김선희를 같은 마을의 고씨 집으로 끌고 가 윤간 했다. 같은 장소에서 김승옥의 노모, 누이 옥분을 비롯, 16세의 소녀 김수년, 50세의 이 모 부인, 20세의 허 모 처녀, 36세의 김 모 부인, 3세 및 5세의 어린

이 등 11명을 감금시켜 무수히 폭행한 후 이들을 산림지대인 '눈오름'으로 끌고 가 윤간하고, 일본도 등으로 난자한 후 생매장하였다. 이 같은 사실은 현장에서 구사일생으로 탈출한 김선희 여인의 증언이었다.

고재우(1998.7. '제주 4·3폭동의 진상은 이렇다', 36쪽)에 의하면 공산폭도들은 만행을 5월 10일에 그친 것이 아니라 그 후로도 5·10선거에 협조했다는 이유로 수많은 주민들을 학살했다.

1) 1948년 5월 15일, 밤 11시경, 닛본도와 청창으로 무장한 유격대 10여명이 조천면 조천리 고순택을 반동분자라며 습격하여 고순택(48) 그의 모친 김순랑(76), 처 부계생(48), 장남 고태식(24), 장녀 고태선(20). 차남 고태옥(19). 차녀 고태연(16) 등 7일 가족을 밧줄로 결박하고, 돼지를 약탈하여 이 모두를 조천리경 속칭 식산이라는 소나무 밭으로 끌고 가 닛본도와 철창으로 쳐 죽인 후 그 닛본도와 그 철창으로 돼지를 쳐 죽여 구워먹었다.

2) 그 다음 날인 5월 16일 밤 12시 경에는 무장 폭도들이 한림읍 한림리 양용운(43)이 선거위원이라는 이유로 그와 그의 처 오 완(42), 장남 양성보(17), 2남 양춘보(15), 3남 양득보(12) 등 5인을 납치하여 한림리 상대경 속칭 처나오름으로 끌고 가 몽둥이와 돌로 쳐 죽였고, 그의 초가집 3채를 불태웠다.

전 제주경찰서장 김영중은 "내가 보는 제주4·3 사건"에서 공비들의 만행을 아래와 같이 소개했다.

1) 4·3의 주동자였던 고승옥, 백창원, 송원병은 "인민군이 목포에까지 왔으니 제주도로 상륙한 다음에 움직여야 한다"는 말 한 마디를 했다는 이유로 동무들에 의해 사살됐다. 허영삼, 김성규 등이 위 3명을 인민재판에 회부해 살해한 것이다.

2) 인민유격대는 서귀포시 남원읍 남원리에 사는 정남국이 경찰을 돕는 민보단이었다는 이유로 1948년 11월 28일, 그 일가 11명을 모조리 학살했다. 임신 6개월 된 그의 처 김영선(31)을 비롯하여 장남 태언(10) 장녀 태희(8) 차남 태인(6), 누이동생 정양(17), 계양(25), 계양의 장녀 고성춘(3), 차녀 고양춘(2), 3녀 고계춘(1), 그리고 집에서 심부름하는 외갓집 오복길(15) 등 태아까지 11명을 납치 살해하여 구덩이에 파묻었다.

3) 인민유격대는 조천면 조천리에 거주하던 이장원이 돈, 쌀, 찌까다비(신발)를 보내라 했는데도 말을 듣지 않는다며 가족 8명을 집단 학살했다. 여기에서 13세의 여아 이월색 혼자서 살아 남았다. 살해 당한 사람들은 아버지 이정원, 어머니 남금례, 숙부 이수남, 남동생 이만국(9), 이만선(7), 이만복(4), 2세와 3세 된 여동생들이다.

당시 경무부장 조병옥 박사는 4·3의 만행을 이렇게 정리했다.

"4월 3일 폭동이 일어나자 1읍(邑) 12면(面)의 경찰지서가 빠짐

없이 습격을 받았고 저지리, 청수리 등의 전 부락이 폭도의 방화로 전부 타버렸을 뿐만 아니라, 그 살상방법에 있어 잔인무도하여, 4월 18일 신촌에서는 6순이 넘은 경찰관의 늙은 부모를 목을 잘라 죽인 후 수족을 다 절단하였으며, 임신 6개월 된 대동청년단 지부장의 형수를 참혹히 타살하였고, 4월 21일에는 임신 중인 경찰관의 부인을 배를 갈라 죽였고, 4월 22일 모슬포에서는 경찰관의 노 부친을 산 채로 매장하였고,

5월 19일 제주읍 도두리에서는 대동청년단 간부로서 피살된 김용조의 처 김성희와 3세된 장남을 30여 명의 폭도가 같은 동네 김승옥의 노모 김씨(60)와 누이 옥분(19), 김종삼의 처 이씨(50), 16세 된 부녀 김수년, 36세 된 김순애의 딸, 정방옥의 처와 장남, 20세 된 허연선의 딸, 그의 5세 어린이 등 11명을, 역시 고희숙의 집에 납치, 감금하고 무수히 난타한 후 눈오름이라는 산림지대에 끌고 가서 늙은이, 젊은이 불문하고 50여 명이 강제로 윤간을 하고 그러고도 부족하여 총과 죽창, 일본도 등으로 부녀의 젖, 배, 음부, 볼기 등을 마구 찔러 미처 절명하기도 전에 땅에 생매장 하였는데, 그 중 김성희만 구사일생으로 살아왔다. 폭도들은 식량을 얻기 위하여 부락민의 식량, 가축을 강탈함은 물론, 심지어 부녀자에게 매음을 강요하여 자금을 조달하는 등 천인이 공노할 그 비인도적인 만행은 이루 헤아릴 수 없는 정도이다.

해방이전부터 시작된 제주도 공산화운동은 단선-단정의 저지를 통해 적화통일을 이룩하려는 야무진 계획 하에 진행됐으며, 5월 10일을 전후한 전국 그리고 제주도에서의 선거방해공작은 바로 소련과 김일성을 수괴로한 북로당 및 남로당의 선동에 놀아난 제주도 빨

갱이들과 그들에 놀아난 무식한 '사돈의 8촌' 식 씨족사회가 벌인 일대 광란극이었다. 이 과정에서 반듯한 정신을 가진 제주도민들, 유지들 그리고 나라를 지키려는 군인 및 경찰 그리고 그 가족들이 짐승만도 못한 폭도들에 많은 희생을 당했으며, 힘도 없고 생각할 능력도 없는 무고한 주민들이 "너 야산대 빨갱이들에 협조했지?" "너 토벌대에 정보 제공했지?" 낮에는 토벌군에, 밤에는 공비들에 의해 의심을 받고 마구 짓밟힌 것이다.

제15장 4·3사건의 성격

정부보고서가 규정한 4·3사건의 성격

2003년 4월 15일, 고건을 위원장으로 하는 "제주 4·3사건 진상규명 및 희생자 명예회복위원회"는 4·3사건의 성격 규정을 후대에 맡긴다는 것을 전제로 4·3사건이 반역적 무장폭동인지 또는 좌파들이 주장하는 바의 '인민(민중)항쟁'인지에 대한 정의를 규명하지 않았다. 진상 규명 기간에 있었던 뭇 회의에서 보여주었던 그 막강한 권세와 안하무인격인 독선을 자행하면서도 그리고 보고서의 내용이 모두 "제주 4·3사건이 미군정과 경찰 및 서청의 만행에 항거하여 정당하게 일어선 '민중항쟁'이었다"는 취지로 작성되었음에도 정작 보고서를 발간하면서는 첫 머리에 차마 "4·3은 민중항쟁이었다" 이렇게 표현하지 못한 것이다. 이 사실 자체가 제주 4·3의 성격을 웅변해 주는 것이다.

　그 보고서에는 남로당 무장폭도들이 저지른 사례는 거의 기술하지 않고 군, 경찰, 서북청년단 등 국가수호 세력이 저질렀다는 만행들이 읽기에도 지루할 정도로 천편일률 적인 패턴으로 기술돼 있다. 5·18청문회에서 진실은 외면당하고 거짓들만 판을 치던 모습과 아주 흡사한 것이다. 이렇기 때문에 박원순이 다듬어 만들었다는 이른바 '4·3사건진상조사보고서'는 그 정당성과 타당성을 상실한 것이라고 볼 수밖에 없다. 그리고 이 보고서의 결론에는 좌익 역사관이 교묘하게 삽입돼 있다. "무장봉기이긴 한데 이는 경찰과 서북청년단의 탄압에 대한 정당한 저항"이라는 요지의 결론인 것이다. 2011년 10월 서울시장 보궐선거 후보로 나선 박원순은 천안함 폭침사건에 대해서도 같은 말을 했다. "천안함 폭침은 북의 소행이긴 하지만 우리 정부가 북을 자극해서 유도한 것이다." 하지만 우리 정부는 북한에 아부한 적은 있어도 자극한 적은 없었다. 4·3사건을 무장폭동, 무장반란이라 하지 않고 정당한 무장봉기라고 그 성격을 규정한 것이다. 김대중 같은 골수좌익도 1998년 11월 23일 CNN과의 인터뷰에서 "제주4·3사건은 공산당이 일으킨 폭동사건"이라고 정의했고, 2010년 진실화해위는 "4·3사건은 공산주의자가 주도한 모반폭동"이라고 공식적으로 규정했다.

북한이 4·3사건 40주년 기념보고회에서 규정한 4·3사건의 성격

1988년 4월 8일, 조총련 기관지 '조선신보'는 "제주도 4·3인민봉기 40주년 평양시 보고회, 서울에서도"라는 제목으로 "지난 2일 공화국에서 평양시 보고회가 있었다"고 보도했다.

"허정숙 서기 등이 참가하여 조국평화통일위원회 전금철 서기국장이 기념보고를 하였는데, 미국과 그 앞잡이들에 의해서 주도된 5·10단선을 반대하여 일어선 제주도 인민의 4·3봉기는 남조선에 대한 미국 식민지 종속화정책과 민족분열 책동의 분쇄, 자주적 평화통일을 달성하기 위한 애국적 무장 투쟁이었다고 지적하고, 그러므로 제주도민의 염원을 하루 속히 실현하기 위해서는 반미 자주화의 깃발을 높이 들고 조선반도를 비핵-평화지대로 바꿔놓는 투쟁을 가일층 펼쳐나가지 아니하면 안 된다 라고 강조하였다"

평양에서 역시 4·3사건을 단선-단정반대를 통해 적화통일을 이룩하기 위한 무장투쟁이라며 4·3사건이 '반역'이요 '반란'이라고 규정한 것이다.

북한의 4·3전문가 박설영이 기고를 통해 규정한 4·3사건의 성격

박설영은 1991년 북한의 사회과학출판사가 발행하는 월간지 '력사과학' 4월호에 "5·10단선을 반대한 제주도인민들의 4·3봉기"라는 제목 하에 4·3을 적화통일을 위해 일어선 '인민봉기'라고 규정했다.

> "8.15후 남조선 인민들은 새 사회 건설과 나라의 자주적인 독립을 위하여 줄기찬 투쟁을 벌려왔다. 남조선에서 단독선거를 저지 파탄시키고 조국의 자주 독립을 위한 인민들의 투쟁에서 선참으로 진행한 투쟁은 제주도 인민들의 4·3봉기였다."

> 위대한 수령 김일성 동지께서는 다음과 같이 교시하시였다. 〈제주도를 비롯한 남조선의 여러 지방들에서는 선거를 반대하는 인민봉기가 일어났습니다.〉('김일성 저작집' 4권, 376페이지)

북한의 4·3전문가 박설영이 논문을 통해 규정한 4·3사건의 성격

박설영은 1991년 '과학백과사전종합출판사'가 펴낸 '력사과학론문집'(129~192쪽)에 논문 "제주도인민의 4·3봉기와 반미애국투쟁의 강화"를 게재했다.

> "미제와 그 앞잡이들의 단독 괴뢰정부 조작책동을 반대하여 벌린 제주도인민들의 4·3봉기는 남조선에 대한 미제의 식민지 예속화정책과 민족분렬 책동을 반대하고 민족자주적인 힘에 의하

여 나라의 통일독립을 이룩하기 위한 대중적인 반미 애국항쟁이
였으며 성스러운 민족해방투쟁이였다."

"제주도 인민들의 4·3봉기는 남조선에 대한 미제의 식민지
예속화정책과 민족분렬책동을 반대하고 민주주의적 자유와 나라
의 통일독립을 이룩하기 위한 반미애국항쟁이었으며 성스러운
민족해방투쟁이였다."

4.3이 적화통일을 위한 '반미애국투쟁'이며 '성스러운 민족해방
투쟁'이었다는 것이다.

북한의 대남공작 역사책이 규정한 4·3사건의 성격

1982년 평양 조국통일사가 펴낸 대남공작 역사책 "주체의 기치
따라 나아가는 남조선인민들의 투쟁" 117~122쪽에도 "제주도 4·3
인민봉기"라는 제하에 1948년 4월 3일부터 5월 9일까지 발생한 제
주도 좌익반란 폭동의 내용들이 기술돼 있다. 인간으로서는 저지를
수 없는 만행들을 애국운동으로 미화하고 있는 것이다.

　　미제의 남조선단독선거를 저지파탄시키기 위한 남조선인민들
의 투쟁에서 맨 선참으로 폭발한 적극적인 투쟁은 제주도에서
일어난 4·3인민봉기였다…제주도 인민들은 단독선거를 결정적
으로 분쇄하기 위하여 3월 중순 경에는 일부 읍,면,리들에서 놈
들로부터 빼앗은 무장을 가지고 인민자위대를 편성하였으며 전

인민적인 봉기를 준비하였다.

1948년 4월 3일 새벽 2시에 한나산의 련봉과 그 주변에서는 봉기를 알리는 횃불이 올랐고, 총소리가 련달아 울렸다. 봉기자들은 대담하고 기동적인 속공전술로 조천, 함덕, 삼양, 의도, 한림, 구암, 고산, 애월, 남원, 성산, 안덕, 중문, 대정, 무릉 등 14개의 경찰지서와 출장소 그리고 제주, 서귀포 경찰서를 비롯한 경찰 및 테러단의 숙소, 행정기관들을 습격 파괴하였으며, 수많은 악질경찰, 관공리, 반동 우두머리 놈들을 처단하거나 군중심판에 넘겼다. 이 첫 봉기에는 인민자위대를 선두로 한 로동자, 농민, 어민, 해녀, 목동, 학생과 사무원 등 3,000여 명이 참가하였으며 그들 속에는 칠순의 백발로인과 애어린 소년들도 있었다.

봉기자들은 원쑤들에 대한 첫 타격의 성과를 공고히 하기 위하여 4월 4일에 재차 폭동을 일으켜 11개의 경찰지서를 습격, 파괴하고 14명의 경찰과 반동놈들을 처단하였다. 이에 미제는 국방경비대와 경찰을 증강하여 대량적인 학살과 토벌을 감행하여 나섰다. 이에 봉기자들은 대오를 인민유격대로 편성하고 3개 지대와 지휘부 직속 특공대로 나누어 한나산을 근거지로 하여 놈들에 대한 타격을 더욱 강화하였다.

제주도 인민유격대는 4월 15일 적 기동부대 25명에게 섬멸적인 타격을 준 애월면 광명부락 매복전투를 비롯하여 여러 차례의 전투와 단신 또는 2~3명으로 묶여진 무장 소조들에 의한 기습전투를 벌려 연속적인 타격을 안기었다.

봉기자들은 적군 와해공작을 전군적으로 벌렸다 그들은 국방경비대 안에 침투하여 5·10단선의 매국적 본질을 해설, 선전하였으며, 그들의 민족적 양심을 불러 일으키며 "애국자들과 인민을 테러 학살하는 데 가담하지 말라, 인민들과 함께 반미 구국투쟁에 궐기하라"고 호소했다…그 결과 병사들 속에서는 인민의 편으로 의거하는 현상이 속출하였다.

4월 27일에는 국방경비대 제9련대의 한 개 중대 100여 명 군인들이 련대장놈을 처단하고 애국적 의거를 단행함으로써 제주도 인민들의 무장역량을 강화하고 적들 속에서 심각한 혼란을 일으켰다.

적들도 놈들대로 선거놀음을 기어이 성사시켜 보려고 "5·10 토벌공세"를 준비하였으며 증강된 미군부대 외에 1,500여 명의 무장경찰, 3,000여 명의 국방경비대, 수천 명의 무장 테러단과 비행기까지 동원하여 토벌작전을 시작하였다.

놈들은 대중학살과 초토화 작전을 배합하면서 도처에 학살장을 설치하고 무고한 인민들을 '빨갱이' '산부대와의 연관자'라는 감투를 씌워 잔인하게 대량학살하였으며, 수십 개의 부락을 불태워 버리는 야수적 만행을 감행하였다. 5월 7~10일 사이에만도 5만 425명의 애국 인민들을 체포, 구금하였다.

제주도 인민들은 적들의 토벌공세를 맞받아 4월말-5월초부터는 유격대의 무장투쟁, 대중의 폭동과 시위 등 각종 형태의 투쟁을 밀접히 결합시키면서 선거자 등록의 거부, 선거자명부의 탈취, 선거사무소의 습격, 파괴, 경찰과 반동의 처단 등과 같은 투쟁을 벌려나갔다.

5월에 들어서면서 인민유격대는 적에 대한 습격작전을 더욱 맹렬하게 벌렸는데 5월 애월면 장전과 수산 사이에서 있었던 전투, 5월 8일의 도순, 화순, 상.하 가리 전투 등은 대표적인 전투들이었다. 인민들은 낮에는 '벼락데모' 밤에는 '횃불시위'를 벌였고, 5월 8일, 9일에 가서는 여러 공장 기업소의 로동자, 사무원들과 적 통치기관의 하급관리들까지 파업과 태업으로 선거를 반대하는 자기들의 립장을 표시하였다.

선거 날을 며칠 앞두고 약 5만여 명의 인민들이 한나산에 올라가 집단적으로 투표참가를 거부하였다. 산에 올라간 인민들은 횃불을 올리면서 기세를 높이었다. 봉기자들의 습격에 의하여 많은 선거구들에서는 투표함마저 비치하지 못하였으며, 선거자 명부는 거의가 탈취 당하였다. 단독선거가 감행된 5월 10일 새벽에 제주도 인민들은 총과 수류탄, 칼과 몽둥이, 휘발유병, 낫과 망치, 돌과 삐라를 안고 원쑤들을 향하여 총 공격을 시작하였다. 봉기 군중은 제주시의 투표장으로 되었던 시청과 세무서, 신한공사 출장소들을 습격, 파괴하였다. 청년학생들은 어깨를 걸고 단선반대 결사반대를 소리높이 외치며 번개데모를 단행하였다.

유격대는 한나산에서 일제히 내려와 경찰지서 습격과 반동을 처단하는 투쟁을 벌였다. 이날 외도, 고산, 무릉, 삼양, 제화, 도리, 화순, 남원, 위미, 아라, 중문, 함덕 등지의 수많은 경찰지서, 출장소들을 습격, 파괴하고 악질경관들을 처단하였으며 감금된 인민들을 구출하였다. 삼양경찰지서 습격에 참가한 60여명의 봉기자들은 견고하게 구축한 화점을 과감하게 까부시고 악질경관 3명을 처단하였으며 급보를 받고 달려오는 적 응원부대를 불의 습격으로 포위하여 수십 명을 살상하고 무기를 비롯한 많은 장비들을 노획하였다.

 봉기자들은 또한 평대, 안덕, 조천의 선거사무소를 습격하고 불태워 버렸으며, 국방경비대의 병영과 반동들의 소굴을 습격하였다. 봉기 농민들은 토벌대의 기동을 파탄시키기 위하여 다리와 도로, 통신선을 파괴하여 버렸다. 이리하여 제주도에서의 5·10 단선은 완전히 파탄되었다. 미군정장관 띤 놈도 제주도의 선거무효를 선언하지 않을 수 없었다. 제주도 인민 봉기는 유격투쟁과 기타 각종 형태의 투쟁이 결합된 새로운 특징을 지닌 반미 구국투쟁이었으며 전체 도민 30만명 중 24만 명이 궐기한 대중적이고 전 인민적인 항쟁이였다. 제주도 인민봉기는 5·10 단선을 파탄시키는데 크게 이바지하는 승리를 이룩하였다. 제주도 인민들의 투쟁은 그 후에도 2년여에 걸치는 장기간에 피어린 항쟁으로 이어졌다.

 위와 같이 북한의 모든 자료들은 제주폭동이 단선-단정을 저지하고 미국을 몰아낸 후 우리민족끼리 적화통일을 이룩해야 한다는 신념을 가진 무장유격대가 야수적인 방법으로 경찰, 관공서, 투표소를 공격하고 경찰과 반동들을 학살한 테러적 공격행위였다고 솔직하게 인정하고 있다. 하지만 남한의 좌익들은 가만히 있는 제주도민을 미군정이 괴롭히고 탄압하기 때문에 이에 자위 목적으로 항거했다고 주장하고 있는 것이다.

국사편찬위원회가 정의한 4·3사건의 성격

"1948년 2월 7일을 기해 공산주의자들은 살인, 방화, 폭력, 파업, 시위, 뇌물증여, 폭동 및 혁명 사주, 협박 및 선전을 포함하여 어떤 수단으로든지 5월 10일 선거를 교란시키고 방해하며 UN한국임시위원단을 한국에서 떠나게 하려는 강력하고 포괄적인 공작을 시작했다. 이 공세 전체가 평양에서 계획되고 보레시노프(동 시베리아 군사본부)와 모스크바로부터 지시받고 있었음을 의심할 여지가 없다."(UN한국임시위원회관계문서 I)

대검찰청 수사국의 "좌익사건실록"이 규정한 4·3사건의 성격

"얼른 보기에는 쓸 데 없는 유혈인 듯한 제주 폭동은 '모스크바'의 눈으로 보면 크게 의미가 있고 이익이 있는 것이다. 제주 폭동의 목표는 결코 제주도를 점령한다거나 정말 그들의 소위 '단선, 단정'을 좌절시키는 데 있는 것이 아니다. 그렇게 되지 않을 것임을 모스크바는 너무나 잘 알고 있다. 그러면 그 유혈이 의도하는 바는 무엇이었는가? 첫째, 선전자료를 만드는 것이다. "보라! 조선인민은 죽음으로써 단선, 단정을 반대하고 있지 아니한가"하는 프라우다 지의 논평과 모스크바 방송의 하루 밤 자료를 제공하기 위한 것이었다. 그것을 공산주의에 현혹됐던 제주도 사람들이 충성스럽게 이해해 주다가 죽은 것이다. 둘째 남조선의 민심을 선동시켜 될 수 있으면 남조선 각지에도 제2, 제3의 인민봉기를 획책해 보려는 것이다."

진실화해위(과거사위)와 김대중이 규정한 4·3사건의 성격

"4·3은 공산당이 일으킨 모반 폭동이다."

국방부 전사편찬위원회가 규정한 4·3사건의 성격

"1948년 제주도에서 발생한 이른바 4·3폭동사건은 해방 후의 사회혼란기를 이용하여 소수의 공산분자들이 순박하고 가난한 섬사람들의 이익을 보호한다는 미명 아래 제주도를 공산화하려고 획책한 무장폭동 사건이다"(비정규전사 1948. 5~1950. 6까지의 제주4·3폭동 공비소탕작전)

결 론

이와 같이 대한민국의 모든 공식 기록이 4·3사건을 반미-반국가-친북-반단선단정-적화통일을 위한 폭동이라고 그 성격을 규정하고 있는데도 불구하고 남한 좌익들은 김대중-노무현 시대의 좌경화된 사회분위기를 이용하여 이 모든 기록들을 뒤집고 있다. 저들은 4·3사건을 순수하고 정당한 민중항쟁이라고 주장한다. 북한과도 연계되지 않았고, 남로당 상위조직들로부터도 아무런 지시를 받은 적이 없고, 낙후되고 고립된 제주도의 도민을 미군정이 학대하는데 반발하여 일어선 의로운 저항이라고 포장한다. 그리고 무장유격대와 무장유격대 편에 선 항쟁세력은 절대로 일반 민간인을 사살하지 않았다고 한다. 따라서 제주도에서 살해된 모든 여성은 군경토벌대에 의해 살해됐다고 주장한다.

그리고 무장 공비들이 전투 훈련장소로 이용했던 제주시 동부 봉개동의 12만평을 떼어내 '제주4·3평화공원'을 건립하고 그 안에 592억원을 들여 '제주4·3평화기념관'을 건립하여 온갖 왜곡된 내용들을 가지고 친북-반미-반대한민국 사상을 확산시키고 있다. 심지어는 화북리에서 마을의 유지들을 살해한 빨갱이 형제들의 위패도 "토벌대에 의해 억울하게 희생된 불쌍한 사람"으로 둔갑하여 봉안돼 있다. 형인 김주탁은 제주 동북지역 유격대장을 하다가 김달삼과 함께 북으로 간 극렬한 좌익이고, 동생 김주영은 악질행위를 하다가 경찰에 의해 사살된 자다. 이 기념관에서는 제주 유격대는 절대로 양민을 학살하지 않은 반면 군경이 양민을 마구 살해했다고 선전한다.

1948년 9월 15일 제2대 유격대 사령관이 된 이덕구는 10월 24일에 새로 태어난 대한민국을 향해 선전포고를 했다. 이어서 1948년 11월 2일 폭동주동자들이 한림에 주둔하고 있는 9연대 2대대 6중대를 공격하여 중대장 이하 14명을 살해했다. 이로 인해 제주4·3사건이 급속히 확대됐고, 정부는 이를 내란으로 규정하여 11월 17일 계엄령을 선포했고, 이에 제주인민군과 협조자들이 많이 죽었다. 그런데 정부보고서는 폭도들의 6중대 공격 사실은 빼버리고 계엄령이 선포된 것만 부각시켜 이 계엄이 불법한 계엄이었다는 궤변을 늘어 놓고 있다. 이에 대해 대법원은 이 계엄령 선포가 적법한 것이라고 판결했다. 결론적으로 기념관은 이승만과 군인과 경찰을 학살자로 표현하여 평화 기념관을 찾는 수많은 사람들에게 반미 친북사상을 갖게 하고 국군과 경찰을 증오하게 만드는 학습장이 돼 있다.

스티코프 비망록에 의하면 1946년 9월, 전국파업 그리고 이어서 대구로부터 시작한 10월폭동은 소련이 박헌영을 통해 일으킨 사건이었고, 소련은 이 두 사건을 지령하면서 일화 500만엔이라는 당시로서는 엄청난 자금을 지원한 사실이 있다. 제주 4·3사건 역시 남로당 중앙당이 내려 보낸 "3·1기념투쟁에 관한 지령"에 명백히 나타나 있듯이 "9월 철도파업과 10월항쟁의 연장선상에 있으며 반동분자를 척결하기 위한 투쟁"이었다. 1948년 10월 19일, 여수에 주둔하던 14연대 1개 대대를 제주도 공비토벌대로 파견하는 순간 2개 대대가 총을 거꾸로 들고 군사반란을 일으킨 '여순반란' 사건은 4·3 사건 당시의 사회적 성격을 웅변적으로 대변한 것이다.

이때 북한은 6.25남침을 위한 대남역량을 조성하기 위해 오대산에 10차에 걸쳐 인민유격대 2,300여 명을 투입했다.(고재우 145쪽, '6.25 전쟁 전 공비 및 인민유격대 소탕작전') 4·3사건 역시 북한의 대남역량강화의 일환이었으며 김달삼이 4·3무장봉기를 결정했을 때 명백하게 밝혔듯이 제주도를 남침의 교두보로 만드는 작전이었을 것이다. 만일 제주 4·3이 진압되지 않은 상태에서 6.25가 터졌다면 어찌 되었을까? 대한민국은 남과 북의 2개 전선에서 힘겨운 싸움을 했어야 했다. 이렇게 명백한 4·3반란사건을 '국가추념일'로 지정하고 그 유족들에게 우리의 세금을 많이 퍼주고 있다. 이것도 모자라 정부는 592억 원짜리 4·3기념관을 반국가-반미 사상을 주입시키기 위한 선전-학습장으로 활발하게 이용하는 것을 허용하고 있다.

4월 3일 이전까지 경찰에는 토벌이라는 개념이 없었다. 단지 유격대의 공격이 있을 때마다 자위적 조건반사적 대응이 있었을 뿐이다. 이 세상에 가만히 착실하게 살아가는 주민을 시스템적으로 괴롭히고 탄압하는 경찰은 없다. 대한민국 전체에도 이런 경찰은 없었다. 그런데 좌파들은 유독 제주도에서만 경찰과 미군정이 '얌전하게 생업에 종사하는 제주 주민들'을 이유 없이 탄압해 왔다고 주장한다. 거기에다 서북청년단까지 제주도로 건너와 제주도민을 못살게 굴었다고 주장한다. 경찰과 서청 및 군정의 탄압이 있었기에 제주도 주민이 항거했다는 것이다.

제주도를 학살의 도가니로 몰아넣은 측은 제주도 공산주의자들이다. 가만히 있는 제주도 내의 경찰을 모두 싹쓸이로 제거하려 했던 것이 4월 3일 새벽 2시에 일어난 기습테러였다. 제주도의 비극은 경찰이 유도한 것이 아니라 소련-김일성-박헌영과 연결된 제주도 빨치산들이 일으킨 것이며, 이들이 9년 동안의 장기전을 수행할 수 있었던 것은 제주도 주민들에 동조자들이 많았다는 것을 의미한다.

제주도의 비극은 김달삼(1948년 당시 24세)과 이덕구(당시 28세) 같은 물불 안 가리고 영웅심에서 날뛰던 근본 없는 인간들 때문에 발생한 것이다. 그런데 4·3유족회를 포함한 '4·3역사'를 지킨다는 사람들은 4·3을 반란이라 하지 않고 통일운동이요, 민주화운동이요 민중항쟁이라 부른다. 그리고 4·3유족들은 4·3의 영웅 김달삼을 욕하지 않는다. 북한도 욕하지 않고 김일성과 김정일도 욕하지 않는다. 반면 이승만을 저주하고 미국을 증오하고 군과 경찰을 매도한다.

제주도 인민군은 오각별이 그려진 인공기를 흔들고 김일성 만세를 부르고 인항가, 적기가, 빨치산가(원수와 더불어 싸워서 죽은 우리의 죽음을 슬퍼말아라)를 불렀으며 김달삼은 1948년 8월 25일 "해주남조선인민대표자회의"에서 연설을 했고 연설 끝에 "민주조선 완전자주 독립 만세!" "조국의 해방군인 위대한 소련군과 그의 천재적 령도자 쓰탈린 대원수 만세!"를 불렀다. 한림읍 옹포리 통조림공장 굴뚝에 인민공화국 국기가 꽂혔던 사실은 그 시대를 살았던 제주도 사람들에게 상식으로 통한다.

1948년 2월 17일에 결정된 제주도 민민전은 명예의장에 스탈린, 박헌영, 김일성, 허헌, 김원봉, 유영준을 추대했다. 제주도 남로당과 인민군은 분명한 스탈린-김일성-박헌영 추종자들이었던 것이다.

1948년 2월 8일 김일성은 소련무기로 무장한 15만 인민군에 대한 창군식을 거행하면서 남조선을 해방시키자는 연설을 했고, 그 연설 말미에 "조선민족의 해방자이며 은인인 쏘련군대와 쏘련 인민과 그의 위대한 령도자 스탈린 대원수 만세!"를 불렀다. 북한이 스탈린의 위성국이 된 것이다. 지금도 평양 신미리 애국렬사릉에서 영웅으로 추대 받고 있는 김달삼과 북한의 김일성이 다 같이 위대한 령도자 스탈린 만세를 불렀던 반면 이승만은 미국 대통령을 향해 이런 만세를 부르지 않았다.

김일성은 스티코프가 선택한 34세의 강아지에 불과했고, 김구는 그런 강아지 앞에 설설 기었지만, 71~74세의 이승만은 공산주의에 대해 어수룩했던 미군정과 충돌하면서 자주정신으로 오늘날의 자유민주주의 국가를 세웠다.

제4부

제주도민들이 직접 겪은
인민유격대의 본질

제16장 오균택의 4·3수기
제17장 김하영의 4·3수기

제16장 오균택의 4·3수기

오균택의 수기("내가 겪은 제주4·3사건")

일본군이 패망 쪽으로 기울어질 무렵, 미군 폭격기가 제주도까지 공습하기 시작했다. 이에 일본 전투기가 대항하였지만 상대가 안 되었다. 일본 전투기가 무수히 떨어졌다. 하늘에서 전투가 벌어지니 돈 많은 사람들은 육지로, 중산층 사람들은 제주도 중산간(산의 중턱) 부락으로 피난하느라 장사진을 이루었다. 우리 가족도 제주시 화북경의 황새왓으로 주거를 옮겼다.

그러던 중 일본이 패망하고 감격어린 8·15해방을 맞이하게 되었다. 참으로 기다렸던 순간이었다. 거리마다 태극기의 물결과 만세소리가 끊일 줄 몰랐다. 씩씩한 모습으로 미군이 진주했다. 초라한 모습으로 철수를 서두르는 일본군대와는 너무나 대조적이어서 격세지감을 느끼게 했다. 해방과 더불어 그간 일본군대에 끌려갔던

청년들과 강제 징용되었던 젊은이들, 일본 등지에서 유학하던 학도 등이 고향을 찾아 물결 같이 모여들어 자유와 환희를 만끽했다.

우리가 피난 갔던 황새왓 마을은 독립된 마을로 100여 호에 가까운 부락이었으나 행정 구역상 멀리 떨어진 화북동에 속해 있었기에 일제의 압박에 더해 이중의 설움을 받아오던 터라 조국 광복의 물결에 편승하여 화북동에서 독립하는 분구(화북3구) 운동이 전개되었다.

뿔뿔이 흩어졌던 젊은 일꾼들도 속속 모여들어 지금까지 낙후되었던 마을을 부흥시키자는 열기가 높아 마을 총회를 열어 분구 추진위원회를 구성하였으며 그 위원장으로 나의 선친(오두현)이 선출되었다. 아버님께서는 온화한 성격이나 한번 책임을 맡으면 물불을 가리지 않고 밀고 나가는 성품이어서 당시 제주읍 사무소 출입을 매일 하다시피 하여 불과 몇 개월 만에 화북3구로 분구시키는데 성공하였다. 온 마을 사람들은 조국 광복에 다음 가는 기쁨으로 환호하였다. 다시 마을총회를 열어 구(區) 책임자를 선출하게 되었는데, 역시 아버님이 초대 구장으로 선출되었다. 그 당시 삼양3구도 같이 분구되었다. 선친께서는 사양하였지만 분구 추진의 공로를 인정하여 마을 발전에 더 힘써 달라는 마을 사람들의 요청에 못 이겨 승낙하였다. 이것이 우리 가족이 피난지에서 생활 터전을 잡고 정착하게 된 계기였고 앞으로 우리 가정의 운명의 갈림길이 되고 만 것이다.

선친께서는 마을 발전 사업에 온 정열을 기울였다. 마을회관 부지를 매입하여 회관건립에 착수하였고 도로와 농로를 확장 정비하는 등 온 마을이 일시에 변모하여 갔다. 회관이 완공됨에 따라 그간 일제 압박에 시달려 배우지 못한 청소년들과 부녀자들을 모아 주간에는 한문, 야간에는 한글을 가르치는 등 낙후된 마을을 건설하는 데 박차를 가하였다.

그러나 감격스러운 조국의 광복과 마을의 독립으로 메아리쳤던 환호 소리가 귓전에서 사라지기도 전에 악랄하고 무자비한 골육상잔의 만행이 공산주의자들에 의해 시작되었다. 4·3폭동이 서서히 다가온 것이었다. 3.8선 이남에서는 정부수립을 위한 총선거를 1948년 5월 10일에 실시하기로 결정하고 방방곡곡이 선거체제로 들어갔다. 제주읍에서는 마을 행정구역 단위로 투표구를 지정하고, 선거위원과 위원장을 위촉하기 시작했는데 화북3구에서는 구장인 선친을 선거위원장에 위촉하였다. 선거사무가 본격화함에 따라 이를 방해하고 파괴하려는 남로당의 만행이 시작됐다. 4·3폭동인 것이다. 공산주의자들은 일본군대가 파묻고 간 총칼을 파내 무장하고 열성분자들을 골라 교육·무장시켜 소위 인민해방군이라는 부대를 조직했다. 초대 사령관에는 김달삼, 2대 사령관에는 이덕구가 임명되었다. 이들은 한라산을 거점으로 1948년 4월 3일 새벽에 제주도 전 지역의 주요고지에 봉화를 동시에 올리는 것을 신호로 십 수개소의 경찰관서에 습격을 감행함으로서 제주도민에게 엄청난 화를 불러왔다.

당시 우리 마을에서 인민해방군 유격대에 참여한 사람은 김oo 한 사람뿐 이었으며 2~3명이 그들과 내통하여 정보를 제공하면서 밤에는 삐라를 마을의 곳곳에 뿌리고 집집의 대문에 붙이곤 했다. 날이 밝으면 경찰들과 마을 유지, 대동청년단원들이, 선거위원들과 합세하여 삐라를 제거하고, 밤이 되면 저들이 와서 다시 붙이고 하는 일이 계속되었다. 이쯤에 인근 마을인 화북지서가 폭도들로부터 습격을 받아 경찰관과 양민이 살해당하는 참사가 있었고 그로 인해 밤낮으로 경비가 더욱 엄하여졌다.

그런데, 1948년 4월 27일 오전 11시경 어떤 정보를 입수 하였는지 이웃마을(화북2구)에 주둔한 경찰관 7명이 마을에 당도하여 선친을 비롯한 대동청년들과 같이 마을을 순시하다 김 모 집을 점검하는 순간 거물급으로 추정되는 폭도 한 명이 월담, 도주하였다. 이 과정에서 노획한 것이 일본 군인들이 사용하던 대형배낭이었다. 제민일보가 발간한 "4·3을 말한다"의 2권 79쪽의 G.2보고서의 4월 상황 일지에는 이런 기록이 있다.

> "4월 27일 오후 4시 30분경 화북에서 마을리장이 납치됨. 같은 장소에서 경찰관은 인근 산악에 있는 습격대들에게 운반중이라고 믿어지는 일화 50만엔 상당의 긴급 물자와 약품을 압수, 6사단 4월 29일"

경찰관들은 대동청년들과 함께 선거사무소인 우리 집에 들렀다가 각기 떠나갔다. 선친께서는 사건이 심상치 않음을 느꼈는지 얼굴이 창백하게 보였다. 필시 뭔가 중대한 사태가 닥쳐올 것 같은 눈치였다. 아니나 다를까 그로부터 30분도 못되어 와르릉 하고 울타리가 무너지는 소리와 함께 사방을 포위했던 무장 폭도 20여 명이 집 안으로 쳐들어 왔다. 그들은 긴급물자(일화 50만엔)를 빼앗겼다는 폭도의 연락을 받고 이를 회수하기 위하여 우리 집을 급습한 것이다. 4·3폭동 이후 폭도들이 대낮에 행동한 것은 우리 집 사건이 처음이라고 한다.

문창송씨가 발행한 "한라산은 알고 있다 -묻혀진 4·3의 진상-"(소위 제주도 인민 유격대 투쟁보고서를 중심으로) 37쪽에는 이런 기록이 있다.

> "4월 27일 리 구장(里 區長) 집에서 개(경찰)가 식사 중이라는 정보에 접하여 아 부대 16명이 이를 포위하였으나 개는 도주해 버리고 반동 구장(區長) 1명을 포로해다가 숙청"

바로 나의 선친 오두현을 숙청했다는 기록인 것이다. 놈들은 아버지를 끌어낸 다음 눈에 보이는 생활용품과 의류 등을 챙기고는 '신발도 채 신지 못한 아버지'를 개 끌듯이 끌고 어디론가 가버렸다. 우리들에게는 참으로 땅이 꺼지고 하늘이 무너지는 청천벽력이었다.

어머니는 맨발로 경찰관들이 있는 곳으로 달려가고, 나는(당시 16세) 떨리는 마음을 진정시키며 울부짖는 동생들을 껴안고 함께 울고 있었다. 어머니가 다시 경찰들과 함께 왔으나 아버지는 이미 어디서도 찾을 수 없었다. 해가 질 무렵 50여명의 경찰관 1개 부대가 사건 발생 보고를 받고 출동하였으나 맨발로 끌려간 아버지의 생사는 알 길이 없었다. 경찰관들은 위로의 말을 던지고 떠나버렸다. 몇 시간 전까지만 해도 마을 청년들이 동조하며 모여들더니 경찰관들이 물러가자 그림자도 안보였다.

단지 소식을 듣고 할아버지와 가까운 친족 몇 분이 찾아와 밤을 새우며 바람에 흔들리는 문소리에도 혹시나 하며 기다리고 있었다. 날이 밝아도 아버지가 안 돌아오자 필시 놈들에게 피살된 것으로 여기고 시체를 찾으러 할아버지와 친지들이 나서서, 놈들이 달아난 방향으로 구석구석 찾아 헤매었으나 허사였다.

이 사건을 계기로 우리 동네는 완전 빨갱이 물이 들어버렸다. 부락사람들도 우리 가족을 보면 인사는커녕 고개를 돌려 버리는 것이었다. 우리가 과연 무엇을 잘못 했으며 아버지는 무슨 죄를 지었기에 이렇게 사람들이 막 대하는가. 의아심과 함께 분노의 싹이 점점 커졌다.

이런 가운데 우리 가족은 아버지의 시신을 찾는 일을 계속하고 있었다. 혹시나 살아계실지도 모른다는 한 가닥 희망으로 산야를 헤매던 어느 날, 마을 사람들이 피난 짐을 지고 산으로 올라가고 있었다. 무슨 일인가 했더니 그날이 5월 9일이라 다음날 총선거를 못하도록 마을 사람들을 강제로 이동시키는 것이었다.

 나는 아버지의 생사를 확인할 수 있는 절호의 기회라 여기고 어머님과 상의했고, 그 결과 우리가족 모두 간소하게 차려입고 친척들의 틈에 끼어 따라 나서기로 했다. 피난처는 용강동 마을을 지나 소나무로 우거진 목장 지대였다. 그날따라 봄비는 계속 내려 온 몸은 비에 젖어 견디기 힘들었고, 모두가 밤을 지낼 준비로 분주하게 움직였다.

 우리도 대충 소나무 가지를 꺾어 움막을 짓고 저녁도 간단히 지어먹었다. 드디어 제헌국회의원 선거일인 5월 10일, 역사적인 총선거의 날이 밝았다. 산속이었지만 화창한 날씨였다. 아침 식사를 간단히 끝내니 집합하라는 명령이 떨어졌다. 나도 친지 틈에 끼어 약간 떨어진 곳에 집합하였는데, 그곳은 바로 놈들의 아지트였다.

 왜놈들이 버리고 간 99식 총을 메고 긴 칼(닛본도)을 찬 놈 등 50여 명 정도가 있었다. 나는 눈을 크게 뜨고 아버지를 찾았으나 보이지 않았다. 그들은 대부분이 제주읍 동남부(화북, 봉개, 삼양, 용강)출신 들이었으며, 그 중에는 하북 출신 이욱X이란 자가 있었다. 이 자가 오현중학교 교모와 교복을 입고 왜놈장교가 신었던 장화구두를 신고 대검을 차고 부대를 지휘하고 있었다. 그는 그 후 귀순하여 토벌 작전에 참여했다가 6·25가 발생하자 해병대 3기로 지원입대한 바 있고, 제대 후에는 제주 사회에서 저명인사로 등장해 체육회 부회장 등을 역임하면서 떵떵거리며 살고 있었다. 그 모습은 지금도 내 머리에서 지워지지 않는다.

각 부락에서 모여든 사람이 너무 많아 집결하는데 시간이 걸려 한참 후에야 연설이 시작 되었다. 사람들은 귀를 기울였으나 나는 아버지 찾는데 정신이 팔려 무슨 말을 하는지 귀에 들어오지 않았다. 그때 갑자기 정신을 잃어 버렸다, 한참 후 정신을 차리고 보니 아버지 일을 도와주시던 송모씨가 나를 깨우며 정신 차리라고 흔드셨다.

내가 정신을 잃은 이유는 무장폭도 중에 우리 집에 습격 왔던 놈이 습격당시 놈들이 훔쳐간 아버지의 옷을 입고 있어서 저 놈이 아버지를 죽였구나 하는 생각에 정신을 잃고만 것이었다.

한편 나를 위로하는 송 모씨는 일본에서 공부하다 해방과 더불어 고향에 돌아와 선거관리위원으로 아버지를 돕다가 아버지가 변을 당하고 마을 전체가 놈들의 수중에 들어가자 하는 수 없이 마을의 민애청(민주애국청년회, 공산당 청년조직) 위원장직을 맡고 있었다. 송 모씨는 계속해서 말하기를 "너의 아버지는 놈들에게 피살 되었다. 네가 살아야 원수를 갚을 것이 아니냐, 네가 더 이상 여기서 발악하여 놈들이 구장 아들이라는 것을 눈치 채면 너 하나 죽이는 것은 문제가 아니다" 라고 하면서 나를 정신 차리게 했다.

그러는 순간 놈들의 선전 선동하는 연설도 끝나고 해가 질 무렵 귀가를 서둘기 시작하여 집에 돌아와 보니 밤중이었다. 이 사실을 할아버지와 친지들에게 알리고 나니 집안은 울음바다로 변했고 그나마 실오라기 같은 한 가닥 희망은 물거품이 되고 말았다.

이튿날, 날이 밝자 가족들은 아버지의 시신을 찾기 위해 집을 나섰다. 이런 일이 38일째 되풀이 되던 날, 할아버지께서 가마니와 새끼줄을 챙기는 것이었다. 나는 잘 모르기는 하지만 뭔가 이상한 느낌을 받았다. 할아버지와 어머니는 이미 서로 알고 계신 것 같았다.

나는 무턱대고 할아버지를 따라 나섰는데, 집으로부터 약 2km 지점쯤 되는 아주 험한 소나무 밀림 지대까지 갔다. 38일 동안 아버지를 찾을 때 이 부근도 몇 번 거쳤지만 아무도 발견을 못했었는데 어제 할아버지가 이 부근에 왔을 때 악취가 풍겨 집히는 데가 있어 찬찬히 찾아 헤매다가 아버지가 처참하게 살해된 참상을 보게 된 것이다. 땅이 무너지는 것 같았다. 참상의 현장을 차마 눈뜨고 볼 수가 없었다. 글로도 차마 표현할 수가 없다.

우리 가족은 시신을 모시고 집으로 돌아와 장사 준비를 서두르면서 마을 사람들에게 알렸으나 누구 하나 코빼기도 보이지 않았다. 아무리 나라를 팔아먹은 역적이나 사람을 죽인 죄인이라도 이렇게까지 냉대를 할 수가 있을까.

가까운 친지들만 모여 내일의 장례 준비를 하고 있는데, 나하고 같은 학교 2년 선배인 강수X와 1년 후배인 김운X가 찾아와 나를 대문 밖에서 만나자고 했다. 그들은 가장 절친한 사이로 가깝게 지내는 친구였다. 가뜩이나 사람이 없어 섭섭하고 곤경에 빠져있던 차에 친구들이 찾아와 주었으므로 반가운 심정으로 밖으로 뛰쳐나갔다.

그러나 그들은 무서운 사람들이 돼 있었다. 심각한 표정으로 나를 쳐다보더니 대뜸 하는 소리가 "너 민애청(당시 공산당의 청소년 조직)에 가입하겠느냐" 그 확답을 금방하라는 것이었다. 어찌 인간의 탈을 쓰고 이럴 수가 있는가, 아무리 사람 죽이는 일을 파리 죽이듯 하는 공산주의자라 할지라도 어떻게 슬픔에 빠져 있는 나의 가슴에 못을 박을 수가 있단 말인가. 그들은 지금으로부터 얼마 전까지도 살아 있었고, 그들이 나의 가슴속에 박아놓은 못은 지금도 녹슬지 않고 있다. 내가 죽어 시체는 썩을지라도 깊이 박힌 못은 썩지 않을 것이다.

지금은 그들이 세상을 떠났지만 생존 시 나에 대한 죄책감에 마음이 편하지 못하게 살았을 것이다. 친구들의 심한 배반에도 불구하고 우리 가족은 친척 몇 분의 도움으로 장례를 무사히 끝마치고 집에 돌아오자 그간에 쌓였던 피로가 한꺼번에 몰려 왔다.

1년만 쉬고 중학교에 진학시켜 주기로 한 아버지와의 약속도 물거품이 되어 버렸다. 나는 어린 동생들과 어머니를 모셔야 할 소년 가장이 되었다. 먹고 살기 위해서는 그 마을을 떠날 수가 없었고, 그래서 남로당 조직원들의 공갈 협박에 못 이겨 남로당 산하의 민애청에 가입하게 되었다. 조선 인민공화국 깃발을 앞세우고 죽창을 어깨에 메고, 인민항쟁가를 소리높이 부르며 훈련을 받았다.

낮에는 마을 부근 높은 동산에 깃대를 세우고 경비(비께)를 서면서 군인, 경찰 등 토벌대 접근을 조직원들에 알려 사전에 도피시키는 역할을 하였고, 밤에는 죽창을 들고 마을 골목길을 지키며 조직원들의 야간 활동(삐라 살포, 문서연락, 식량운반)을 도와주는 부역행위를 6개월 동안 하였다.

무덥고 공포에 쌓인 여름도 지나고 오곡이 무르익는 가을에 접어들면서 정부에서는 본격적인 폭도 소탕작전을 감행하였다. 국군이 전투에 가담하면서 중산간 부락민을 해변마을로 이동시키는 피난작전이 시작되었다.

폭도들은 우익인사 집을 골라 불을 지르고 식량을 약탈하는 악랄한 행동으로 발악하기 시작했다. 이때 우리 집은 제2의 사태가 발생하리라는 예감이 들었다. 왜냐하면 나의 작은 숙부는 형의 원수를 갚는다는 이유로 경찰관으로 활동하고 있었고, 중숙부는 대동청년단원으로 국군 토벌대를 지원하고 있는, 소위 놈들이 말하는 반동분자 가족으로 낙인이 찍혔기 때문이다.

1948년 11월 16일 제주읍 영평상동에서 우익진영 가족(그들의 표현으로는 반동가족) 5명이 폭도들에 의해 피살되였다. (제민일보 '4·3을 말한다' 1999년 8월 13일자 보도). 1948년 11월 16일 무장대에게 희생된 주민들은 바로 대청단원 가족들이었다. 무장대는 60대 노인과 부녀자 등 5명 가량을 대청(대한청년단)가족 혹은 친척이라는 이유로 학살했다. 그 중에 우리 가족이 하늘같이 의지하여 살아가려던 할아버지가 끼어 있었다. 하늘이 무너지는 고통을 또 겪게 된 것이다, 그 폭도들은 이웃 마을(봉개, 용강동) 출신들이며 그 중에는 할아버지의 외4촌(봉개동 임보기)이 끼어 있었다.

그 현장을 목격한 막내 고모(오춘보 당시 25세)가 외5촌인 임보기를 붙잡고 삼촌(三寸) 제발 아버지를 살려 주세요, 하면서 매달렸으나 지금 이 마당에 삼촌이 어디 있느냐며 냉정히 뿌리치며 어디론가 할아버지를 끌고 가 살해했다.

다음날 새벽 할아버지의 피살 소식을 접하기도 전에 집 인근에서 심상치 않은 소리가 들려 밖을 쳐다 보니 10여명의 폭도들이 우리 집을 향하여 오고 있었다. 그 순간 어디선가 총소리가 울렸고, 놈들은 도망을 쳤다. 대동청년단원인 숙부가 전날 밤 할아버지의 피살 정보를 접하고 국군 토벌대를 대동하고 출동한 것이다.

숙부께서는 할아버지의 피살 소식을 우리에게 알려주고 제주시내로 피난 갈 준비를 서둘르라 했다. 우리는 피난 짐을 꾸리고 제주시내 삼도동 무군성 5촌(五寸)댁 창고 한구석을 빌려 고달픈 피난살

이를 시작했다.

 나는 길지도 않은 기간에 죽을 고비를 3번 넘겼다. 첫 번은 무장폭도들이 우리 집을 습격할 때였다. 순경들이 30분 늦게 집을 떠났거나 폭도들이 30분 빨리 우리 집을 습격했다면 우리 집은 폭도와 경찰의 전쟁터가 되어 우리 가족은 몰살당하고 말았을 것이다. 둘째는 5·10선거를 피하여 산으로 갔을 때였다. 아버지를 끌고 간 폭도를 목격하고 정신을 잃었을 때 놈들에 발견되었으면 여지 없이 살해되었을 것이다. 3번째는 1948년 11월 16일이었다. 할아버지가 피살 당하고 난 다음날 아침 폭도들이 우리 집으로 우리를 죽이려고 몰려올 때 국군과 숙부가 10분만 늦었어도 우리가족은 몰살되었을 것이다.

 위와 같이 필자가 체험한 바로는 4·3사건은 남로당의 지령에 의하여 4·3주도세력들로 하여금 1948년 5월 10일의 귀중한 선거행사를 방해하기 위한 것이었다. 국민이 직접 투표하여 자유 민주국가를 세우는 선거를 방해할 목적으로 무장한 유격대들이 경찰관서를 습격하여 살인·방화는 물론 선거관련 사무소를 기습하여 선거 관계자와 대동청년 단원 및 민간인 등을 납치 살해함으로써 공포분위기를 조성했고, 선거일 1~2일 전부터 주민들을 야산으로 강제 이동시켜 선거에 참여하지 못하게 함으로서 제주도 3개 선거구 중 남제주군을 제외한 북제주군 2개 선거구에서는 국회의원을 선출하지 못하게 한 것이 바로 4·3사건이었다.

1948년 4월 3일 새벽 경찰지서를 습격하면서 폭동을 일으킨 남로당 폭도들은 1948년 5월 10일 선거일에 이르기까지 중산간 부락일대를 장악하고 주민들을 상대로 전단(삐라)을 날마다 배포하였으며, 남로당은 유격대를 중심으로 다음과 같은 조직을 부락별로 편성하여 철저한 관리를 하였다.

(1) 자위대 : 죽창으로 무장하고 반동분자를 숙청하고 군, 경 토벌대의 교통을 차단하기 위한 도로 파괴, 통신망을 두절하기 위한 전선주 절단 등의 임무를 수행했다.
(2) 민애청 : 청소년 조직으로 부락 주위 요소에 신호대를 세워 토벌대의 침투감시, 야간경비, 문서연락 등의 임무를 수행했다.
(3) 부녀동맹 : 부녀자 조직으로 재산 유격대를 지원하는 물자공급의 임무를 수행했다.

무장유격대들은 위의 조직원들을 부락 인근 안전지대로 집합시켜 교육을 시켰는데 남로당이 내건 선전 구호는 다음과 같다.

(1) 제주도 유격대는 미 제국주의로부터 인민을 해방시켜 통일된 조선인민공화국을 건설하기 위하여 무기를 들고 일어섰다. 미국은 식인종 국가이기 때문에 타격해야 한다.
(2) 5월 10일에 시행하는 남한 만의 단독선거와 단독정부 수립을 결사반대하기 위하여 적극투쟁할 것이며 연합국의 선거관리위원단은 즉시 철수하라.

⑶ 민주통일정부 수립 전에 외국 점령군의 철수를 요구한다.
⑷ 노동자를 보호하는 노동법을 즉시 시행하고 사회보장제도의 마련을 요구한다.
⑸ 노동자에게 1일 5합의 쌀과 노동자의 가족 및 일반인에게 쌀 1일 3합의 배급을 요구한다.
⑹ 지주로부터 토지를 몰수하여 농민들에게 무상 배분할 것을 요구한다.
⑺ 통치권을 인민위원회에게 양도하라.
⑻ 조선인민공화국을 수립하자.

이와 같은 교육에는 무장한 유격대가 직접 주도하고 연사로 등장한 인물로는 당시 화북2구(거로마을)에 거주하는 제주여자중학교학생 김○○씨(제주도청 고위직에서 퇴직한 강모씨의 부인)였다. 그녀는 교복을 입고나와 열변을 토했다. 유격대의 주도자는 이욱행이었다. 그는 5·10선거당시 주민들을 산으로 몰아갔던 화북1구 출신이며 학생복에 오현중학교 모자를 쓰고 대검으로 무장하여 부대를 지휘하고 있었다.

필자는 이와 같이 그 당시 제주4·3사건 현장을 직접 체험한 조직원(민애청)으로서 일했고, 폭도들에 의해 선친과 조부를 잃은 피해자 가족이다. 이런 관계로 편견을 가지고 이 글을 쓴 것이라 일축할지 모르지만 필자는 오직 필자가 겪고 보았던 진실만을 말한다. 4·3사건을 직접 경험한 사람의 시각으로 볼 때에 오늘의 제주4·3특별법에 의한 희생자 심사결정은 너무 많이 편향돼 있고, 왜곡돼 있다. 위령공원조성, 진상조사보고서, 화해와 상생백서 등도 너무 많이 편향돼 있다는 것을 지적하지 않을 수 없다. 앞으로 남북이 통일되고 대한민국의 역사를 바로 쓰게 되면 왜곡된 부분이 노출될 것이 분명한데 그 책임은 누가 질것인지 생각해야 할 문제다.

2001년 1월 12일 제정 공포된 제주4·3사건진상규명및희생자명예회복에관한특별법에 의해 제주4·3사건 진상조사보고서를 발간함에 있어서 위원장 국무총리 고건은 정부보고서 서문에서 "4·3사건진상보고서는 제주4·3특별법 목적에 따라 사건의 진상과 희생자 유족들의 명예회복에 중점을 두어 작성되었으며. 4·3사건 전체에 대한 성격이나 역사적인 평가는 후세 사가들의 몫이라고 생각합니다."라고 명시했다. 이렇게 해놓고 진상조사보고서 536쪽에 전혀 다른 결론을 내놓았다.

[제주4·3사건은 1947년 3월 1일 경찰의 발포사건을 기점으로 하여 경찰, 서청의 탄압에 대한 저항과 단선. 단정 반대를 기치로 1948년 4월 3일 남로당 제주도당 무장대가 무장봉기한 이래 1954년 9월 21일 한라산 금족지역이 전면 개방될 때까지 제주도에서 발생한 무장대와 토벌대의 무력충돌과 토벌대의 진압과정에서 수많은 주민들이 희생당한 사건이라고 정의할 수 있다]

서문에서는 4·3사건의 성격과 평가를 후대에 맡긴다고 해놓고는 결론에서는 4·3사건의 성격과 평가를 명확하게 내놓은 것이다.

국가가 발행한 역사보고서를 이렇게 앞뒤가 맞지 않는 속임수로 썼다는 것은 있을 수 없는 일이라고 생각한다.

그러나 제주4·3사건은 "자유민주주의 국가인 대한민국의 건국의 시발점이었던 1948. 5. 10. 제헌국회의원 선거를 방해하기 위하여 북한공산당 및 남로당의 전략 전술에 의거한 제주도 일원의 공산반란이었고, 무장유격대에 의하여 경찰, 군인 양민들이 피살되거나 상해를 입고 많은 재산상 피해를 입었던 것도 사실이다. 피아가 식별되지 않는 상황에서 토벌대에 의한 양민의 피해도 많이 있었지만 인민유격대 역시 수많은 양민과 경찰 가족들을 끔찍한 모습으로 살해했다. 이런 면에서 보면 고건 국무총리 주도로 작성한 4·3진상보고서는 전적으로 왜곡된 것이라 아니할 수 없다.

경찰, 군인이 폭도들을 진압하는 과정에서 옥석 분별이 어려워 선량한 주민이 많이 희생된 것은 분명한 사실이나, 제주4·3사건을 '무장폭동'이 아닌 '무장봉기'로 표현하는 것은 역사에 대한 왜곡이요 날조라 아니할 수 없다.

2008년 12월 10일자 제주4·3사건진상규명및희생자명예회복위원회가 발행한 '화해와 상생 제주4·3위원회 백서' 설립배경(12쪽)에는 이런 표현이 있다.

"제주도민들은 1948년 미군정 시절 실시된 남한 단독선거를 '한반도를 남과 북으로 영구히 분단시키는 선거'라고 반대하고 나섰다가 참혹한 희생을 치렀다."

4·3백서는 또 제주도민이, 5·10 남한단독 선거가 남과 북으로 영구히 분단시키는 선거를 반대하다가 희생당한 영웅적인 사건이 4·3사건이라고 찬양했다.

위 표현들은 제주도민의 명예회복이 아니라 제주도민을 영원히 되돌릴 수 없는 불명예의 구덩이에 처박아 놓으려는 허위사실이다. 그 당시 제주도민은 5·10 단독선거와 단독정부 수립을 반대한 사실이 절대 없다. 필자가 직접 체험한 바와 같이 제주4·3폭동은 5·10선거 저지를 목직으로 한 것이있고, 그래서 4월 말경으로부터 남로당 유격대와 자위대 등 남로당 폭력 조직들이 선거관계자들을 살해하기 시작했던 것이다.

제주읍을 예로 든다면 동부 쪽으로 화북1구, 화북3구, 선거관리위원장을 살해했고, 남부 쪽으로 아라1구와 오등리 선거위원장 집을 습격하였으나 선거위원장이 출타중이라 그 가족(처, 노모, 어린자식)을 살해했으며, 서부 쪽으로 이호, 도평리 선거관리위원장을 살해하여 주민들의 공포분위기를 조성시켜 부락민들을 완전 장악하고, 5월 10일 선거일을 1~2일 앞두고 부락 주민들을 강제로 인근 야산으로 끌고 가 투표에 참여하지 못하도록 했다. 이런 사실들은 현재 70대 이상의 제주도 생존자들은 누구나 알고 있는 사실이다.

4·3백서의 표현대로라면 희생된 제주도민들은 공산국가를 세우

기 위해 피를 뿌렸다는 말이 되며, 그렇다면 이들은 대한민국 건국을 반대하다가 살해된 자들이 되는 것이다. 이런 사람들에게 어떻게 대한민국 국가에 의해 희생된 사람이라는 명예를 안겨줄 수 있는 것인가?

 필자가 그 당시 살해되어 영혼으로라도 말을 할 수 있다면 이렇게 말하고 싶다.

 (1) 나는 억울하다, 참으로 억울하다, 내게 죄가 있다면 제주도에서 태어난 죄밖에 없다.
 (2) 나는 억울하다, 참으로 억울하다, 내게 죄가 있다면 나이가 젊었다는 죄밖에 없다.
 (3) 그러기에 그들의 말을 들어야 했고 피할 길이 없었다.
 (4) 나는 누구도 원망하지 않는다. 시대를 원망한다

 그 당시 희생자들은 다 여기에 동의할 것이다. 이런 표현이 희생자의 명예를 진정하게 회복하는 길이 아닌가 한다.

2011년 3월

오 균 택 (1933년생)

제17장 김하영의 4·3 수기

"내가 겪은 4·3사건"을 쓰기에 앞서 우선 본인의 출생과 가족 소개부터 하고자 한다. 본인은 1933년 12월 24일 일본 오사카(大阪)에서 태어나 어린 시절을 보내다가 1939년 가을경에 부모님을 따라 오사카~제주 간 정기여객선 군대환(君代丸)을 타고 고향인 제주에 왔다. 정확한 장소는 제주읍 화북리 동부락의 속칭 '버렁질', 조부모님이 남겨주신 가옥에 정착하였다.

제주4·3사건 당시 본인의 가족은 조모(1868년생), 부친(1899), 모친(1909), 누님(1931), 본인(1933) 그리고 본인 아래 남동생 1명, 여동생 3명으로 구성돼 있었다.

나는 화북초등학교 입학 후에도 한국말(당시 조선말)을 제대로 구사하지 못하여 동네 아이들은 물론 동급생으로부터 놀림을 많이 받았다. 1945년 8월 15일 해방의 기쁨도 잠시, 500여 호 되는 화북리에는 일본에서 살다 귀국한 부씨, 2명의 양씨, 김씨 등 몇몇 인사들 그리고 마을의 일부 지도층 인사들이 "건국준비위원회"(건준) 등 이름 모를 다수의 좌파 단체에 가입했다. 이들 좌파단체들과 치안대가 함께 어울려 시도 때도 없이 모임을 갖고 "신탁통치결사반대, 양과자 결사반대"등을 주장하는 바람에 마을 전체가 어수선해지기 시작했다.

본인은 1946년 6월에 화북초등학교를 졸업했으나 부친이 한동안 일본에 건너가 계셨기 때문에 중학교 진학문제를 결정치 못하여 부득이 1년을 쉬기로 하고 초등학교의 고등반 격인 학습소(지금의 재수학원)에서 "양치명"을 담당교사로 하여 공부를 하고 있었다.

1) 관덕정 앞 3·1절 기념행사와 소요사태

1947년 3월1일 제주읍내 관덕정 앞 광장에서 거행되는 3·1절 기념 본 행사 참가에 앞서 식전 행사가 먼저 열렸다. 주로 청소년으로 구성된 부락민들이 무보수 교사 "양치명"의 주도하에 화북초등학교 교정에서 식전행사를 치른 것이다. 이 식전행사에서 참가자들은 옛 음조의 애국가, 적기가, 김일성장군 노래를 부르고, 김일성장군 만세, 조선독립만세를 부른 후, 신탁통치결사반대, 양과자 결사반대 등의 구호를 외쳤다.

마을 행사가 끝나자 부락민들은 "양치명"의 인솔 하에 관덕정 앞 광장으로 향했다. 본인이 관덕정 앞 광장에 도착했을 때는 이미 수많은 군중들이 우체국 앞까지 밀집되어 있어서 연단을 바라볼 수 없었다. 호기심에 사로잡힌 나는 연단을 바라보기 위해 자리를 옮기고 옮긴 끝에 관덕정 앞 동남쪽 즉 경찰서 맞은편의 적산가옥(경찰서장 관사) 대문 앞 계단에 자리를 잡아 연단을 바라보고 있었다.

어느 정도의 시간이 흐르자 서문동 쪽에서 기마경찰관 1명이 행인의 통행로를 열기 위해 돌진하던 중, 본인이 서 있는 앞을 통과하고 구 제주자동차회사 앞에 이르렀을 때 군중 속에서 누군가가 플래카드용 장대를 뽑아내 말의 항문을 찔러대는 바람에 놀란 말이 이리저리 뛰었다. 미처 피하지 못한 어린소년 1명이 말발굽에 밟혀 비명을 질렀다. 그러자 군중들은 마치 이를 기다리기라도 했다는 듯이 1명의 경찰을 향해 "저놈 죽여라" 소리를 치며 일제히 달려들기 시작했다. 생명에 위협을 느낀 기마경찰은 자위수단으로 총을 발사했고, 경찰서에서 잔뜩 긴장하고 있던 경찰들도 총을 쏘기 시작했다. 관덕정 앞에 모였던 군중들은 이리 뛰고 저리 뛰면서 해산했고, 나 역시 가까스로 군중으로부터 빠져나와 귀가했다.

2) 양치명, 경찰에 연행되어 총살당하다

1947년 여름으로 추정되는 어느 날 오후, 나는 친구들과 우리집 앞에서 놀고 있었다. 바로 이때 나는 양치명, 문OO 외 1명 등 3명이 포승줄에 묶인 채 경찰관(토벌대)에 연행되어 벌랑동(속칭 버렁)쪽으로 가는 것을 목격했다. 그들이 우리 앞을 지난 지 채 10여분도 안 돼 총성이 울렸고, 경찰관 일행만 되돌아왔다. 호기심에 친구들과 함께 총성이 울렸던 곳을 갔더니 상기 3명이 길 옆 잔솔밭에 총살당해 있었다.

3) 오현중학교 입학과 학교생활

1947년 여름, 일본에서 귀국한 부친의 지시에 따라 나는 1947년 9월에 제주 오현중학교(4년제)에 무난히 입학하여 어엿한 중학생이 되었다. 1947년 11월 어느 날 오후 수업이 끝나갈 무렵 동급생인 안○○(화북초등학교 1년 후배)이 느닷없이 오늘 민애청 회의에 참석하느냐고 물었다. 처음 들어보는 이름이라 민애청이 무엇이냐고 반문했더니 그는 너는 몰라도 된다고 답했다. 귀가 후 부친에게 민애청이 무어냐고 여쭈었더니 부친은 그런 모임에는 무조건 참석하면 안 된다고 했다. 그 후 동맹휴학이니, 백지동맹이니, 동맹파업이니 하면서 학교에 등교하는 날이 줄어들기 시작했다.

부친은 1939년 귀국 후 농사에 종사했다. 특히 특용작물로 양파, 배추 등 씨앗을 일본에서 주문하여 재배하고, 취미로 제주조랑말(경마용)을 사육하고, 또한 일본에서 반입한 종돈(버크셔)을 번식시켜 분양하면서 생활에는 걱정이 없는 편이었다. 이러다 보니 아버지는 마을의 공원(公員)으로 활동하게 되었다. 지금의 동 발전위원회와 같은 모임에도 참석하여 마을발전에 참여했고, 때로는 승마동호인들과 더불어 경마대회를 개최하기도 했으며, 급기야는 1948년 5월

10일 제헌국회의원 선거 당시에는 화북리 선거관리위원으로 위촉되어 활동하게 되었다.

부친은 승마애호가로서 타 지역에 출타할 때에는 항상 말을 이용했다. 승마동호인들과 교제가 많다보니 우리 집에는 연중 내내 2~3명씩의 식객이 끊이지 않았다. 1947년 3·1절 소요사태가 지난 후, 날이 갈수록 경찰의 감시가 심해지고 마을 분위기는 어수선해지기 시작했다. 부친은 무슨 낌새를 감지했는지 그렇게도 애지중지하던 말을 타인에게 매도하고 집안정리에 착수했다.

4) 제주4·3폭동과 지서습격(1차 습격)

1948년 4월 3일 새벽 2시 "별도봉"에 봉화가 오르는 것을 신호로 화북지서가 무장폭도들의 습격으로 모두 불탔고, 인명피해가 발생했다.
순경 김장하 피살
급사 이시성 불에 타죽음
경찰가족 임산부 1명 피살(김성훈 집에서)
공회당(경찰관 지서) 전소

5) 2차 습격사건

1948년 5월 5일(음3월27일) 새벽1시경 무장폭도들이 화북리를 습격하여 아래와 같이 인명을 살상시켰다.

서부락 : 임형권 구장 겸 화북리 선거관리위원장 피살.

동부락 : 김용효(1893년생) 본인의 당숙부인 선거관리위원 피살.
김찬영(1924년생) : 김용효의 4남 결핵환자에게 머리와 복부에 중
                상을 입혀 창독으로 인하여 6월에 사망
안정봉 처(성명 미상) : 피살.
김용언(1899, 나의 부친) : 선거관리위원인 나의 부친을 이 때 살해코자 습격했으나 부친은 일단 피신하여 사고를 모면하기는 했지만 후일 납치되어 피살당하셨다.

참고로 무장폭도들이 본가를 습격할 당시의 모습을 세밀하게 적고자 한다.

습격 전일인 1948년 5월 4일(음3월 26일) 10시경 조모님의 8촌 여동생이 본가를 방문하여 아들 김덕윤(1911년생)이 전하는 정보를 주고 갔다. "내일(5월 5일) 새벽에 우리 집과 당숙부 김용효 집에 습격이 있으니 피신하라"는 것이었다.

나는 이 정보를 가지고 당숙부인 김용효 댁을 방문하여 전언했다. 그럼에도 당숙부는 평소 강직한 성격 때문에 피신치 않고 있다가 피살당했다. 우리 집은 습격에 대비하여 말 매도금 중 약간만 지참하고 나머지 전액을 단지 속에 담아 땅속에 파묻었다. 저녁 무렵부터 이웃에 사는 위 김덕윤과 동명이인인 김덕윤(1906년생)이 술에 취한 척하며 본가를 30분 간격으로 밤10시경까지 출입하면서 부친

이 집에 계시는지를 탐색했다.

밤 11시경, 부친은 월담 피신하여 이웃 보리밭에 은신했으며 모친과 본인은 바깥채 방에서 취침하고 있었다. 새벽 2시경, 느닷없이 육중한 대문이 열리는 소리가 들리더니 일본군 철모를 쓰고 군도를 소지하고 복면을 한 무장폭도 수명이 방으로 들어와 안채 바깥채 할 것 없이 샅샅이 뒤지며 부친을 찾기 시작했다. 아버지를 찾지 못하자 지휘자인 무장폭도가 모친의 복부에 군도를 들이대고 다음과 같은 질문을 하기 시작했다.

첫 번째 질문은 부친의 소재에 대한 것이었다. 나의 모친은 "밤10시경에 복통을 일으켜 정약국 댁에 약을 지으려고 나간 후 지금까지 귀가하지 않았다"고 버텼다.

두 번째 요구는 말과 물건을 판매한 금전을 내 놓으라는 것이었다. 모친은 모든 금전은 남편이 관리하고 생활비로 쓰다 남은 약간의 금전은 남아 있다면서 주머니에서 끄집어내 주었다.

세 번째 요구는 일본에서 반입하여 팔다 남은 알미늄 식기와 당시 각 부락마다 할당되어 팔다 남은 흑설탕을 부친이 매입했는데 그 설탕하고 식량을 다 내 놓으라는 것이었다.

그것들은 창고에 있다고 답하자 무장폭도 일당들이 창고에서 반출하여 집에 있는 일본군용 마차에 싣고 철수하기 시작하였으며 본인은 그 동안 모친의 손을 잡고 겁에 질린 채 이러한 광경을 바라만 보고 있었다.

무장폭도들이 철수한 후 모친과 나는 넋을 잃은 사람처럼 얼마동안 멍한 상태로 앉아 있었다. 이때 6촌 누님(김용효의 장녀)이 울부짖으면서 아버지는 살해당했는데 삼촌은 어떻게 되었느냐고 하는 말에 정신이 들자 그때서야 공포감이 엄습해 왔다. 나와 모친 그리고 6촌 누님은 곧바로 당숙부의 집으로 달려갔다. 당숙부인 김용효는 마당에 끌려나와 철창으로 복부를 난자당해 살해돼 있었다. 내장이 밖으로 나온 채 비참하게 쓰러져 있었다. 6촌형인 김찬영 역시 마당에 끌려나와 철창으로 전신을 난자당했지만 불행 중 다행으로 목숨만은 유지되고 있었다.

날이 밝자 피신했던 나의 부친이 나타나 시신을 수습하여 임시로 가매장 했다. 부모님과 막내 여동생 3명은 진상조사차 제주경찰서에서 출동한 경찰차에 편승하여 제주시내에 거주하는 당숙부 김용균(1904년생 김용효의 동생)집으로 피신했다. 6남매 중 나머지 5남매는 불구인 조모님을 모시고 집에 남았다. 이날로부터 나의 가족들은 암암리에 무장폭도들의 감시를 받으며 생활하게 되었다.

6) 5 · 10선거반대 입산과 용강동에서 무장폭도 무력시위

1948년 5월 8일부터 화북리에서는 남로당 제주도당 산하 무력부장 김달삼 직속으로 제주읍 동부지역을 담당한 특공대장 김주탁

(1927년생 일본군지원병 출신)과 동생 김주영(1929년생) 그들의 부 김우윤(1907년생) 그들의 모 고남국(1906년생)으로 이루어진 일가족의 독려 하에 5·10선거를 반대하기 위한 입산 작전이 시작됐다. 노약자를 제외한 남여 모두 약간의 식량만 휴대하고 제주시 용강동 근처로 입산하기 시작한 것이다.

이것을 목격한 나는 입산동기도 모른 채 4남매를 이끌고 불구인 조모님을 홀로 남겨둔 채 약간의 식량을 휴대하고 무조건 부락민을 따라 입산했다. 용강동을 약 100여 미터 앞 둔 지점에서 철모와 철창으로 무장한 김주훈(1931년생)을 만났다. 그는 나와 한동네에 거주하는 초등학교 동창이었다. 그는 인정도 없이 우리를 인근 밭 한복판으로 끌고 갔다. 그 곳에는 철창 등으로 무장한 폭도 5~6명이 있었으며 또한 약 30여명을 매장하기 위하여 미리 만들어진 구덩이(깊이2m 폭5m)속에는 본인 가족 5남매보다 먼저 연행된 아래의 가족들이 들어 있었다.

  동부락의 김용효 가족 3명
  안정봉의 가족 2명
  모한조의 가족 3명
  홍OO의 가족 1명
  부OO의 가족 3명
  중부락의 김성훈 가족 1명
  서부락의 김기순 가족 3명 등

이 외에도 몇 가족이 더 있었던 것으로 기억된다. 구덩이 속에 감금되었을 때는 너무 무서웠다. 시간이 흐르면서 살아날 희망이 없다는 생각이 들었고, 일단 체념을 하고나니 넋이 나간 사람처럼 마음이 편해지기 시작했다. 이것이 바로 죽음을 앞 둔 인간의 심리상태가 아닐까 생각한다. 경험을 해 보지 못한 사람은 이해가 되지 않으리라 믿는다. 그런데 이 모두가 다 기적같이 살아났다. 후일에 알게 된 사실이지만 당시 용강동에서는 화북출신 원로들과 민애청 소속 간부들이 회동하여 연행된 소위 반동분자 가족들의 숙청여부를 결정하는 회의가 열렸다 한다. 앞에 기술된 바와 같이 조모님의 8촌 여동생 아들 김덕윤(1911년생)이 특공대장 김주탁 가족들을 설득한 끝에 풀려나게 됐다 한다. 그래서 우리 가족들은 부락민들과 함께 용강동 민가에서 1박을 하게 되었다.

1948년 5월 9일 아침, 용강동 마을 한복판에 소재한 광장에는 5·10선거를 반대하기 위해 입산하는 화북리 부락민들과 인근 부락민들까지 집합돼 있었다. 50여명의 무장폭도들은 동부지역 특공대장 김주탁 지휘 하에 붉은 깃발을 앞세우고 무력시위를 했다. 이들은 적기가, 김일성장군 노래, 혁명가를 부르고 김일성장군 만세 등을 외쳤고, 5·10선거반대를 왜 해야 하는지에 대해 일장 연설을 하여 집단적인 박수갈채를 받았다. 행사가 끝난 후 부락민들은 비를 맞으며 용강동 위쪽 소나무가 우거진 야산에서 선거가 끝날 때까지 은신생활을 하게 되었다. 한편 제주시내로 피신했던 모친은 집에 남아 있는 가족들의 안위가 걱정되어 본가로 귀가했으나 5남매가 입산한 사실을 알고 뒤따라 입산하여 우리 5남매와 함께 은신생활 하다가 5월 17일 정오경에 하산하기 시작하여 무사히 귀가하였다.

5 · 10선거 반대 입산시 용강동에서 무력시위에 가담한 무장특공대원으로서 지금 기억나는 자는 대략 다음과 같다.

화북리 동부락 출신 : 김주탁(특공대 총지휘), 김주영 (김주탁 동생), 김주훈, 홍OO, 모OO 김OO, 허OO, 강OO, 김OO 등
화북리 중부락 출신 : 이OO, 이OO, 허OO, 김OO, 김OO, 김OO, 문OO 등
화북리 서부락 출신 : 양OO, 김OO, 최OO, 김OO, 신OO 등
용강리(웃무드내) 출신 : 유OO(초등학교 동창) 등
아라리(걸머리) 출신 : 문OO(초등학교 동창) 등

이 외에도 화북 출신이 다수 있으나 이름이 기억나지 않으며 또한 삼양, 도련, 봉개, 회천, 용강, 영평, 월평, 아라동 등 타 지역 출신도 상당수 있었다. 위에서 OO으로 기록한 이름들은 내가 다 아는 이름들이며 실명으로 수첩에 기록해 놓고 있다.

7) 당시 무장폭도들의 무장과 구성원

당시 22세였던 지휘자 김주탁은 일본군 복장에 철모를 쓰고 군도와 권총으로 무장했으며, 기타 대원들은 사복에 일본군 철모, 개머

리판을 만들어 끼운 99식 장총, 개머리판 없는 99식 장총 및 철창 등으로 무장했다. 무장폭도들의 구성원은 화북리 출신이 다수였으며 당시 제주읍내를 중심으로 하여 동부 및 남부에 위치한 산간부락 출신들로 구성되었다. 그 구성원 중에는 본인의 초등학교 동창생 및 중학교 선배들이 다소 포함되어 있었으며 그래서 지금도 그들의 얼굴과 이름을 기억하고 있다. 참고로 당시 초등학교 동창 중에는 본인과의 나이 차이가 5~6세정도 연상의 남·여학생들이 많았다.

그 중에 지금 생존해 있는 자는;

화북리출신의 허순O(일본에서 귀국 민간인) 후일 경찰간부 역임
최OO(농업중학교 학생) 후일 경찰정보계 및 수사계 역임
이OO(오현중학교 학생) 후일 도체육회 사무국장 역임
용강동출신의 유OO(오현중학교 학생) 후일 OO동지회 청년부OO, 원호청(지금의 국가보훈처)OO을 역임

8) 모창림, 현철하 납치 살해사건

5·10선거반대를 위하여 야산에서 은신생활 하던 중 화북리 출신 무장폭도들이 모창림 외 1명을 납치해 끌고 오는 것을 목격했다는 소문과 피살됐다는 소문이 떠돌기 시작했다. 그 후 알려진 사실은 아래와 같다.

모창림 : 8·15해방 직전 일본에서 귀국하여 화북리 축구대표선수

로 활동하여 그 인기가 높았으며 5·10선거반대를 위하여 입산하지 않았다는 이유로 납치되어 당일 김주탁 형제에 의하여 살해됐다고 한다. 당시 동부락 간부 6인(김덕균, 문정규 이완성, 김도윤, 이병생 및 홍길신)회의에서 그를 위해 구명노력을 폈지만 끝내 살해했으며 지금까지 시체마저 찾지 못했다.

현철하 : 아라리(걸머리)출신으로 전술한 김용효의 둘째 사위이며 본인의 6촌 자형이다. 그는 당시 도립병원에 근무하면서 철창에 난 자당한 처남 김찬영을 치료해 주려고 처가에 들렸다가 모창림과 같이 납치되어 왔다. 그러나 그는 용케도 아라리 출신 무장폭도들의 보증 하에 피살을 모면했다. 그 대신 그는 모창림이 죽어가면서 울부짖는 비명소리를 들어야 했다.

9) 김주탁 가족들이 화북리에서 제왕적 존재로 등장

전술한 용강동에서의 무력시위 이후 특공대장 김주탁 일가는 부 김우윤(1907년생), 모 고남국(1906년생) 등이 제왕적 존재로 군림하고 마을을 장악했다. 모 고남국은 동내 부인들에게 "내 아들이 제주도 인민해방군 사령관"이라며 "우리 아들 말을 잘 듣고 행동해야 장차 모두가 잘살 수 있다"고 했다. 그 가족들의 언행이 법이 되고 그들의 마음 먹기에 따라 부락민의 생사가 결정되었다.

10) 경찰에 의한 동부락 이완성 집 습격 방화사건

5월 17일 동부락 이완성 집에서 민애청 간부회의 도중 경찰 토벌대가 불시에 습격했다. 민애청 간부 김○○은 사살되고 이수선(이완성 딸)은 불에 타 죽었고, 가옥은 전소됐다.

11) 나의 부친 김용언 피랍

제주시내 동문통 당숙부 김용균(1904년생)집에 피신해 있던 나의 부친은 거동이 불편한 노모님만 남겨 놓고 전 가족이 입산했다는 소식을 듣고 노모의 안위가 걱정되어 5월 17일 새벽에 사라봉과 별도봉의 샛길를 통하여 본가로 잠입했으나 잠입도중 본인의 초등학교 동창 백○○(오현중학교 1년선배)에게 발각되었다. 부친은 잠시 노모님을 뵙고 본가의 뒤편 보리밭에 은신해 있었다. 5월 17일(음4월9일) 오후 우리 가족이 하산 귀가해 보니 집 대문에 "반동분자 김용언은 자수하라"는 경고성 삐라가 붙어있었고 얼마 후 부친이 나타나 가족들을 상봉한 후 재차 제주시내로 피신 중에 또 발각되었다.

신변에 위험을 느낀 부친은 속칭 "동주원"에 거주하는 지인 한○○의 장남 한○○에게 숨겨 줄 것을 간청했다. 장남 한씨는 방언으로 "굴묵어귀"(방 뒤쪽에 온돌 불을 지피는 장소) 속에 숨겨주는 척 하고는 이웃에 거주하는 신○○(식육 판매)에게 이 사실을 밀고했고, 신○○은 즉시 부친을 납치 해다가 용강동 야산에 있는 김주탁과 동생 김주영 일당에게 인계했다. 그리고 그 형제는 당일로 부친을 살해하여 암매장 했다고 한다. 모창림 살해와 나의 부친이 납치되어 살해될 때까지의 모든 정황은 후일 이웃에 거주한 김덕윤(1906년생 김주탁과 친척)이 알려주어서 알게 된 것이며 이 자는 4·3사건을 전후하여 우리 집으로부터 물질적 금전적 도움을 많이 받았다.

한때 본인의 집은 동부락 버렁질 끝집이었기때문에 삼양지서 경찰관과 토벌대의 침입을 감시하는 아지트가 되어 민애청 소속 학생들이 상주하며 교대로 집 앞에서 "빗개"(보초)를 서기도 하고 또한 본인 역시 보초를 서기도 하였다. 지금에 와서 생각하면 "빗개의 아지트"라기보다는 우리 가족들을 감시하기 위한 위장된 수단이 아니었나 생각된다. 우리 가족들은 고립무원의 상태에서 부락 간부들이 무장폭도들의 식량보급을 위하여 금전 또는 식량을 요구하면 다른 가정보다 더 많이 기부했고, 백지에 날인을 요구하면 내용도 모른 채 날인하여 주기도 했다.

12) 남로당 도 당책 안세훈, 김달삼, 김주탁이 화북리에서 월북

1948년 8월 20일부터 황해도 해주에서 개최되는 공산당 인민대표자회의에 참석하기 위하여 "남로당 제주도당책 안세훈, 김달삼, 김주탁"등이 월북하였다.

일시 : 1948년 8월 초순
승선장소 : 화북리 동부락 선창
수송선박 : 김〇〇 소유 동력어선(그의 아들 김〇〇의 증언)
선원 : 이〇〇효(해방전 제주-목포간 여객선 흥아환(興亞丸) 선원), 김〇〇,

안○○
행 선 지 : 전남 완도군 청산도
승선현장보초 : 안구훈(본인의 중학교 동창이며 안세훈의 8촌 동생)

당시 화북리에는 4월 3일 경찰지서가 방화로 인하여 소실된 후 삼양지서에서 주간에 경관 2~3명이 파견 근무하다가 저녁 무렵이면 철수하여 야간에는 치안부재의 상태였으며, 그래서 월북하기에는 좋은 조건이 갖추어져 있었다.

본 사건은 그들의 월북 당시에는 알려지지 않았으나 1949년 여름에 화북리 동부락 속칭 "연뒤밑"에 거주하는 김주탁의 최측근 참모인 부녀동맹위원장 안방훈(일본에서 여고 중퇴하여 8·15해방 후 귀국)과 김춘화 등이 경찰 당국에 체포될 당시, 숨겨두었던 극비문서 등이 압수되어 수사하는 과정에서 월북사건의 전모가 밝혀진 것이며 또한 그 비밀문서가 빌미가 되어 화북리에서 "안구훈" 외에 다수의 사람들이 경찰에 체포되어 구속되었다.

13) 1948년 가을경 "동주원과 서부락 중간지점(비석거리)에서 동원된 부락민들이 보는 앞에서 제주시 도두동 출신 송계남(본인 6촌 자형)외 4명을 군인들이 총살시키는 현장을 목격했다.

14) 1948년 11월 5일경, 무장폭도 주동자로 지목된 김주탁, 양동표, 안방훈(여, 김주탁 최측근 참모) 등의 가옥을 경찰이 방화하여 소각시키는 사건이 발생하였다.

동부락 : 김주탁 가옥
동부락 : 김종성 부친 가옥(안방훈의 가옥으로 오인하여 방화함)
서부락 : 양동표 가옥

15) 화북리 앞 일주도로 변에서 군 수색대를 습격

1949년 1월 5일(음48년 12월 7일)제주시 삼양리 "원당봉" 앞바다에 정체불명의 괴선박이 출현하여 무기를 하역한다는 정보를 삼양지서로부터 통보받은 국군 제2연대본부 정보처(주임장교 박태원 소위)소속 수색대(주로 서청출신) 1개 소대가 확인 수색 차 출동했다가 귀대하던 도중 화북리 남측 일주도로 변 속칭 "횃선거리"(지금의 남문버스 정류소 부근) 커브길에서 무장폭도들의 습격을 받아 전멸당했다.

무장폭도들은 계획적으로 도로상에 돌을 쌓아놓고 매복해 있었다. 수색대가 귀대 도중 상기 지점에서 석축을 발견하고 전 대원이 하차하여 철거작업을 시작하자 그 순간에 습격을 가했다. 이로 인해 생존자 1명을 제외하고 전원 전사했다. 저들은 군용차량 "스리쿼타" 1대를 불태우고 전사자의 군복과 군장비 등을 탈취하여 무장폭도 전원이 화북리로 잠입했다. 이 사건이 계기가 되어 다음 날 1월 6일(음 1948년 12월 8일) 군경에 의한 소탕작전이 화북리에서 대대적으로 전개되었다.

16) 화북리에서 무장폭도 수색작전 전개

1949년 1월 6일(음12월 8일)아침부터 바람이 불며 눈보라가 휘날리기 시작했다. 온가족이 모여 앉아 아침식사를 하고 있었는데 느닷없이 대문이 열리며 내 이름을 부르는 소리가 들렸다. 창문을 열고 마당을 내다보니 생각치도 않은 6촌형 김은영(1929년생)과 김환영(1931년생) 두 분과 군인 수명이 나타나 빨리 나오라 했다.

나는 엉겁결에 두 형들을 따라 초등학교 한 모퉁이에 임시로 마련된 화북지서로 향하던 중 김OO의 부친 집에 하얀천을 단 깃대가 세워져 있었고, 그 외에도 몇몇 집에 똑 같은 깃대가 세워져 있었다. 경찰은 김OO의 부친 집만 골라 방화하여 소각시켰다.

내가 화북지서에 도착하여 대기하는 동안 서부락 쪽에서는 총소리가 요란하게 들렸고 서부락 넘어 속칭 "곤을동" 쪽에는 검은 연기가 하늘을 뒤덮고 있었으며 또한 동부락과 중부락에서도 가끔 총소리가 들리기 시작했다. 읍내 당숙부 김용균 집에 도착하여 위로를 받으며 잠자리에 들긴 했지만 집에 남겨진 가족들을 생각하니 잠이 오지 않았다.

17) 화북초등학교 방화 및 김도영(나의 누님)피살

1949년 1월 7일(음48년 12월 9일)아침 나는 가슴을 졸이면서 6촌 형님들의 눈치만 보고 있었는데 10시경에 군복차림의 낯선 분이 찾아와 6촌 형들과 그 무엇인가 귓속말로 대화를 나눈 후 그 분을 뒤따라 6촌 형님 두 분과 같이 대로변에 나오니 어제 작전에 임했던 군인들이 차량(GMC) 두 대에 분승하여 기다리고 있었다. 6촌 형 두 분과 나도 편승하여 무언 속에 사방을 경계하며 화북리에 도착해 보니 어제와 다른 광경이 벌어져 있었다.

전날 떠나올 때 부락 한복판에 우뚝 서있던 역사 깊은 초등학교 건물 4개동이 무장폭도들의 습격에 의해 방화되어 온데간데없이 소실되어 그 잔해만이 남아 연기 속에 쾌쾌한 냄새를 내뿜고 있었다. 다행히도 경찰지서만은 경찰과 민보단원의 필사의 방어로 그대로 남아 있었다. 이러한 광경을 바라보며 나는 오직 가족이 무사하기만을 빌면서 집에 당도했다. 나의 집 역시 무장폭도들의 습격을 받아 안채는 소실되고 마당에는 누님 김도영(1932년생)이 피살될 때 흘린 혈흔만 남아 있었다. 누님의 시신은 이미 이웃분들의 협조로 가매장이 완료된 상태였고, 가족들은 공포에 떨며 사색이 되어 있었다. 모친은 1월 6일 본인이 제주시내로 피신함에 따라 필히 무장폭도들의 습격이 있을 것이라 예상하고 막내 여동생을 데리고 밤10시경에 본가에서 몰래 빠져나와 얼마되지 않은 거리에 홀로 사는 "점빵할머니댁"에 피신하여 목숨을 보존할 수가 있었다. 군경에 의한 수색작전과 사태수습이 끝난 후 나의 가족 전체가 군용차에 편승하여 제주시의 친척집에서 생활하게 되었다. 4·3폭동으로 부터 만10개월 만에 조상 대대로 살아왔던 보금자리를 버리고 낯선 곳에서 생활하게 된 것이다.

18) 화북초등학교 교정에서 경찰에 의한 구장 및 보초 근무자 총살

1949년 1월 8일(음48년 12월 10일)오후 경찰은 구장 장용순 외 다수의 부락민(전일 습격당시 보초근무자)을 무장폭도와 내통했다는 죄명으로 부락민 앞에서 총살했다. 그 후로도 종종 화북리에서는 무장폭도들의 습격과 군·경에 의한 수색작전 및 총살 등으로 인해 인명피해가 많이 발생했다. 무장폭도들로부터도 당했고, 토벌대로부터도 당한 것이다. 그로부터 얼마 지나지 않아 친척집에서 따로 셋집을 얻어 생활하게 되었으나 막내 여동생은 영양 결핍으로 사망했고, 모친은 한때나마 4·3사건의 후유증으로 정신분열 증상으로 고생하시다가 4·3의 한을 품은 채 1996년 12월 78세의 나이로 세상을 하직했다.

19) 축성과 소개령

1949년 초 폭동사태가 심각해지자 무장폭도들의 식량보급로를 차단시키기 위하여 군 당국은 불가피하게 제주도 전체의 일주도로변 위쪽에 있는 중산간마을 주민들을 해변마을로 이동하라는 소개령을 내렸다. 부락민들은 해변마을로 이동하여 무장폭도들의 침입을 방어하기 위해 자체적으로 축성했다. 부락민과 민보단 스스로가 부락을 방어하기 시작한 것이다. 주간에 외부로 출타하려면 경찰지서장이 발행하는 통행증을 발부받아야 했다.

부락민 이동이 완료된 중산간부락의 가옥을 차례차례로 방화 소각했다. 대대적인 무장폭도 소탕작전이 전개되자 무장폭도들은 식량보급이 차단된 상태에서 굶주림과 추위를 견디지 못하여 사기가 급속도로 저하되면서 일부 무장폭도 또는 비무장폭도들이 군·경 당국에 생포 또는 귀순하기 시작했다.

20) 귀순 무장폭도들을 이용한 선무공작

군·경 당국은 생포 또는 귀순한 폭도들을 이용하여 선무공작에 투입함으로서 하산 귀순하는 폭도들이 급증하여 한때 옛 주정공장에 수용하기도 했다. 전세는 군·경 쪽으로 유리하게 호전되기 시작하였다. 1949년 4월경 수사관 황복만의 부름을 받고 국군 2연대 정보처에 들려보니 화북리 출신 무장공비 이태형이 생포되어 있었다. 나는 나의 부친 김용언에 대하여 그를 추궁했고, 이태형은 나의 부친을 "김주탁과 김주영" 형제가 살해하여 암매장 했다고 진술했다.

21) 무장폭도 총사령관 이덕구 사살

1949년 6월 초, 무장폭도의 보급담당 간부(화북출신 허○○)가 화북지서에 투항하여 남로당 제주도당 무력부 총사령관 "이덕구"의 은신처를 알려줌으로써 6월 7일, 화북지서 주임(경위) 지휘 하에 경찰과 민보단의 합동작전으로 "이덕구"를 사살하는 전과를 올렸다. "이덕구"의 시체는 화북리를 거쳐 한때 관덕정 앞에 매달아 시민들에게 전시했으며, 총사령관 이덕구가 사살되자 그들 세력은 빠르게 와해되기 시작했다. 이덕구의 나이 30세였다. 이 외에도 1948년 가을, 화북지서 경찰과 민보단의 합동작전으로 "황사평 아오롱" 지경에서 무장폭도와 일대 접전이 벌어져 민보단 단장 김배현이 전사했다. 폭도들은 폭동이 종료될 때까지 식량조달을 위하여 다발적인 습격을 가했다.

22) 부친 시체 발굴

나의 부친이 "김주탁과 김주영" 형제에 의해 살해됐다는 무장공비 이태형의 진술을 득한 후 나는 오직 "김주탁과 김주영" 형제가 귀순 또는 체포되기만을 학수고대했다. 1949년 6월 어느 날 우연히 화북 사람으로부터 김주영이가 헌병대에 자수한 후 석방되어 집에 와 있다는 소식을 듣고 수사관 황복만에게 의뢰하여 그를 재검거한 후 그를 취조했다. 그 결과 자기 형제가 용강동 위쪽 야산에서 살해하여 암매장했다는 자백을 받아냈다. 나와 나의 모친 그리고 수사관 황복만외 당시 경찰에서 정보처에 파견된 임 수사관, 유 수사관, 문 수사관, 군인 5명, 인부 2명이 김주영을 앞세워 살해 암매장 했다는 장소에 갔다. 가보니 바로 5·10선거를 반대하기 위해 입산하여 은신했던 그 장소에 묘를 둘러싸고 있는 석축(산땀) 곁에서 부친의 시신을 수습할 수 있었다. 피랍 일로 부터 만 1년여 만이었다. 그리고 부친의 시신을 거두어 봉개리 서쪽 양지바른 곳에 가매장하였다.

4·3폭동 이후 "별도봉"과 "원당봉"에 봉화가 오르는 밤이면 그리고 지금의 화북 남문 쪽에서 무장폭도와 민애청원들이 모여 "왓샤 왓샤"하며 무력시위를 하는 날 밤이면 나는 단 하나뿐인 어린 남동생을 데리고 집 울타리 안에 있는 고구마 저장용 구덩이 속에 숨든가 아니면 마루 밑이나 울타리 넘어 이웃 보리밭 심지어는 돼지우리 속에 숨어 밤을 지새기도 했다.

23) 안세훈 등 월북사건에 관련된 안구훈, 이OO 및 김OO 등 구명 요청

안구훈은 안세훈, 김달삼, 김주탁이 제주도를 탈출할 때 망을 보아준 사람이었다. 1949년 여름 어느 날 안구훈의 모친과 나의 이웃집에 사는 탈출을 도와준 선원 "이OO"의 처 등 두 사람이 나를 찾아왔다. 찾아온 목적은 자기들의 아들과 남편이 경찰에 연행되어 구속되어 있는데 구명해 달라는 것이었다. 그로부터 2~3일 후 황 수사관으로부터 제주경찰서로 와달라는 부름을 받고 경찰서에 갔더니 황 수사관이 유치장에 가보자고 했다.

나는 느끼는바가 있어 황 수사관을 따라 유치장에 들어갔다. 화북리 출신으로 전기 안구훈, 이OO, 김OO 외 다수의 남녀 지인들이 체포되어 수용되어 있었으며 죄명은 역시 월북에 관련된 것으로 4·3사건이 다소 진정된 시기여서 조사가 끝난 후 안구훈, 이OO, 김OO 외 단순 가담자들은 석방되었다. 안구훈은 4·3사건 당시 화북리 민애청 소속 열성당원으로 석방된 후 제주오현고등학교 졸업

후 일본으로 밀항, 오사카에서 재차 고등학교 3학년과정을 졸업한 후 조폭단체에 가입 활동하다가 20여 년 전에 귀국, 고향에서 생활하다가 10여 년 전에 중풍환자가 되어 지금까지 생존해 있으며 나를 생명의 은인으로 생각하고는 있지만 지금도 사회주의를 신봉하는 자이다.

24) 도 당책 안세훈과 김주탁의 월북에 관한 증언

안구훈이 일본에서 귀향한 후 본인을 만나고 싶어 한다는 소식을 접했다. 그를 만났더니 다음과 같은 양심고백을 했다.

〈안구훈의 고백내용〉
가) 본인의 당숙부(김용효)를 살해할 때 당시 자기가 보초를 서서 감시했다.
나) 자기 8촌 형도 안세훈, 김주탁 등이 월북할 때 현장 보초를 함께 서면서 대화를 나누었다.
다) 나의 누님인 김도영을 이욱형 자신이 살해했다고 허순옥에게 자랑삼아 하는 말을 들었다.

그러나 1991년 5월 31일 발간된 '화북동향토지'(발행인 : 화북동운영위원회, 편집인; 백자훈, 양영선) 146~156쪽에 의하면 무력부 총책인 김달삼이 화북에서 월북했다는 사실이 다루어져 있다. 이 내용을 간략하게 발췌하여 수록하기로 한다.

화북동 향토지 146쪽 4·3사건과 화북

4·3사건 발발전후 147쪽 15번째 줄부터에는 "남로당 제주도당위원회 : 군사부장 이덕구의 가족이 별도봉 기슭에서 처형되고 이덕구도 화북지서와 화북민보단 합동작전에서 사살되고 남로당 제주도당 위원장 김달삼이 화북포구를 통하여 월북(당시 동내 소문)하였다고 하니 4·3사건의 종지부는 역시 화북에서 끝을 맺으면서 화북은 4·3사건의 전면에 부상되고 말았다는 표현이 있고", 마무리 155쪽 끝 부분에는 "화북은 공교롭게도 4·3사건의 신호가 화북지서인 공회당이 소각되는 불꽃이 신호가 되었고, 이덕구의 사살과 김달삼의 월북으로 역시 화북에서 끝마무리 하게 되었다"는 표현이 있다.

여기에 눈여겨 보아야 할 것은 화북동향토지 146~156쪽에 4·3사건에 관해 기술하면서 화북리 출신 무장폭도와 남로당 산하단체서 열성적으로 활동한 간부들의 이름들 모두가 누락되어 있다는 사실이다. 특히 김달삼의 월북과 이덕구 사살 사건은 다루면서 김주탁의 월북에 대하여는 다루지 않은 것은 김주탁 동생 김주전(군 제대 후 8대 화북동 "부락장"과 초대 통장협의회 회장 등 역임)의 압력과 마을에서 입산한 무장폭도 가족들의 신상을 고려하여 의도적으로 감추어졌다는 것을 짐작할 수가 있으며 또한 당시에 활동했던 간부들은 이미 안세훈, 김달삼 및 김주탁 등이 화북리에서 월북했다는 사실을 알고 있었던 것이다.

그 증거로서 2006년 여름 어느 날 부산 대정공원 묘지에서 화북리 출신 임제호(제주시 부시장 역임, 피살된 임형권의 차남)을 우연히 상봉, 4·3사건 관련 대화중에 임제호는 이런 말을 하였다.

> 2006년 제58주년 제주4·3사건희생자 위령제 봉행일 다음날인 4월 4일 이욱형과 함께 4·3평화공원을 방문하여 안치된 화북리 출신 위패 등을 보다가 김주탁의 위패를 발견하고는 '월북한 자의 위패도 안치되는 세상이 되었다' 는 등의 대화를 나누었다.

또한 임제호는 강원도 태백산 근처에서 군 복무를 할 때, 현지 주민들로부터 월북한 김달삼의 빨치산 활동상을 전해 들었다고 했다. 특히 화북리에는 공산주의를 신봉하며 활동하다 일본으로 밀항한 "부○○"을 위시하여 조총련에서 활동하다가 월북한 자들이 상당수 있었다. 또한 화북리에서 활동하다가 체포되어 총살된 사람도 많이 있었고, 형무소에서 복역하다가 6·25사변 당시 행방불명된 자들도 상당수 있었다. 화북리는 그만큼 좌파성 인물들이 많았고 또한 좌익활동을 하다가 일본으로 밀항, 북송선을 이용하여 월북한 자들도 다수가 있는 동네이다.

나의 집안이 그들이 말하는 소위 반동분자로 몰리게 된 원인은 조상대대로 잘 살아온 "부르조아" 집안으로 좌익 활동에 협조를 해주지 않았다는 것과 종숙부 김용균이 당시 한독당에 가입한 후, 화북리에서 지인들과 같이 한 술자리에서 제헌국회의원으로 출마할 것이라는 농담 한마디를 한 것이 와전되어 그들의 숙청대상이 된 것이다.

25) 화북출신 허○○, 이○○, 최○○ 및 유○○ 등은 4·3사건 진상을 밝혀야 한다.

상기 자들은 생포 또는 귀순하여 토벌대 측에 서서 선무공작대원으로 활동한 공로를 인정받아 석방되어 있다가 6·25사변을 맞았다. 이들은 재 검속돼야 할 대상들이었지만 검속 직전에 혈서를 쓰고 군에 지원했다. 이렇게 해서 군 복무를 마친 그들은 요직들을 두루 거치며 잘 살고 있다. 이들은 지금이라도 늦지 않았으니 4·3무장폭동 시 화북에서 자행한 모든 사건을 진솔하게 화북 동민에게 밝히고 사과해야 할 것이다. 끝으로 제주도내 그 어느 부락보다도 화북리는 희생자도 가장 많았고, 재산상의 손실도 가장 많았다. 김주탁 일가의 협박을 못 이겨 그들에 동조한 순진한 부락민들이 많이 희생된 것이다.

26) 제주4·3사건진상규명 및 희생자 명예회복 실무위원회

2000년 7월경 상기 위원회로부터 제주4·3사건 희생자 신고를 하라는 통지가 있어 본인은 부친 김용언과 누님 김도영에 대한 신고서를 제출하였다. 그로부터 상당한 시일이 경과된 어느 날 상기 위원회로부터 전화가 걸려왔다. 4·3사건 희생자 신고서를 제출한 사실이 있는지를 확인하는 내용이었다. 질의내용이 어설픈 감이 있어 상대방의 신분을 확인한바 아르바이트로 고용된 대학생이라는 것

이다. 이런 방식으로 개개인에 대한 진상조사가 이루어진 것이다.

예를 들어 군·경에 의해 희생된 폭도가족들은 희생자 신고서에 언제 어디서 군·경에 의해 희생(대략 13,447명)됐다고 신고를 했지만 우익인사 639명(국가보훈처에 등록)을 살해했다고 신고한 사람은 한사람도 없다. 그렇다면 우익 인사 639명은 누가 살해했다는 것인가?

진상조사가 공평하게 이루어지려면 일차적으로 "동" "리" 또는 "마을" 단위로 진상규명위원회를 구성하여 신고된 제주4·3사건 희생자 신고서를 심사, 무장폭도의 활동과 죄질 여부와 죄의 경·중을 구분했어야 함에도 불구하고 진상조사위원회는 이를 소홀히 하였기 때문에 지금까지 민원이 제기되고 있는 것이다.

본인은 우연한 기회에 2006년 제58주년 제주4·3사건 희생자 위령제 봉행위원회가 발간한 책자를 입수하여 제주시 화북리편 희생자 명단을 보았다. 본인 부친을 살해하고 월북한 무장특공대장 김주탁과 동생 김주영 등 형제의 위패가 소위 4·3평화공원에 안치되어 있는 것을 발견하고 너무나도 놀라고 또한 분노가 치솟아, 밤잠을 이루지 못한 날이 한두 번이 아니었다. 그 후 수차례에 걸쳐 4·3사건진상규명사업소를 항의 방문하여 위패철거를 요청했고 또한 관계당국에 진정했으나 화해와 상생과 명예회복이란 미명하에 거부당했고, 물적 증거와 서류상의 증거가 없다며 거부당했다.

2008년 5월 1일 대통령 실장 류우익 앞으로 청원서를 제출한 결과 국민권익위원회 경유로 제주4·3사업소에서 조사토록한 바 동년 12월 24일부 회신에 의하면 당시 4·3사건에 관련된 현지 거주 생존자 및 관계기관 등을 대상으로 현지 조사한 결과 무장특공대장 김주탁이 월북했다는 증언 등은 있었으나 구체적인 물적 증거를 확보치 못하였다는 것이다. 그렇지만 유족대표가 '김주탁이 4·3희생자로 결정된 것'을 자진 철회함에 따라 제주4·3중앙위원회(국무총리실 소속)의 심의의결을 거쳐 위패철거 등의 조치를 취해 나갈 계획이라고 했다. 후일 확인한 결과 위패가 철거되어 있었다.

2000년 1월 12일 제주4·3특별법이 제정되어 법제정의 근본 취지는 제주4·3사건의 진상규명과 동시에 희생자들에 대한 무조건적이 아닌 진실을 가린 후, 억울하게 희생된 자와 그 유족에 대한 명예회복과 그리고 50여년이란 긴 세월동안 상호간의 가슴에 응어리진 한을 풀어주고 화해와 상생의 길을 열고자 함이 그 목적이라 할 것이다. 이러한 취지를 마다할 희생자 가족 또는 국민은 아무도 없으리라 생각한다.

그럼에도 불구하고 진실을 가리지 않고 "명예회복과 상생"이라는 미명하에 무조건적으로 4·3사건 희생자 양측 전원(신고자)의 위패를 4·3평화공원에 봉안하였다. 이로 인해 현재 제주도 전역에 걸쳐 양측 희생자들은 "화해와 상생"이라는 본래의 취지는 사라지고 오히려 반목만이 극대화되고 매일같이 송사가 판을 치고 있는 실정에 놓이게 된 것이다.

"국정협"의 홍보물에 의하면 노무현 정부에서는 무장폭도들의 훈련장으로 사용했던 그 장소에 국민의 혈세 993억 원을 투입하여 12만평에 이르는 4·3평화공원을 세웠고, 거기에 봉안된 13,447명의 위패들 중에는 안치해서는 안 될 악질적인 무장폭도들의 이름도 많이 들어있다.

월북한 무장특공대대장 김주탁의 동생 김주전(77)은 2008년 3월 29일 제주일보 사회면에 별첨한 신문과 같이 4·3연구소 '분풀이 마당'에 출연하여 다음과 같이 진실을 은폐하고 사실과 다른 내용을 언급했다.

"큰 형님이 유인물을 배포 지시했다는 경찰의 일방적인 말 한마디에 아무 죄 없는 가족들이 끌려가 죽음을 당하고 평생을 연좌제에 걸려 죄인처럼 지내야 했다." "아이들과 노인들까지 죽여야 했는지" "60년 넘어도 가슴 아픈 4월" 등의 표현으로 자기들이 토벌대의 피해자들이라고 주장했다. 양심이 있다면 지금이라도 늦지 않았으니 화북리 동민들에게 자기 형들이 아니 자기 가족들이 저지른 살인 만행과 과오를 솔직하게 사과하여 용서를 구하고 또한 4·3평화공원에 있는 가족들의 위패를 스스로 철거하는 것만이 화해와 상생을 이룰 수 있는 길일 것이다.

2011년 3월

작성자 : 김하영 (1933년12월24일생)

제5부
제주도 인민유격대의 발악과 군경의 토벌작전

제18장 군경에 의한 토벌작전

제19장 11연대 작전(1948. 5. 15-7. 23)

제20장 9연대 작전(1948. 7. 23-12. 29)

제21장 여·순 반란사건

제22장 제2연대작전(1948. 12.29-1949. 2.28)

제23장 제주도지구 전투사령부 작전(1949. 3. 2-5. 15)

제24장 독립제1유격대대 작전(1949. 8. 13-12. 28)

제25장 해병대 사령부 작전(1949. 12. 28-50. 6. 25)

제26장 6·25발발이후의 제주도 공비토벌

제18장 군경에 의한 토벌작전

1948년 4월 3일의 엄청난 돌발사건이 발생할 때까지 제주도 빨치산들을 견제하는 유일한 세력은 경찰뿐이었다. 1946년 11월 26일 모슬포 일본 비행장 터에서 창설된 9연대는 말이 연대이지 병력은 불과 2개 대대, 그것도 오합지졸이었고, 지휘부는 이미 문상길 소위가 이끄는 하사관들이 장악하고 있었다. 김달삼은 9연대에 남로당원 4명(고승옥, 문덕오, 정두만, 류경대)을 프락치로 입대시켰다. 이 프락치 4명 중 정두만은 탈출하여 일본으로 도피했고, 류경대는 우익으로 돌아섰고, 고승옥이 핵심역할을 했다. 김달삼은 고승옥을 시켜 9연대를 4·3공격에 참가시켜 가장 규모가 큰 감찰청(지금의 경찰청)과 1구서(1區署) 습격에 동원하기로 했다.

이때 김달삼이 파악한 9연대 상황은 "연대 병력 800명 중 400명은 확실히 인민유격대 편이고, 200명은 마음대로 좌우할 수 있으며, 반동은 주로 장교급으로서 하사관을 합하여 18명이니 이것만 숙청하면 문제 없다"는 것이었다. 이덕구를 수행한 무장대 상황병의 주머니로부터 압수한 일지에 나타난 위 표현은 9연대가 얼마나 오합지졸이었고, 적화되었는지를 웅변해 준다. 그런데 의외에도 9연대는 4월 3일 동원되지 않았다. 4월 3일 직전, 김달삼이 9연대에 심어놓은 프락치인 고승옥 하사관이 문상길 소위에게 무장투쟁이 앞으로 있을 것이니 경비대도 호응 투쟁하기를 권유했지만 문소위는 중앙의 지시가 없으니 할 수 없다고 거절했다. 실제로 김남식이 밝힌 남로당의 시스템을 보면 장교는 남로당 중앙당의 지시만 받게 돼 있었다. 문상길의 이 판단 즉 남로당 중앙당의 판단은 빨치산 입장에서 보면 매우 잘한 일이다. 만일 4월 3일 유격대 작전에 9연대가 합류했다면 제주도는 그야말로 초전에 쑥밭이 됐을 것이다. 그랬다면 전국이 경악했을 것이고, 9연대는 즉시 해체되었을 것이며, 9연대에 있던 남로당 세포들이 즉시 제거됐을 것이고, 9연대가 장기간에 걸쳐 김달삼의 보충대 및 병기창고 역할을 하지 못했을 것이다. 남로당 중앙당의 판단이 김달삼보다 한 수 위였던 것이다.

4월 3일 폭동이 발생하자 각도 경찰국에서 1개 중대씩 8개 중대 1,700명의 경찰을 모아 제주도로 급파하여 김태일 경무관과 최치환 총경으로 하여금 이미 파견돼 있던 100명의 육지 경찰병력을 총지휘하도록 했다. 제주도에는 공비, 경찰, 국경이라는 3개의 무장단체가 있었지만 전투능력과 경험은 무장공비, 경찰, 국경 순이었다.

4월 20일, 국방경비대 총사령부는 부산에 주둔하는 5연대 제2대대를 제주도로 보내 제주도 군정장관 맨스필드 중령의 통제하에 두었다. 바로 이 제2대대장 오일균 소령이 남로당이었다. 오일균 소령은 아직 훈련상태가 미숙하다느니, 경찰과 서북청년단원들이 민심을 악화시키고 있다느니 하면서 주민들로부터 공비출현 보고가 들어와도 이를 묵살했다. 이로 인해 주민들은 국방경비대가 공산당과 한 패인 것으로 인식하고 공산당이 대세라는 인식을 갖게 되었다.

9연대에는 김달삼과 내통해 있는 남로당 조직책이 3명 있었다. 부산으로부터 파견된 5연대 제2대대장 오일균(육사2기, 군번 10072), 9연대 토박이 중대장인 문상길 중위(육사3기, 군번 10427) 그리고 9연대 정보관 이윤락 중위였다. 문상길과 오일균과 김달삼은 모의하여 5월 20일, 9연대 사병 41명을 탈영시켰다. 이들 탈영병들은 경비대 트럭에 무기를 가득 싣고 한라산으로 가는 길에 대정지서를 습격하여 경찰관 5명을 살해하고 2명에 중상을 입힌 후 이어서 서귀포지서에 들려 임무수행 중이라 속여 또다른 트럭 1대를 빌려 타고 입산했다.

9연대장인 김익렬은 이미 남로당에 넘어가 버렸다. 겉으로는 작전을 하는 척 했지만 9연대 병력이 움직이는 곳에는 이미 인민군 무장대가 도망을 하고 없었다. 사전에 작전정보가 다 누설된 것이다. 그리고 김익렬과 김달삼 사이에 비밀회담이 있었다는 사실이 누설된 데다 조병옥을 향해 폭력을 휘두르다가 김익렬은 5월 5일부로 파면되었고, 5월 6일부로 박진경 중령이 부임했다. 박진경 중령은 일본군 학병 출신으로 한라산의 지형 구조를 잘 알고 있었다. 5월 6일 9연대장으로 부임한 박진경 중령은 수원에서 갓 창설한 11연대가 제주도로 이동하면서 5월 15일부로 11연대 연대장이 되었고, 그가 겨우 10일 동안 지휘했던 9연대는 임무택 대위가 떠 맡았다. 9연대는 말이 연대이지 겨우 1개 대대 정도에 불과한데다 병력이 제주도 원주민으로 채워져 있어 명실공히 빨갱이 부대였다. 9연대를 맡은 임무택 대위는 제11연대 작전주임 역할을 수행했다(나종삼). 9연대는 진작 해체됐어야 할 골칫덩이였다.

제19장
11연대 작전(1948. 5. 15-7. 23)

　5월 4일, 경비대사령부는 수원에서 11연대를 급하게 창설했다. 제 2, 3, 4연대로부터 차출된 인력으로 연대본부와 3개 대대를 편성한 것이다. 하지만 병력 모집이 어려워 연대라 해 봐야 연대본부와 3개 대대의 창설에 불과했다. 5월 15일, 국방경비대사령부는 11연대 본부 및 예하 1개 대대를 제주도로 이동시킴과 동시에 9연대 (제주)의 오일균 대대를 11연대에 배속시켰다.

　박진경 중령은 여단규모인 4개 대대를 지휘하게 된 것이다. 박진경은 5월 6일 부임한 이래 공비와 주민을 분리하고 민심을 수습하기 위해 선무공작에 주력했다. 하지만 공비들이 선무공작에 순응할 리 없었다. 따라서 11연대 작전은 적극적인 소탕작전으로 전환됐다. 김익렬의 행동에 불만을 가졌었던 미군정 당국은 박진경 중령의 적극적인 토벌의지를 높이 평가하고 6월 1일부로 그를 대령으로 진급시켰다.

공비두목 김달삼은 박진경이 김익렬과는 달리 적극적인 소탕작전을 펴는데다 부산의 5연대로부터 1개 대대가 증파되자 문상길은 김달삼과 긴급회동하여 정보교환, 무기공급, 탈영병 추진, 교양자료 배포 등을 합의했고, 이 합의에 따라 5월 20일 41명을 인민무장대에 보충해 주기 위한 탈영작전을 감행했다. 이들 41명은 99식 소총 1정씩과 실탄 14,000여 발로 완전무장한 후 트럭을 타고 진압군으로 위장하여 대정지서의 7개 초소에 5명씩을 배치한 후 "쏴라"하는 구령에 따라 일제히 사격을 가해 경찰관 서덕주, 김문희, 이환문, 김일하 순경과 임건수를 사살했고 지서주임 허태주에 중상을 입혔다.

이들은 이어서 서귀포 경찰서에 가서 또 다른 트럭 1대를 빌려 타고 남원면 신래리 산으로 가려했다. 이때 당시 21세인 금촌오가 기지를 발휘했다. 엔진이 열을 받았으니 물을 떠와야 한다고 속여 놓고 조수와 함께 경찰서로 달려갔다. 2대의 차량 중 나머지 차량 1대를 타고 가던 탈영병들은 대정면 중간산 부락의 집으로 들어가 아주머니에게 밥을 달라고 했다. 이를 문틈으로 내다 본 남편은 뒷문으로 나가 뒷담을 넘어 대정지서에 신고했다. 박진경 대령은 여기에서 붙잡은 20명을 연병장에 모아놓고 상부의 명령에 따라 대대 장병들이 보는 앞에서 총살시켰다.

이에 김달삼은 문상길 중위에게 지령을 내려 박진경 연대장을 살해하도록 했다. 명령을 받은 문상길은 정보계 선임하사 양희천 상사에게 사살명령을 내렸다. 양희천 상사는 남로당 손선호 하사, 신상우 중사, 강규찬 중사, 배경용 하사에게 명령을 내렸다. 6월 17일, 박대령은 그의 진급 축하연도 가질 겸해서 작전에 협조했던 도민들과 기관장들 그리고 연대 참모들을 제주읍 관덕정에 있는 요정 옥성정에 초청하여 화기애애하게 연회를 마쳤다. 박대령은 술에 취해 새벽 1시경에 제주농업학교에 설치된 연대본부 연대장실로 들어가 옷을 입은 채로 침대에 누워 잠이 들었다. 암살조는 잠이 깊이 들때까지 기다려 새벽 3시 15분에 M-1소총 2발을 두개골에 쏘아 박대령을 살해했다. 위생병이 달려와 통곡하면서 피투성이가 된 시체를 씻었다. 박진경의 시체를 매만지며 눈물을 쏟아내던 그 위생병이 바로 M-1소총을 발사한 손선호였다. 빨갱이라는 존재는 이렇듯 위장과 연기를 잘하는 소름 끼치는 작자들인 것이다. 손선호 하사는 10·1 대구 폭동에 가담했다가 경찰의 추적을 피해 경비대에 입대한 자다. 이때 박진경의 나이 28세였다.

일주일이 가도 암살범의 흔적은 찾을 수 없었다. 답답해하던 차에 익명의 한 하사가 11연대 정보참모격으로 파견돼 있던 김종평 중령에게 "9연대 문상길 중위를 조사하라"는 투서를 냈다. 이로 인해 문상길, 최상사(연대정보계 선임하사)를 포함해 3명의 하사관과 문상길의 약혼녀 고양숙이 연행됐다. 고양숙은 서귀포 남로당 총책의 딸이었다. 이 고양숙이 연행된 것은 문상길이 9연대내 10여 명의 남로당 당원들과 오일균 소령을 보호하기 위해 희생양으로 삼기 위한 것이었다. 결국 조사한지 3개월 만인 1948년 9월 23일, 문상길 일당

8명이 걸려들었다. 유배경 하사, 신상우 중사만 무기형을 받고 문상길과 손선호 등 6명은 사형당했다. 이것이 우리나라 사형 집행 제1호였다고 한다. 그리고 오일균과 연대에 숨어 있는 80여 명의 남로당원들은 일단 위기를 모면했다.

문상길은 얼굴이 예쁘고 내성적이어서 그의 직속상관이었던 이세호 부대대장은 뜻밖의 사건에 너무 놀랐다고 한다. 하지만 문상길은 이세호까지도 죽이려 했다고 고백했다. 문상길은 9연대를 남로당 군대로 만들기 위해 그의 말을 듣지 않는 초대 연대장 장창국과 제2대 연대장 이치업을 살해하려고 음식에 독극물을 넣었다. 이들은 간신히 죽음은 면했지만 시름시름 앓다가 중도하차 했다. 그 뒤를 이어 김익렬이 연대장이 되었다. 김익열은 9연대에서 대대장 겸 부연대장으로 있다가 연대장에 임명된 것이다.

문상길의 철통같은 보안의식 덕분으로 오일균 소령은 일단 순간은 면했지만 그의 부하인 문상길 등이 박진경 연대장 살해범이었다는데 대한 책임을 지고 서울로 압송됐고 약 1개월 후의 숙군 과정에서 처형됐다 한다. 하지만 여러 설에 의하면 오일균은 제주도 포로수용소 소장으로 전보됐다고도 한다. 제주도 포로수용소에 수용된 인원은 대부분 공비를 따라 입산했다가 하산한 피란민이었으며 오일균 수용소장은 이들을 심사하여 분류하는 임무를 수행했다. 그런데 오일균은 무고한 사람은 빨갱이로, 빨갱이들은 무고한 사람으로 분류했다. 죽어야 할 사람은 살리고, 살려야 할 사람을 죽인 것이다. 그러나 오일균의 이러한 만행은 또 다른 제보에 인해 백일하에 드러났고, 그 일당은 송요찬에 의해 체포되어 1949년 2월 수원에서 나이 23세에 총살형으로 사라졌다는 것이다. 나종삼에 의하면 오일균에 대한 기록은 국가기록원에서도 사라지고 없다 한다.

 6월 21일, 박진경 대령의 뒤를 이어 최경록 중령이 11연대장에 부임됐다. 부연대장은 송요찬이었다. 최중령은 주민과 공비를 분리하기 위해 피난민 수용소를 설치했다. 공비 가족에게 사상적인 계몽을 실시하면서 재생의 길을 폭 넓게 열어주었다. 이런 조치들로 인해 주민들이 조금씩 공비들과 분리되어 갔고, 물 잃은 고기 신세가 된 공비들은 점점 더 고립되어 산 속에서 지낼 수밖에 없었다. 이 시기부터 경찰 주도의 작전은 국방경비대 주도로 전환되기 시작했다. 국방경비대는 공비들의 주력이 위치한 내륙지역을, 경찰은 지원세력이 있는 해안지역 경비를 담당했다. 이렇게 되자 김달삼은 숨어서 장기전에 대비했고, 습격과 매복 활동은 일단 중단됐다. 여기까지가 11연대 작전(5월 15일~7월 23일)이었다.

 최경록 연대장은 부임할 때 당번도 부관도 다 믿을 수 없다는 생각에 독일산 셰퍼드를 꼭 잠자리 옆에 두었다. 문상길 중위는 체포된 후 그 셰퍼드 때문에 최경록을 죽이지 못했다고 실토했다. 7월 24일 제11연대는 수원으로 복귀하고, 제9연대가 재편되어 연대장에 송요찬이 임명됐다. 9연대에는 오일균 소령, 문상길 중위, 이윤락 중위 말고도 또 다른 남로당 요원인 육사5기 김창봉 대위가 있었다. 김창봉 대위의 꼬리는 송요찬 연대장에 의해 잡혔다. 우익 중대장 손영록은 "폭도들이 조천마을을 습격하고 있으니 빨리 오라"는 조천 지서의 다급한 전화를 받고 중대원들을 인솔하여 출동했다.

이 사실을 놓고 김창봉 대대장은 손 소위를 향해 '명령 없이 움직였다' 며 지나치게 호통을 쳤다. 이를 수상하게 여긴 손영록 중대장은 비밀리에 동기생인 정보과 김두현 소위에게 김창봉 대대장의 뒷조사를 부탁했다. 김두현 소위는 김창봉이 조천리의 큰 부자 한의사와 평소 은밀히 만나는 것을 알아냈고 부하 5명을 데리고 한의사 집을 습격하여 증거물을 압수했다. 한의사는 큰소리를 치면서 딱딱거렸지만 부인과 자식들을 붙들어다 위협하자 모든 것을 실토했다. 한의사는 김창봉 대위로부터 소총과 실탄을 받아 이를 공비들에 공급해왔고 기밀도 수 없이 빼내서 공비에 전달했다. 결국 김창봉은 헌병대 1개 소대에 의해 체포되어 후에 사형 당했다. 아마 오늘날 이 같은 사건이 벌어졌다면 민주당, 민노당을 포함하여 통일연대 47개 단체, 민중연대 37개 단체, 전국연합, 범민련 남측본부, 전교조 등 대한민국의 모든 종북 좌익들이 대거 몰려와 '인권유린이다', '공안탄압이다' 온갖 언론들을 이용하여 사회를 뒤집어 놓았을 것이다.

제20장 9연대 작전(1948. 7. 23-12. 29)

　11연대 속에 숨어 있던 남로당 빨갱이 오일균, 문상길, 김창봉을 위시하여 많은 남로당 하사관들이 처단되자 국방경비대사령부(이형근 사령관)는 제11연대의 연대본부 및 1개 대대를 토벌작전 2개월 만에 다시 수원으로 복귀시켰다. 그리고 그 대신 9연대를 재편성하여 1948년 7월 24일부로 연대장에 송요찬 중령을, 부연대장에 서종철 대위를 보임했다. 이제 9연대는 제주도 색깔만으로 이루어진 연대가 아니라 부산출신 1개 대대(5연대)와 대구출신 1개 대대(6연대) 그리고 제주 출신 1개 대대로 구성된 것이다. 당시의 사람들에게 제주도 출신 국방경비대는 빨갱이라는 인식이 팽배해 있었다. 5연대 소속의 1개 대대는 제주읍에, 6연대 소속의 1개 대대는 성산포에, 9연대 출신 1개 대대는 모슬포에 주둔했다. 이와 때를 같이 하여 경무부에서는 제주도에 증원됐던 경찰병력 2,000여 명을 7월 18일을 기해 원대복귀시켰다. 경무부와 국경이 동시에 이와 같이 느슨한 방향으로 조치를 취한 것은 당시 제주도 사태가 소강국면에 들어섰다고 생각했기 때문이었다.

이 소강상태의 기간에 남로당에는 매우 중요한 행사가 있었다. 8월 21-25일에 해주에서 인민대표자회의가 열렸다. 여기에는 남조선에서 선출된 1,080명의 대표자들이 남조선인민대표자회의를 열어 360명의 최고인민회의 대의원을 선출하기로 되어 있었다. 이를 위해 제주도는 물론 전국 각지에서 각 시군별로 7-8명의 대표자를 뽑는 '지하선거'가 실시됐다. 제주도에서는 김달삼을 포함하여 제주도 대표자들 5명이 8월 2일, 북촌항을 출발하여 목포를 거쳐 해주로 잠입했다. 김달삼, 안세훈, 강규찬, 고진희, 김주탁(화북리)이 함께 간 것이다. 실제 해주에 모인 남조선대표자들은 1,002명이었고, 이 중에서 360명이 최고인민회의 대의원(국회의원 격)으로 선출됐으며, 이 중 제주 출신이 6명, 안세훈, 김달삼, 강규찬, 이정숙, 고진희 등이었다.

김달삼은 해주연설로 극찬을 받았다. 김달삼의 해주 연설문에는 4·3사건의 본질이 녹아있다. 이 연설문은 6·25전쟁에서 UN군이 평양을 점령했을 때 노획한 문서로 미국의 [국립문서기록보관소(NARA), RG242, 북한노획문서19, 제주도]로 분류돼 있었던 것인데 후에 대한민국이 복사해 온 것으로, 국방부 군사편찬연구소가 2002년에 펴낸 '4·3사건토벌작전사'에 부록#4로 수록돼 있다. 분량은 A4지 8매에 해당한다.

이 연설은 박헌영에 대한 적극적 지지인사로 시작됐다. "박헌영 선생이 남조선인민대표자를 뽑는 선거에 대한 보고를 하였는데 이에 대해 감동했다"는 찬사로 시작된 것이다. 이어서 제주도 인민들이 어떻게 싸웠는지에 대한 구체적 사실들을 보고하겠다고 했다. 이때 김달삼은 24세, 박헌영은 48세였다.

> "30만 제주도 전인민은 남녀노소 할 것 없이 북조선인민공화국의 깃발 아래 조국의 완전한 자주통일을 이룩해야 한다는 일념으로 모두가 똘똘 뭉쳐 미제를 몰아내고 리승만, 김성수, 리범석 등이 이끄는 반동들을 처단하고 있습니다"

그는 경찰이 얼마나 잔인하게 주민을 살해했는지에 대한 몇 개의 예를 들었지만 이는 늘 그렇듯이 공산당들의 모략이요 과장이었다. 이러한 과장과 모략은 5·18광주폭동에서도 그대로 드러나 있다. 그는 '4·3인민항쟁'이 일어나지 않을 수 없었다는 이유를 이렇게 설명했다.

> "미 제국주의의 직접 지휘로 이루어진 전대미문의 야만적 테러와 학살 그리고 파괴, 약탈 속에서 신음하여 오던 제주도 인민들에게, 미국인들과 그 주구들이 조국의 분단을 공고화하고 남조선을 완전히 미국의 식민지로 만들려는 단독 선거를 실시한다고 발표했습니다, 인민들의 분노와 증오가 어찌 폭발되지 않겠습니까? 이에 조국의 통일과 독립을 위하여 단호히 일어서자고 부르짖으면서 제주도 인민들은 자연발생적으로 총궐기하였습니다. 이것이 제주도 4·3인민항쟁이 일어나지 않을 수 없었던 원인이며

이것이 제주도 인민군 즉 '산사람'들이 생기게 된 원인인 것입니다."

한마디로 미국과 이승만, 김성수, 이범석 등이 이끄는 주구들이 북조선 깃발 아래 뭉치지 않고, 남조선을 분리하여 북조선과는 별도의 단독정부를 세우려 했다는 것이다. 애국적인 제주도 인민들이 이에 반대하여 자주통일을 열망하자 미군정이 제주도 주민들을 무자비하고 무차별하게 학살했고, 이에 항거하여 제주도 인민들 전체가 똘똘 뭉쳐 통일투쟁에 나섰다는 것이다.

"드디어 4월 3일 오전 2시를 기하여 인민군 즉 '산사람'들은 총궐기했습니다. 이날 인민의 일부이며 반동의 거점인 지서 20개소를 일제히 습격하여 악질경관 10명과 11명의 테러단 서청원 그리고 악질반동 등 10명이 인민군의 애국정신에 불타는 정의의 총칼 앞에 제거되었으며.. 지금 이 순간까지 경관 100여 명, 반동 400여 명이 숙청되었습니다."

1949년 6월 7일, 이덕구가 경찰에 의해 사살됐을 때 그의 직속부하인 '양생돌'의 주머니로부터 나온 극비 메모인 "제주도인민유격대투쟁보고서" 내용과는 차이가 있다. 여기에는 12개 지서로 되어 있지만 해주 연설에서는 20개 지서로 부풀려져 있고, '전과'도 부풀려 있었다. 그리고 애국 청년 혼자서 10명에 이르는 경관들을 거뜬히 해치웠다는 등 무용담들도 몇 개나 나열했다. 전투 전과를 부풀리는 것은 비단 좌익들에게만 있는 현상이 아니라 국군에게도 일

상화돼 있었다. 그래서 필자는 한국 사람들이 쓴 전사를 전부는 믿지 않는다. 필자가 소위 때부터 44개월간 참전했던 월남전 역사도 중요한 대목에서 많이 왜곡돼 있다. 따라서 인생이 여물기도 전인 23세에 빨갱이 사상이 주입된 김달삼이 아버지 뻘인 박헌영에게 충성을 과장하기 위해 뻥튀기한 전과는 그리 놀랄 일도 이상해 할 일도 아니다.

"리종유, 김태옥 김봉희 등의 동무들이 적의 흉탄에 쓰러졌습니다. 이 세상을 떠나면서 우리에게 부탁한 말이 있습니다. '동무들을 믿고 나는 안심하고 죽는다. 인민공화국 만세!' 모두가 이렇게 죽어갔습니다. . . 소년소녀들은 담배를 말아서 인민군에 보급하여, 또 수기 신호를 해서 적의 부락 침입을 사전에 발견하여 알려주었고, 전투가 끝난 뒤 달려가서 적의 유기품들을 주워서 산에 보내고, 위문문을 써서 산으로 보내 인민군의 사기를 올려주었습니다. 부인들은 자진하여 산에 가서 인민군의 밥을 지어주며 쌀, 부식, 신발 등을 산으로 보냈습니다. 특히 여맹이 보내주는 위문품과 위문문은 산사람들의 유일한 오락이 되었습니다. 청년들은 모두가 자위대로써…이상과 같이 전 제주도 인민들의 적극적인 참가로써 전개된 제주도 투쟁은 드디어 5월 10일 남조선 단독선거를 완전히 실패케 하는 중요한 역할을 하였습니다… 그러면 무엇이 우리들로 하여금 이러한 승리를 가져오도록 하였겠습니까?"

"첫째로는 30만 제주도 전체 인민들이 불타는 조국애로써 강철같이 단결하여 미 제국주의와 그 주구 매국노 리승만, 김성수,

리범석 도배들의 남조선 분할 식민지 침략정책을 단호히 반대하고 조국통일과 독립을 쟁취하기 위해 죽음을 두려워하지 않고 용감하게 싸웠기 때문입니다. 둘째로는 제주도 무장구국항쟁은 고립된 투쟁이 아니라 남조선 전체 인민들의 위대한 구국투쟁의 일환인 까닭입니다. 전국에서 투쟁이 있었기에 적들이 제주도 무장투쟁을 적극적으로 공격할 수 없었던 것입니다.. 승리가 눈앞에 와 있습니다…민주조선 완전자주독립 만세! 조국의 해방군인 위대한 소련군과 그의 천재적 령도자 쓰탈린 대원수 만세!"

좌파들은 4·3사건이 육지의 남로당과도 연결돼 있지 않았고, 소련과의 연결은 아예 없었으며, 오직 미제와 그 주구들과 청년단원들이 유독 제주도 주민을 업수이 여기고 탄압하였기에 자위수단으로 항거한 것이며, 한걸음 더 나아가서는 제주도 주민 전체가 미제를 몰아내고 김일성 체제로 통일하고 싶어 하는 염원을 가지고 있었는데, 생각이 다른 미제와 이승만의 주구들이 제주도 인민들의 한결같은 염원들을 탄압하는데서 일어선 '통일운동'이었다고 주장한다. 손성모, 그는 1929년생으로 김일성 종합대학을 나온 간첩이었으며 비전향장기수로 김대중이 북송시킨 63명 중의 한 사람이다. 그는 그에게 사형선고를 할 재판정을 향해 이런 말을 했다.

"내가 김일성주의자로 된 것은 첫째로 김일성 주석님은 일제의 노예로 되었던 우리 민족을 구원해 주신 절세의 애국자이시고 김정일 장군님은 주석님의 위업의 계승자이시기 때문이다. 나는 그분들의 뜻으로 살기 위해 김일성주의자가 되었다. 둘째로는 남쪽에도 김일성 주석님과 김정일 장군님께서 영도하시는 인민의 세상이 와야 한다고 생각했기 때문이며 셋째로는 김일성종합대학시절과 졸업이후 그분들의 사상과 정치가 세상에서 제일이라는 것을 온몸으로 체득했기 때문이다. 사람이 자기가 옳다고 믿는 것을 주장하는 것이 왜 죄가 되는가. 나에게 무죄가 아니면 차라리 죽음을 달라!"

일설에 의하면 손성모는 5·18광주사건 당시 광주로 오는 북한특수군에게 길을 안내한 자였다고 한다. 그에 대한 재판기록의 핵심은 그가 대한민국의 수많은 사찰들에 대한 요해도를 가지고 있었다는 것이다. 빨갱이들의 한결같은 주장은 그들이 간첩이거나 국보법을 위반했거나 관계없이 모두 하나같이 "나는 통일 운동가"라고 주장하는 것이다.

김달삼의 해주 연설 내용을 보면 독자들은, 제주폭동이 소련과 연결돼 있고, 육지의 공산당 세력과 연결돼 있으며, 제주도만의 독립사건이 아니라 소련이 벌인 남조선 전체에 대한 적화통일 공작의 일환임을 의심의 여지가 없을 만큼 확실하게 알 수 있을 것이다. 8월 21-25일 사이에 남로당이 이렇게 움직일 때 남한에서는 어떤 일들이 있었는가? 7월 17일 헌법안을 공포했고, 7월 20일에는 초대 대통령을 선출했으며, 8월 15일에는 대한민국 건국 행사를 치르는 등 국가적으로 가장 바쁜 시간을 보냈다.

남로당 제주도당 위원장인 안세훈, 김달삼을 포함한 주요 인물들이 제주도를 빠져 나간 후 공비들 역시 정비기간이 필요했고, 토벌을 맡은 9연대 역시 8월 한 달을 정비와 훈련 등으로 보낸 후 9월에 들어서면서 토벌작전을 수행했지만 공비에 대한 정보 없이 토끼몰이 식으로 작전을 하다 보니 성과가 전혀 없었다. 특히 공비가족들은 물론 동조자들이 농사를 지으면서 토벌대의 움직임을 탐지하여 이를 공비들에 연락해 주고 있었기에 작전이 성공할 리 없었다. 경험이 부족한 송요찬 연대장은 뒤늦게 깨달았다. "토벌작전보다 더 중요한 것이 공비와 주민을 분리하는 것이다." 그는 농사짓는 주민들을 모두 하산시켜 피난민 수용소로 수용한 다음 계몽을 실시했다. 좌익분자들이 전향하면 그들 중 똑똑한 자들을 이용하여 동료 공비들에게 선무공작을 펴게 했다. 귀순한 공비들에게는 적극적인 생계대책과 안전을 보장해 주었다. 이런 작전이 주효하여 9연대는 토벌작전에 중점을 두지 않고서도 수천 명의 하산자들을 확보할 수 있었다.

　이렇게 축소-위축되어 가는 듯했던 공비들은 의외로 다시 기승을 부리기 시작했다. 10월 1일, 소련혁명 기념일을 기해 대규모 폭동을 일으켜 경찰지서를 공격하고 전도에 걸쳐 살인, 방화, 약탈을 자행한 것이다. 이날 하루 동안 550여 명의 인명피해가 발생했다. 깜짝 놀란 정부는 토벌능력을 강화하기 위해 10월 11일부터 '제주도경비사'를 창설했다. 제주도경비사는 송요찬이 이끄는 9연대에 경찰 및 해군함정을 추가한 일종의 합동군이었고, 사령관에는 5여단 여단장이었던 김상겸 대령을 임명했다. 한편으로는 제주도경비사령부를 설치하면서 다른 한편으로는 여수에 있는 14연대 예하 1

개 대대를 추가 투입하여 토벌작전을 전격적으로 강화하려 했다. 그런데 제주도로 떠나야 할 시각인 10월 19일 20:00시에 여수 주둔 14연대는 반란군이 되고 말았다. 남로당 요원인 연대 인사계 지창수 등이 이른바 여수·순천 반란사건을 일으킨 것이다.

여수 14연대는 김상겸 대령이 지휘하는 5여단 소속이었다. 따라서 김상겸 대령은 이에 대한 책임을 면할 수 없었고, 김백일이 그 자리를 이어 받았다. 그리고 송요찬 중령이 제주도 경비사령관이 되었다. 송요찬은 대대별로 지역을 할당해 주고 각 대대의 책임 하에 경비와 토벌임무를 수행케 했다. 하지만 국방경비대 내에 깊이 심어 놓은 남로당 세포조직들이 번번이 작전 정보를 공비에 누설하는 바람에 작전 성과를 내지 못했다. 더구나 공비들은 여·순반란에 고무되어 더욱 적극적으로 준동했고, 이에 국방경비사령부는 수세에 몰리게 되었다.

송요찬은 또 다른 반란부대가 나타날 수 있다는 가정 하에 해군과 합동으로 해안봉쇄에 나섰다. 이 과정에서 제9연대는 엄청난 수확을 거뒀다. 연대장은 은밀히 일부 병력 즉 이근양 중위가 지휘하는 제5중대를 여·순 반란군으로 위장시켜 조천지구에 상륙시키는 작전을 계획했다. 분명히 이 위장된 반란군의 상륙을 환영하고 안내하는 공비들이 있을 것이라는 데 착안을 둔 계략이었다.

그런데 작전을 실행하기 전에 이미 연대 하사관 1명이 공비 측 세포에게 이 극비의 작전계획을 알려주는 것을 우연히 도청하게 되었다. 연대장은 교환수를 체포하고, 동시에 제주 토박이 병사들로 구성된 제1대대 요원들을 모두 긴급 조사하여 세포조직 80명을 일거에 검거하는 쾌거를 이룩했다. 위장된 반란군을 제주도에 상륙시키면 이를 환영하러 나오는 좌익세력이 분명 있을 것이고, 상륙장소에 좌익세력이 나타나면 이를 일망타진하려던 계획은 수포로 돌아갔지만, 그 대신 우연하게 엿들은 통신첩보에 의해 80명이라는 어마어마한 세포조직을 일망타진한 것이다. 이는 국방경비대에 얼마나 많은 공산 세포들이 암약했는가를 보여주는 살 떨리는 증거인 것이다. 1948년 10월 31일에는 경찰과 공무원들이 반란을 일으키려다 발각되었다.

졸지에 수많은 80명이라는 세포를 잃은 남로당은 화가 머리끝까지 났을 것이다. 이에 분노한 무장공비들은 1948년 11월이 되면서 만행과 습격을 가일층 강화했다. 이에 대한 토벌대의 토벌도 강화됐다. 이를 놓고 강준만의 '현대사산책'과 정부보고서는 똑같이 이렇게 주장했다.

"1948년 11월 중순으로부터 1949년 3월까지 4개월간 진압군은 중산간 마을에 불을 지르고 주민들을 집단으로 살상했다. 4·3사건 전개과정에서 가장 참혹한 상황이 벌어진 것이다. 이 기간 동안 가장 많은 제주도민들이 희생됐고, 대부분의 중산간 마을이 글자 그대로 '초토화' 됐다."

그러나 1948년 당시의 정부 측 자료들에는 그 반대로 기록돼 있다.

"무장 공비들은 식량과 의류를 약탈하고 마을 전체를 불태우고 도주했으며, 토벌대를 유인하여 격멸하는 수법으로 많은 피해를 입혔다. 11월 2일에는 한림에 주둔하고 있던 제2대대 6중대가 공비로부터 습격을 받고 교전하던 중 이들의 유인에 빠져 14명이 전사했고 다수의 부상자가 발생했다. 이에 연대는 5중대를 출동시켜 공비의 집결지를 습격하여 100여 명을 사살했다. 11월3일, 경찰토벌대가 중문면 아두운마루에서 공비와 접전하여 3명을 사살하고 8명의 피해를 입었다. 11월 6~7일에는 공비들이 감히 서귀포를 점령하려고 기도했지만 저지당했고, 11월 7일에는 남로당에 침투한 첩보요원의 제보로 남로당 지하조직 일부를 일망타진했다."

위와 같이 제주도 공비들의 대담한 공세가 이어지자 정부는 11월 17일, 제주도에 비상계엄령을 선포했다("제주도 반란을 급속히 진정하기 위하여" 대통령령 제31호). 그런데도 공비들의 만행은 계속됐다. 12월 28일에는 공비 100여 명이 남원면 위미 마을을 습격하여 월동을 위해 마련해 둔 식량과 의류를 약탈한 뒤 마을 전체에 불을 질렀다. 이 급보를 접한 경찰토벌대는 그들을 추격하여 76명을 생포하고 7명을 사살했다. 이런 것을 놓고 정부보고서와 강준만은 무장대와 제주도 주민은 가만히 있었는데 국가가 일방적으로 주민들과 마을들을 초토화했다고 모함하는 것이다. 공비의 준동이 지속되자 육군본부는 특단의 조치를 취했다. 제주도 토박이 연대인 9연대를 대전으로 이

동시키고, 대전에 있던 2연대를 제주도에 파견한 것이다. 이렇게 모두를 바꾸지 않고서는 9연대에 잠입해 있는 남로당 세포들을 발본색원할 수 없다고 생각한 것이다. 9연대에서 한번에 80명이나 되는 세포를 색출해 냈다는 것은 9연대에 더 많은 남로당 세포가 있을 수 있다는 짐작을 가능케 했다.

제21장 여·순반란사건

여·순반란사건은 군부대에 침투한 좌익세력이 주동이 되어 제주도 폭동 진압 증원 차 출동하는 부대를 선동하여 반란을 일으켰고, 여기에 지방 좌익세력과 동조자들이 가담하여 무자비한 살상을 자행하면서 여수-순천을 공산천하로 돌변시킨, 건군 사상 그 유례가 없는 군대의 반란사건이었다.

반란군 제14연대의 프로필

남로당은 제주도 폭동이 전국적으로 확산되기는커녕 토벌로 인해 점차 세력이 약화되자 초조감을 가지고 있던 차에 마침 5여단 예하 14연대 중 1개 대대가 제주도로 증원된다는 기밀을 탐지하게 되었다. 남로당은 이 14연대의 제주도 출동을 저지시킴은 물론 이 부대를 역으로 이용하여 반란을 일으키게 하자는 야무진 착상을 하게 되었고,

전국의 모든 부대에 똬리를 틀고 있는 조직책들에 반란을 일으키라는 지령을 내려 국가를 전복하려 획책했다. 남로당의 군부적화 특별공작 최고책임자는 이재복이었다.

제14연대에서 이재복의 지령을 받은 사람은 조직책 지창수 상사였으며, 그는 연대 인사계였다. 지창수는 같은 연대의 김지회 중위와 홍순석 중위를 반란군 지휘관으로 내세웠다. 김지회 중위는 육사 3기로 대전차포 중대장이었고, 홍순석 중위는 육사3기로 순천에 주둔하는 부대의 중대장이었다.

제14연대는 1948년 5월에 여수읍 신월리에서 창설되어 그 곳에 주둔하고 있었고, 연대장은 박승훈 중령이었다. 박승훈 중령은 일본군 대좌 출신으로 일본육사 27기였다. 제14연대의 구성원들은 광주에서 창설된 제4연대로부터 불온하고 말썽 많은 이른바 문제장병들을 차출받아 창설되었기 때문에 군 내부에 침투한 공산분자들의 선동에 쉽게 동조할 수 있는 체질을 가지고 있었다. 통상 각 부대는 인력을 차출 받았을 때 부대에서 가장 말썽부리는 문제아들만 추려서 내보낸다. 더구나 제4연대는 광주에서 창설됐기 때문에 호남출신 장병들이 주를 이루었다.

여수지역 상황

1948년 10월 19일, 14연대 제1대대가 제주도로 출발하기 위해 여수항에서 선적 작업을 하고 있었다. 그리고 다른 한편 출동대대를 위한 환송 회식이 장교식당에서 진행되고 있었다. 지창수 일당은 이때를 거사시점으로 계획했지만 뜻을 이루지 못하고 미루었다. 19：00경 회식이 끝나자 연대장은 참모들을 인솔하고 여수항에 나가 선적작업을 지휘하고 있었다. 출항 예정시간은 24：00시였다.

지창수는 김지회 중위와 다시 모의한 끝에 부대출발 직전에 거사를 하기로 결정했다. 제1대대는 출동준비를 하고 있었고 잔류부대인 제2대대는 이들을 돕고 있었다. 지창수는 연대내의 좌익세포 40여 명에게 사전 계획대로 무기고와 탄약고를 점령하게 하고 20：00시에 비상나팔을 불게 하여 출동대대인 제1대대 병력을 연병장에 집합시켰다. 그리고 다음과 같이 선동하였다.

⑴ 지금 경찰이 우리를 향해 쳐들어온다. 경찰부터 타도하자!
⑵ 동족상잔의 제주도 출동을 반대한다.
⑶ 조국의 염원인 남북통일을 달성하자.
⑷ 지금 북조선인민군이 남조선 해방을 위해 38선을 넘어 남진중에 있다.
⑸ 우리는 북상하는 인민해방군으로 행동한다.

이에 3명의 병사가 이에 반대하고 나섰다가 그 자리에서 총살 당했다. 연병장은 순식간에 공포 분위기에 휩싸였고 모든 병사들은 겁을 먹고 맹종할 수밖에 없었다. 지창수는 이 기회를 놓치지 않고 소리쳤다.

"탄약고를 이미 점령해 놓았으니 각자 탄약고로 가서 실탄을 최대한으로 휴대하라, 모든 장교들을 즉시 사살하라"

이로써 출동병력은 단번에 반란군으로 변하여 난동을 부리기 시작했다. 여수항에 있던 연대장은 난동이 일어났다는 소식을 접하자마자 부연대장인 이희권 소령을 먼저 들여보낸 뒤 자기는 환송 차 선착장에 나온 제5연대 참모장 오덕균 중령과 함께 영내로 들어가고 있었다. 이때 그는 사방에서 총성이 들리고 자기 휘하의 부대가 반란군이 되어 난동을 부리고 있는 것을 목격하게 되었다. 연대장은 사태수습이 불가능하다고 판단하여 어느 여관에 은신하였다가 후에 구출되었으며, 여단 참모장 오덕균 중령은 즉시 해군경비정을 타고 목포를 경유하여 육군본부로 가서 사건의 진상을 보고했다.

반란은 주동자들의 생각보다 아주 쉽게 성공했다. 이때 연대 부근에서는 남로당 핵심 분자 23명이 반란군을 기다리고 있다가 합세했다. 반란군 2개 대대 병력은 차량으로 여수시내로 돌진하면서 가장 먼저 눈에 뜨이는 봉산지서를 습격했다. 이를 계기로 시내 도처에서 경찰과의 접전이 있었지만 경찰은 이들의 상대가 되지 못했다. 모든 경찰지서들이 습격당하고 경관들이 사살당하고 그야말로 여수시는 순식간에 반란군의 천지가 되었다. 이때 좌익 단체 및 학생 600여 명이 인민공화국 만세와 인민해방군 만세를 부르며 반란군을 환영했다. 1948년 10월 19일, 20:00부터 20일 01:00까지 5시간 동안에 발생한 일이었다.

반란군은 이들 600여 명의 집단에게도 무기와 탄약을 지급하고 그들을 앞세워 20일 오전 9:00시에는 관공서, 은행 등 주요 정부시설들을 점령했다. 그리고 그동안 체포한 경찰관, 기관장, 우익단체 요원, 지방유지 등을 반동분자로 몰아 경찰서 뒤뜰에서 총살해 버렸다. 인민대회를 개최하고 시민들을 협박하여 강제 동원했다. 이러한 난동은 남로당 여수군당이 지휘했다.

순천시 상황

여수를 완전히 장악한 반란군 2개 대대는 10월 20일 09:30분 열차를 이용하여 순천으로 이동했다. 순천에 주둔하고 있던 14연대 예하 2개 중대는 홍순석 중위의 지휘 하에 이들을 기다리고 있었다. 이러한 정보를 입수한 순천경찰서는 한편으로는 여수와 광양 사이의 도로에 경찰 1개 소대를 배치하고 다른 한편으로는 순천교 제방에 주력부대를 배치하여 대적했지만 이는 반란군의 적수가 아니었다. 더욱 한심했던 것은 국방경비대의 조치였다. 너무나 급한 나머지 또 다른 '좌익들의 고장' 광주에 있는 제4연대로부터 1개 중대를 뽑아 순천교 및 순천역에 배치했지만, 이들 광주출신 장병들은 14연대 반란군을 보자마자 그들과 합류했다. 그리고 중대내의 좌익계 하사관들이 중대장을 사살하고 반란을 반대하는 일부 사병들을 사살해 버렸다.

10월 20일, 17:00경, 반란군은 순천시 전부를 다 장악하고, 좌익 분자들은 물론 여기에 더해 선동된 학생들을 무장시켜 이들로 하여금 반동분자들을 색출케 하여 인민재판이라는 미명을 내걸고 500여 명을 학살했다. 그리고 순천에서만 400여 명의 경찰관들이 반란군과 싸우다가 전사하거나 이들에 붙잡혀 학살당했다. 민심은 동요되고 소박한 주민들은 정말로 공산정권이 출현한 것으로 착각하여 반란군에 가담하는 자들이 속출했고 이로써 무장폭도들의 수는 수천에 이르렀다. 순천을 장악한 반란군은 순천 근교의 고흥, 벌교, 보성 방면으로 진출하여 차례로 경찰서들을 점령했다.

여·순 반란군의 만행

강렬한 적개심을 품은 14연대 반란군들은 여수 현지에서 활동하던 좌익들과 합세하여 시내 곳곳에서 잔혹성을 보였다. 자정 무렵부터 여수는 인공기가 높이 게양된 그야말로 인민공화국 천하가 되었다. 읍내 거리에는 '인민대회'를 20일에 개최한다는 포스터가 나붙었고 '제주도 출동 거부 병사위원회' 명의로 '제주도 출동 결사반대, 미군의 즉각적이면서 완전한 철수, 인민공화국 수립 만세'를 요지로 하는 성명서가 발표됐다.

남로당 여수읍당에서는 재빨리 읍인민위원회를 조직한 뒤 여수 내의 경찰과 그 가족, 우익 인사들과 그 친지들을 색출하는 데 착수했다. 여수에서는 21일까지 약 800명이 붙잡혀 여수 경찰서 뒷마당과 중앙동 로터리에서 처형됐다. 특히 경찰이나 우익 청년단체 단원들에 대한 그들의 적개심은 참혹하게 사살하는 과정에 잘 나타나 있었다. 하루도 쉬지 않고 '인민재판'이 열렸고, 재판이 열릴 때마다 수많은 사람들이 즉석에서 비참한 모습으로 처형됐다. 일부 여순경들은 신체 일부를 심각하게 절단 당하거나 훼손당한 채 죽어갔다. 그 모습이 너무나 참혹해 수습을 위해 현장에 들어선 사람들이 한동안 넋을 잃었다.

여수에서 피바람을 몰고 왔던 반란군의 소식을 들으면서 순천의 경찰들은 어떤 준비를 했을까. 순천의 경찰들은 반란군이 진입하기 전에 수감 중이던 좌익 혐의자들을 미리 집단 살해했다. 자신들의 동료와 친지들이 죽어 넘어진 상태에서 행해진 경찰의 보복이었으니 그 참혹함도 만만치 않았을 것이다.

하지만 파죽지세로 몰려오는 반란군의 물결을 경찰이 당해 낼 수 없었다. 순천을 점령한 반란군과 좌익들 역시 경찰과 그 가족들을 색출해 잔혹하게 살해했다. 반란군과 좌익 인사들은 한층 더 조직적인 방법으로 우익 인사 색출 작업에 나섰다. 그때에 선보였던 인민재판은 6·25남침으로 북에 의해 점령된 모든 지역에서 똑같은 방법으로 자행됐다. 여수에서는 사상자 1,700명과 이재민 9,800명의 발생했고, 순천에서도 400여 명의 인명 피해가 발생했다.

여·순 반란에 대한 정부의 토벌작전

이에 정부는 10월 21일 반군토벌 전투사령부를 광주에 설치하고 사령관에 육군총사령관 송호성 준장을 임명하여 제2여단 및 제5여단을 지휘토록 함과 동시에 10월 23일부로 여수-순천지구에 계엄령을 선포했다. 토벌에 동원된 병력은 10개 대대와 1개 비행대(경비행기 10대) 및 함정들이었다.

토벌작전이 시작되자마자 반란군은 산으로 도망가 공비가 되었다. 10월 23일 순천과 광양에 있던 반란군은 구례방면으로 쫓겨나 백운산으로 그리고 지리산으로 입산했다. 이로써 반란군은 9일 동안의 난동을 끝으로 모두 험준한 산으로 쫓겨나 공비가 되었고, 이후부터의 토벌작전은 지리산, 백운산을 향해 전개되었다. 그런데, 이 토벌작전 총사령관이었던 송호성은 2년이 채 안 되어 6·25동란이 발발하자 서울에서 인민군으로 변신하여 인민군 소장이 됐다.

제22장 제2연대 작전(1948. 12. 29-1949. 2. 28)

누가 빨갱이인지 모르는 캄캄한 상태에서 제주도 토벌군에 대한 물갈이가 필요했다. 대전에 있던 제2연대가 제주도로 투입됐다. 함병선 대령이 이끄는 제2연대가 12월 29일 대전에서 제주도로 이동한 것이다. 이때의 공비는 1920년생인 이덕구의 지휘 하에 있었으며 상당수가 사살되고 귀순하여 그 수가 많지 않은 것으로 파악됐다. 이러한 이유로 제주도에 발령됐던 비상계엄령은 1개월 보름만인 12월 31일에 해제됐다. 하지만 이는 너무 성급한 조치였다.

제주도 공비는 1개 대대 이상이었으며 암암리에 조직을 확대-강화하고 있었다. 1949년 1월 1일 새벽 진눈깨비가 내리는 시각에 이덕구가 인솔하는 공비 주력이 오동리 화엄사에 주둔하던 제3대대를 포위 기습하였다. 교전 끝에 공비는 10여 구의 시체를 유기하고 도주했으며 제3대대 소속 7명이 전사했다. 제2연대장은 이들을 섬

멸하기 위해 1월 4일부터 항공기와 함정의 지원을 받아 토벌작전을 폈지만 지형 미숙으로 성과를 거두지 못했다.

작전 중 연대장은 많은 주민들이 한라산 동굴 속에서 비참한 생활을 하고 있는 것을 목격하고는 소탕작전보다는 선무를 통해 민심을 수습하는 것이 급선무라는 것을 깨닫게 되었다. 토벌작전을 하기 위해서는 산사람들의 근거지가 되는 산간마을을 그냥 둘 수 없었다. 함대령의 과감한 조치에 따라 산간마을에 살던 사람들은 군이 마련해준 수용소로 내려와 살거나 아니면 산속으로 들어가 살아야만 했다. 함대령이 불쌍하게 보았던 사람들이 바로 산간마을에 살다가 공비들에 속아 멋모르고 산속으로 간 사람들이었다.

함대령은 이들을 불러 내리기 위해 갱생원(피난민집단수용소)을 설치하고 집중적인 선무활동을 벌였다. 1개월 사이에 1,500여 명이 산에서 내려와 갱생원으로 갔다. 이와 아울러 마을주민을 상대로 홍보했다. 읍면 소재지를 중심으로 면민 대회를 개최하여 공비들의 만행을 소개했고, 새로 도입된 신무기들을 전시하여 공비 가족들로 하여금 공비들이 이런 신무기를 상대로 하여 싸우면 절대로 이길 수 없다는 것을 깨닫게 했다. 그리고 갱생원에는 많은 지원과 관심을 쏟았다. 이에 주민들은 군을 신뢰하게 되었고, 이에 비례하여 무장공비들과 산사람들도 줄을 이어 하산했다. 돌아선 주민들의 제보로 인해 2연대는 1월 13일, 남제주군 남원면 의귀리에서 공비 30여 명을 사살하는 전과를 올렸다.

제23장 제주도지구 전투사령부 작전
(1949. 3. 2-5. 15)

　제2연대의 효과적인 작전에도 불구하고 무장공비들의 준동은 시들 줄 몰랐다. 이들은 군경의 무기를 탈취하여 경비가 소홀한 부락을 습격하고, 청년들을 납치해다가 공비로 훈련시키면서 공비 세력을 꾸준히 양성했다. 시간은 흘러 1948년 9월 5일 부로 국방경비대가 육군본부로 탈바꿈 했다. 육군본부로서는 이런 제주도가 골치덩이였다. 김일성이 남침을 위해 열심히 공격적인 군사력을 기르고 있을 때인 1949년, 남한은 제주도라는 섬 하나 때문에 해야 할 일을 제대로 하지 못하고 신경질적으로 에너지를 소모하고 있었던 것이다.

　갈 길은 먼데 계속적으로 발목을 잡고 있는 제주도 빨치산 유격대에 육군본부라면 당연히 화가 날만 했다. 육본은 녹음이 우거지기 전에 공비를 토벌하기 위해 해동이 되자마자 소탕작전을 대대적으로 벌이고 싶어 했다. 그래서 '제주도지구 전투사령부'를 설치했다. 약칭 '제주전투사령부'는 2연대(3개대대), 제주경찰 그리고 대유격전 특수부대인 독립 제1대대로 구성됐다. 사령관에는 유재흥 대령, 참모장은 제2연대장인 함병선 대령으로 하여금 겸임케 했다. 같은 3월 2일, 육본은 또 지리산지구전투사령부(정일권 준장, 6개 대대)와 전남지구전투사령부(원용덕 준장, 6개 대대)를 창설하여 산에서 준동하는 공비들을 소탕하는 작전들을 폈다.

'선-선무 후-토벌', 제주전투사령부 작전은 함병선 대령의 작전 개념을 그대로 수용했다. 도내의 지도급 청년들이 산으로 들어가 선무공작을 수행했다. 수용소를 추가로 설치하고 여기에 도청과 협조하여 구호미, 의류품을 제공하고 생활자금도 2배로 늘려주었다. 하산한 주민들로 하여금 직접 간접으로 공비들을 설득하게 했고, 경비행기를 이용하여 무수한 선무 삐라를 살포했다. 귀순자들이 갈수록 늘어났다.

공비토벌작전은 제2연대를 주축으로 하여 펼쳤고, 해안지역 작전은 경찰이 담당했다. 경찰은 마을마다 '민보단'을 편성하여 낮에는 농민을 보호하고 밤에는 공비의 습격으로부터 마을을 보호하게 했다. 전투사령관은 민관군이 총체적으로 동원되는 유기적인 작전을 위해 이를테면 합동군을 생각해 냈다. 민보단 1개 소대(25명)에 군인 및 경찰 각 1개 분대를 증강시켜 민-경-군 혼성부대를 여러 개 만든 것이다.

혼성부대들은 교사들, 군청 및 면사무소 직원, 청년단 간부들로 조직되었으며, 1개월간의 기초군사훈련을 거쳐 군사화됐다. 그리고 이들은 공비소탕작전에도 동원됐다. 예를 들어 제2연대 1대대 정수정 상사가 지휘하는 혼성부대는 공비의 아지트를 찾아내 30여 명을 생포하고 다수의 무기를 노획했다. 이 팀은 또 생포한 자들 중에서 공비의 세포인 고씨를 전향시켰고, 그 결과 공비두목 이덕구와 김민성(군사부 조직책)의 아지트를 알아냄으로써 지체 없이 급습하는 엄청난 기회를 포착했다. 하지만 이때 이덕구는 공비병력을 이끌고 출동한 상태였기에 잡히지 않았다. 결국 이들 혼성부대들은 공비에게 매우 위협적인 존재로 부각되지 않을 수 없었다.

제2대 제주도 공비사령관 이덕구! 그는 김달삼의 부하였지만 김달삼보다 4살 더 위였다. 그는 1948년 9월 15일, 중문면 도순리에 살고 있던 대동청년단원 문두천을 칼로 난자한 것을 기회로 김달삼의 신뢰를 얻었다. 빨치산들은 이를 이덕구의 9·15사건이라고 부른다. 이어서 남로당은 11월 7일, 이덕구를 통해 제주경찰서 무기고를 습격하고 무기를 탈취하여 제2의 4월 3일 폭동을 일으키기로 했다. 하지만 이 비밀회의에 참석했던 남로당 앞잡이 순경 한 사람이 갑자기 마음을 돌려 자백함으로 인해 음모 가담자들이 일거에 일망타진되는 쾌거가 발생했다. 여기에서도 남로당 주요 인물들은 북한과 일본으로 도망을 갔다.

곧 세상이 공산화될 것이고 그렇게 되면 모두가 잘 살게 될 것이라는 감언이설로 호언장담하던 허위 선전-선동자들은 모두 도망쳤고, 제주도에 남아 고초를 당한 사람들은 이들에 현혹됐던 무지몽매한 맹종자들이었다. 이들 맹종자들은 이러지도 저러지도 못하면서 야생마처럼 한라산 동굴과 밀림 속을 이리저리 뛰어다니면서 귀중한 청춘을 헌신짝처럼 던져버렸다.

이렇게 공산당 사람들에게 속아 넘어가 자기 인생뿐만 아니라 온 가족의 인생도 망쳐버린 사람은 이른바 지식인들 중에도 있다. 1942년생인 오길남 박사의 경우다. 그는 서울대학에서 독어독문학과를 졸업하고, 1970년에 독일로 유학가서 윤이상과 송두율의 감언이설에 놀아나 부인의 반대에도 불구하고 억지로 그 부인과 사랑스런 두 딸을 북으로 데려갔다. 그리고 3모녀는 요덕수용소에 갇혀 있고, 오길남은 혼자 탈출하여 매일 술과 회한의 눈물로 26년째의 세월을 보내고 있다.

귀순하는 자들이 나날이 증가함에 따라 공비들의 은신처와 무기고들이 연이어 군경에 의해 접수됐다. 특히 한라산 서쪽 6km 지점의 어승생악에 위치한 그들의 비밀병기창이 발각되어 소총 370정과 다수의 실탄 등이 노획됐다. 무기 없는 공비가 점점 늘어나게 된 것이다.

이에 육군본부는 공비가 재기 불능상태인 것으로 파악하여 5월 15일부로 제주지구전투사령부를 해체했다. 그리고 5월 20일에는 5

개월간의 토벌작전 중 산화한 토벌대 요원 119명에 대한 위령제를 제주읍에서 거행했다. 아울러 제주도민들은 제2연대의 공적을 찬양하고 이를 오래도록 기리기 위해 서귀포에 함병선 대령의 공덕비를 건립했다. 이덕구가 사살된 지 만 1개월이 지난 7월 7일에는 제주도민의 이름으로 한라산 정상에 평정비를 건립했다.

이렇듯 제주도민들로부터 숭앙을 받은 함병선 대령을 강준만의 '현대사산책'과 고건 및 박원순 등 좌파들이 주도한 정부보고서는 '최악의 악랄한 살인마요 초토화의 장본인'이라 모함한다. 이 사람들은 비단 함병선과 이승만에 대해서만 증오의 감정을 가지고 있는 것이 아니라 6·25전쟁 때 대한민국을 구해준 미국과 맥아더에 대해서도 증오를 뿜어내고 있다.

제24장 독립제1유격대대 작전(1949. 8. 13-12. 28)

　제주도지구전투사령부가 해체되자 제2연대는 8월 13일, 제주도 경비 임무를 독립제1유격대대에 인계하고 인천으로 이동했다. 이는 육본이 '제주도 공비의 대부분이 섬멸되고 작은 불씨만 남아 있다'고 판단했다는 것을 의미했다. 이때의 잔여공비는 불과 100명 정도인 것으로 판단한 것이다. 이 100명의 공비는 9연대에서 탈주한 고승옥이 지휘했고, 무기가 부족해 무장1명, 비무장 2명의 3명 1개조로 움직였다.

　하지만 공비는 매우 끈질겼다. 이들은 한라산 중턱을 연결하는 순환도로(일명 머리띠 도로)를 중심으로 도서남북 4개의 위병소를 설치하고 도처에서 경찰서를 습격해 무기를 탈취하고 양민을 학살하고 약탈, 방화를 계속했다. 이에 정부는 진주에 주둔하면서 4개월간 공비소탕작전을 펴고 있던 해병대 사령부(사령관 신현준 대령)를 제주도에 보냈다. 상황판단이 왔다 갔다하면서 정부의 대응도 헷갈렸던 것이다.

제25장 해병대 사령부 작전(1949. 12. 28-50. 6. 25)

해병대 역시 소탕작전에 앞서 민심작전을 우선시했다. 무의촌에 의무대를 보내고 순회 진료를 전개했다. 도로와 하수도 공사, 농번기에는 대민지원을 제공했으며, 순회강연을 통해 주민들을 계몽했다. 이에 주민들은 군에 대한 공포심을 접고 신뢰하게 되었다. 이런 과정을 통해 공비들에 대한 정보를 입수한 다음 해병대 역시 1950년 2~5월까지, 5개월간 한라산 공비토벌작전을 과감하게 전개했다. 수많은 교전을 통해 공비를 사살했고 공비의 야전병원을 찾아내 소탕했다.

6·25전쟁이 발발하여 전국에 계엄령이 선포되자 해병사령관이 제주도지구 계엄사령관에 임명되었지만, 북한군의 남하 속도가 빨라지면서 해병대 사령부의 1개 대대(고길훈 소령)가 군산-장항지구에 투입됐다. 축소된 해병대 사령부는 제주도에서 신병 3,000명을 훈련시켜 증편한 다음, 9월 6일 부산으로 이동했다가 곧바로 인천상륙작전에 참가했다.

제26장 6·25발발 이후의 제주도 공비토벌

　전쟁기간 중에는 제주도에 훈련소가 생기고 수많은 군부대가 주둔하게 되어 감히 공비가 준동할 엄두를 내지 못했다. 하지만 이들은 연명을 위해 마을을 습격하고 식량을 약탈하면서 민심을 교란했다. 파죽지세로 남침하는 북한 인민군에 쫓겨 부산 직전까지 밀리는 상황에서도 이들 제주도 인민군유격대는 대한민국을 반역하는 후방교란 임무를 수행한 것이다.

　1950년 6월 25일부터 1951년 8월 31일까지 14개월 동안 한라산 인민군 유격대는 33개 마을을 56회나 습격하여 29명의 경찰을 살해하고 56명에게 부상을 입혔으며, 10명의 군인을 살해하고 6명에게 부상을 입혔다. 38명의 민간인을 살해하고, 23명에게 부상을 입혔으며 41명의 민간인을 납치하고, 324동의 민간 가옥에 불을 질렀다. 6·25전쟁이 다소 소강상태에 있었던 1952년 이들은 제주방송국과 서귀포 발전소를 습격했다.

우리는 바로 이런 대목들을 중시해야 한다. 좌파들은 4·3사건이 단순히 미군정 및 대한민국이 제주도 주민을 괴롭힌데 대한 정당한 저항권의 행사라고 주장하지만 제주도 공비들의 만행은 대한민국이 북한과 전쟁을 하고 있는 동안에도 끊임없이 계속된 것이다. 김달삼은 해주에 가서 스탈린원수 만세를 불렀으며, 지금도 이덕구와 나란히 평양 신미리 애국열사릉에 1.5m높이의 흰 대리석을 끼고 누워 있다. 김달삼은 6·25전쟁 직전 500명 정도의 김달삼 부대를 이끌고 태백산에 내려와 학살과 파괴를 일삼았다. 이를 놓고 제주 4·3반란이 북한과 무관하다 하는 것이다.

제주도에 공비가 또 준동하자 정부는 제주경찰국 예하에 제100전투경찰대를 편성하여 공비토벌을 다시 시작했다. 1953년 1월 29일에는 대유격전 특수부대인 '무지개부대'를 한라산에 추가로 투입했다. 결국은 제100전투경찰대와 무지개부대가 5개월에 걸친 토벌작전을 펼친 끝에 한라산 공비를 완전 소탕하게 된 것이다. 1957년 4월 4일, 제주신보는 "토벌전에 종지부!-9년만에 평화 찾은 한라산, 최후의 잔비 '오'를 생포, 유격대, 2일 송당리 장기동서"라는 제하의 기사와 "공비완멸의 의의와 민심개방의 새 과제"라는 제하의 사설을 썼다.

"경찰은 4월 2일 상오 10시 마지막 잔비 오원권을 생포했다. 1948년 이래 계속 출몰하면서 부락을 습격하고, 살인, 방화, 약탈, 그리고 양민 납치 학살을 일삼아 전 제주민을 암흑과 불안 속에 몰아넣은 4·3사건의 여진은 이제 완전히 사라진 것이다.

경찰기록을 더듬어 보면 공비수가 16,900명에 달했으며, 그 중 7,893명이 토벌대에 의해 사살됐고, 2천여 명이 귀순, 7천여 명이 생포되었다. 128명의 경찰이 전사했고, 89명의 군인이 전사했으며 군경 146명이 부상을 입었다. 공비에 의해 저질러진 양민학살은 공무원을 포함하여 1,300여 명에 이른다."

당시의 일반 여론 역시 4·3사건을 무장공비들이 일으킨 사건이고, 마을을 습격하고, 살인, 방화, 약탈, 그리고 양민납치 학살을 일삼아 전 제주민을 암흑과 불안 속에 몰아넣은 사건이라고 인식하고 있었던 것이다. 이런 사건을 놓고 60여년이 지난 오늘날 수많은 억지들을 나열해가면서 역사적 사실을 뒤집고 있으니 참으로 어이가 없다. 참고로 1980년 광주폭동에서 사망한 민간인은 166명에 불과하다. 그런데 불과 30년이 조금 넘은 지금 좌파들은 민간인 사망자가 3,000을 넘는다며 허무맹랑한 주장을 계속하고 있다. 그런데 참으로 놀라운 사실은 아직도 이런 허무맹랑한 주장을 믿는 국민이 참으로 많다는 것이다.

정부보고서는 1947년 3월 1일을 4·3사건의 시발점으로, 한라산 금족(禁足)지역이 전면 개방되었던 1954년 9월 21일을 4·3사건의 종결시점이라고 주장한다. 1954년 9월 21일에는 잔여 무장대들의 공세가 있긴 했지만 그 세력이 미미하였기 때문에 무장공비가 소멸된 날로 보아야 한다고 주장하는 것이다. 그러나 공비의 세력이 미미하다 하여 경찰의 공비토벌작전이 종결될 수는 없는 것이며, 실제 그 후로도 토벌작전은 지속되었다. 1954년 9월이면 휴전협정이 서명된 지 1년이 훨씬 넘어선 시기였다. 그런데도 제주도 산 빨갱이들은 휴전 후 만 4년 동안이나 더 제주도 주민들을 괴롭혔다. 제주도 주민들은 과연 이런 이단자들이 통일운동가요 제주도 주민의 친구인가를 분명하게 밝혀야 할 것이다.

좌파 색채를 노골적으로 노출한 정부보고서는 4·3사건을 이념사건으로 보지 않는다고 했다. 하지만 4·3사건은 누구의 눈에나 분명한 이념사건이다. 이념 사건을 '이념이 개입되지 않은 탄압과 저항 사건'으로 변질시키는 데에는 그만한 흉계가 도사리고 있다. '국가를 적화시켜 보려는 야무진 착각에서, 순수한 도민을 감언이설로 선동하여 이들을 무기화하고 방패로 삼아 일으킨 반란사건'을 '미제, 경찰, 청년단이 유독 제주도민을 업수이 여겨 순수한 주민을 일방적으로 학살하자 이에 항거하여 나선 무장대를, 미군정이 과잉진압한 사건'이었다고 몰아가기 위한 흉계인 것이다. 결론적으로 4·3사건은 해방직후에서부터 1957년 4월 2일까지 만 11년 8개월 동안 벌인 지독한 반란사건이었다. 이 일련의 사건들을 놓고 4.3사건이라고 이름 지은 것은 사건의 성격을 너무나 축소한 것이라고 생각한다. 이 사건은 "제주도 반란사건"이라 명명해야 한다는 것이, 제주도 반란역사를 정리하면서 갖게된 필자의 생각이다.

제6부

좌익세력과 노무현정부의 역사왜곡

제27장 4·3역사의 왜곡 행로
제28장 "제주 4·3사건진상조사보고서"요지
제29장 좌파정권에서 좌파들이 작성한 정부보고서의 객관성 문제
제30장 왜곡된 사건들
제31장 김익렬 유고의 진위 가리기
제32장 고무줄처럼 늘어나는 4·3피해자 수
제33장 제주도는 지금 해방구

제27장
4·3 역사의 왜곡 행로

　이상에 기술된 것은 증거있는 사실들이며, 위 대부분에 대해서는 좌파들도 인정하는 부분이거나 인정할 수밖에 없는 것들이다. 한마디로 제주 4·3사건은 남로당의 지휘 하에 북한과 연계된 인물들이 저지른 반란사건이다. 그런데 지금은 4·3사건이 불의에 항거한 민중항쟁이요, 통일운동이요, 민족해방운동이요, 민주화운동으로 둔갑해 있다. 김대중과 노무현 시대에 골수좌파들이 이렇게 뒤집어 놓은 것이다. 제주시 동부 봉개동에는 '4·3평화공원'이 있고, 그 안에 '4·3평화기념관'이 있다. 공원에도, 기념관에도 '4·3사건'에 대한 정식 명칭이 없다. '사건'이라는 단어 대신에 '평화'라는 단어가 어정쩡하게 붙어 있을 뿐이다. 제주 4·3사건에는 이제까지 많은 명칭이 붙어왔다.

　'제주4·3사건' (남한책)

'제주4 · 3폭동사건'(남한책)
'제주4 · 3반란사건'(남한책)
'제주4 · 3무장봉기사건'(남한책)
'제주4 · 3인민항쟁'(남한책)
'4 · 3인민봉기'(북한책)
'4 · 3인민항쟁'(북한책)
'4 · 3반미구국투쟁'(북한책) 등이다.

2010년 11월, 대통령 직속기구인 과거사위 즉 "진실 · 화해를 위한 과거사정리위원회"(진실화해위, 위원장 이영조)는 4 · 3사건에 대해 "공산주의자가 주도한 모반 · 폭동"(communist-led rebellion)이라고 정의했다. 이것이 정답이다. 김대중 역시 위 과거사위의 평가와 같은 평가를 했다. 김대중은 1998년 11월 23일, CNN과의 인터뷰를 했다. "제주4 · 3은 공산당의 폭동으로 일어났지만 억울하게 죽은 사람들이 많으니 진실을 밝혀 누명을 밝혀줘야 한다." 좌파들에는 거짓의 DNA가 있다. 그래서 좌파들은 김대중의 위 발언을 인터넷에 이렇게 소개했다. "제주 4 · 3은 억울하게 죽은 사람들이 많으니 진실을 밝혀 누명을 벗겨줘야 한다." CNN과의 인터뷰 내용에서 "제주 4 · 3은 공산당의 폭동"이라는 부분을 떼어낸 것이다.

김대중의 위 발언이 있는 후 4 · 3사건의 왜곡작전이 급물살을 탔다. 1999년 12월 26일 국회에서 "제주4 · 3사건 진상규명 및 희생자 명예회복을 위한 특별법"(4 · 3특별법)이 통과되었고, 2000년 1월 12일

법률 제6117호로 제정 공포되면서 이른바 4·3특위(제주4·3사건진상
규명 및 희생자명예회복위원회)가 설치되어 정부 차원에서의 진상조사가
가동됐다. 4·3위원회 구성은 다음과 같다.

> 당연직 : 국무총리(위원장), 국방, 법무, 행자, 복지, 예산, 법제,
> 　　　　제주지사(8명)
> 위촉직 : 강만길, 김삼웅, 김점곤, 김정기, 박재승, 박창욱, 서중석,
> 　　　　신용하, 이돈명, 이황우, 임문철, 한광덕(12명)
> 소위원회 : 총리, 국방, 법무, 김삼웅, 김점곤, 신용하, 간사 박원순
> 　　　　　(7명)

위 4·3위원회(제주4·3사건진상조사 및 명예회복위원회)는 2000년 8월 28일에 구성됐다. 위 구성을 보면 국무총리를 비롯한 당연직들은 모두 김대중이 임명한 정부요원들이라 거수기에 불과했다. 오직 위촉직이 발언권을 가지고 있었지만 한광덕, 김점곤, 이황우 세 사람을 빼면 모두 다 4·3사건을 뒤집는 쪽으로 적극 활동했던 사람들이었다.

진상조사는 진상위가 구성된 2000년 8월 28일부터 시작됐어야 했지만, 보이지 않는 사람들이 조사위 구성일자보다 3개월 이전인 2000년 6월 1일부터 나서서 조사에 착수했다. 이들 보이지 않는 세력은 6월 1일부터 6개월 동안을 접수기간으로 정하고 '모든 희생자는 신고하라'는 식의 마구잡이식 접수를 시작했다. 그리고 그 후 신고기간을 3개월(2001.3.1~5.31) 연장하여 총 9개월에 걸쳐 모두

14,028명의 희생자를 접수했다.

신고가 완료(2001.5.31)될 때까지도 누가 억울한 희생자에 해당하는 지에 대한 심의규정이 없었으며, 언급 자체가 없었다. 이로 인해 14,028명 중에는 참으로 희한한 사람들이 다 포함돼 있다. 응당 죽어야 할 수천의 폭도들이 희생자로 둔갑하여 이 14,028명에 포함돼 있고, 살아 있는 사람도 희생자, 최근까지 수명을 이어오다가 자연사 한 사람들도 희생자, 일본과 북으로 도망가 천수를 다 누리다 자연사 한 폭동주동자들도 희생자, 폭동의 지역대장으로 마을사람들을 마구 죽이고 북으로 간 사람과 그와 동조한 가족들도 희생자로 등록돼 있다.

심지어는 명예회복이 필요 없는 4·3관련 국가유공자(대한민국훈장 수상자)들과 당시의 군인 및 경찰출신이 신고를 했는가 하면 유죄 확정판결로 사형이 집행됐던 수형인들까지도 억울한 희생자로 등록돼 있다. 경찰출신으로 고급훈장까지 받은 사람도 억울한 희생자가 돼 있었다. 이 신고자에게 직접 확인해 본 즉 참으로 어이없는 현상이 발견되었다. 보이지 않는 얼굴들이 나서서 "4·3명예회복 대상자에 일단 포함되어야만 차후에 5.18의 경우처럼 금전적 보상을 받을 수 있다"며 선동한 것이다. 따라서 이렇게 등록된 14,028명이라는 숫자는 전혀 믿을 수 없는 숫자인 것이다. 이렇게 김대중-노무현 정부가 저지른 사기행위요, 좌파들이 저지른 사기행위인 것이다. 이 14,028이라는 숫자는 모두 김대중 정부 시절이었던 2001년 5

월 31일에 결정됐고, 2003년 4월 29일 '제주4·3사건진상조사보고서' 일명 정부보고서에 그대로 반영됐다. 10월 15일 이 보고서를 채택하는 과정에서 민간위촉 9명의 위원 중 보고서 내용의 편파성을 제기한 3명이 탈퇴했다. 한광덕, 유재갑(먼저 사퇴한 김점곤 후임), 이황우였다.

노무현은 후보시절, 대통령에 당선되면 4·3사건의 진상조사 결과에 따라 직접 사과할 것을 공약했다. 노무현은 '대한민국은 태어나서는 안 될 더러운 정권이고, 이승만 정부는 정의를 짓밟은 기회주의가 득세한 정부'라는 역사관을 가지고 있었기 때문에 위 공약은 그가 대통령이 되면 4·3역사를 뒤집어 놓겠다고 단단히 벼르고 있었다는 것을 의미한다.

노무현이 집권하자마자 2003년 4월 29일에 발행된 580쪽의 '4·3사건진상조사보고서' 안은 진상조사보고서작성기획단(단장 박원순 변호사)이 작성한 것이다. 주지하다시피 박원순은 골수 좌익이다. 바로 박원순-강만길-김삼웅 등 골수좌파들이 작성한 '정부보고서안'이 2003년 3월 21일, 심의를 위해 국무총리를 위원장으로 하는 4·3위원회에 회부됐다. 이때 경찰 측 위촉위원인 이황우 위원과 국방부 측 위촉위원인 한광덕(예비역 소장)은 보고서 안이 1) 무장폭동을 정당화했고, 2) 신고자의 일방적인 주장을 여과과정 없이 그대로 '희생자'로 등록했고, 3) 집필진 4명의 구성이 좌편향 인사들이라 매우 부당하다는 이유를 내걸어 심의를 유보하자는 의견을 제시했다. 감사원의 감사가 필요하다고도 주장했다.

　진상조사를 최일선에서 담당하는 팀을 보면 그림이 더 명확해 진다. 수석전문위원에 양조훈(제주사람, 유족측), 전문위원에 나종삼(육사 21기, 전북) 장준갑(전북 유족측) 김종민(제주 유족측) 박찬식(제주 유족측), 그리고 전문위원을 보좌하는 조사위원에 김애자, 장윤식, 김은희, 조경희, 배성식, 박수환, 현삭이, 민은숙, 부미선, 김정희, 정태희, 등 11명인데 이 중 대부분이 제주도 출신이다. 이 중 나종삼 위원은 보고서가 채택된 다음날인 2003년 10월 16일 사퇴했다.

> 4·3 보고서 초안 집필진 4명 중 팀장 포함 3명이 유족 측이고, 양조훈은 좌익이며, 초안을 검토하는 기획단 위촉직 10명 중 유족 측이 7명이었으며, 수정안을 검토하는 보고서 심사 소위원회의 위촉직 5명 중 유족 측이 4명이었고, 보고서를 통과시키는 위원회의 위촉직 12명 중 유족 측이 9명이었다(조사전문위원인 나종삼 위원 증언).

　위와 같이 집필은 4명이 담당했는데 그 중 3명이 제주출신이고, 1명은 군 출신(육사21기 나종삼)으로 구성돼 있었다. 더욱 가관인 것은 군 출신의 집필범위를 극히 제한한 것이다. 군 출신은 4·3사건 중에서 오직 6·25이후 상황에 대해서만 집필해야 한다는 것이었다. 이는 채용조건에까지 명시돼 있으며 군출신은 4·3사건의 핵심을 절대로 건드리지 말라는 노골적이고도 계획적인 책략이었다. 이에 두 사람이 격렬하게 반발했고, 그래서 보고서 안에 대해서는 1주간의 검토 후에 재심하기로 했다.

3일 후인 3월 24일, 잠정적으로 구성된 소위원회에 참석했던 김점곤 위원(국방부가 위촉한 합참 전 대간첩작전본부장, 경희대 교수)은 진상조사보고서가 피해 중심으로 집필된 사실에 대해 문제점을 지적했다. 하지만 좌파 중심으로 구성된 소위는 김점곤 교수의 이의신청을 묵살했고, 결국 김점곤 위원은 사의를 표명한 후 소위원회에 참가하기를 거부했다.

1주 후인 3월 29일, 4·3위원회가 속개됐다. 진상조사보고서 기획단장인 박원순은 국방부의 수정요구가 대부분 반영됐다고 보고했다. 그러나 여기에서 경찰측 대표 이황우와 국방부측 대표 한광덕 위원이 수긍하지 않았다. 이황우 의원은 무장대의 "폭동"을 "봉기"로 표현했고, 군경의 작전에 대해서는 '초토화' '궤멸' 등의 과장된 용어가 사용되고 있음을 지적했다. 한광덕 위원은 2001년 9월 27일에 발표된 헌법재판소의 4·3특별법 위헌소원 결과를 가지고 이의를 제기했다. 재판관 9명 중 2명은 4·3을 '반란'으로 규정했고, 7명은 '폭동'으로 표현했는데도 불구하고 박원순이 주도한 '제주4·3사건진상조사보고서'(안)에는 4·3사건의 성격을 "반란"이나 "폭동"이라 하지 않고, "무장봉기"로 탈바꿈해 있으며, 이는 역사의 왜곡이자 헌법재판소가 규정한 '4·3사건'의 성격까지 무시한 처사라고 주장했다.

심사는 또 다시 지연됐다. 벌써 3번째였다. 신용하 위원이 나쁜 중간자 역할을 수행했다. '현재의 수정안을 일단 승인하고 새로운 자료가 발견되면 6개월 내에 수정·보완 하자'는 매우 이상하고 의혹스러운 제안을 한 것이다. 이에 국방장관을 대신하여 참석한 국방차관은 추가수정을 완료할 때까지 보고서 채택을 보류하자는 역제안을 했다. 하지만 국무총리 고건은 신용하 위원의 제안을 수용하고 말았다. 독도문제라면 앞장 서왔던 신용하 교수, 4·3에 대해서만은 석연치 않은 행동을 보였다. 제주4·3위원회 전문위원인 나종삼과 신용하 사이에도 분쟁이 있었다. 나종삼의 조선일보 기고(2003. 10. 15)에 대해 신용하가 거짓이라고 반발한 것이다. 신용하 교수가 분명 좌익편을 들었다는 것이 사퇴한 위원들의 한결같은 말이다. 이황우는 사퇴서에서 이렇게 밝혔다.

> 20여 개 기관 및 단체에서 정부의 진상보고서(안)에 대해 376곳에 걸쳐 수정의견을 제출했지만, 위원장은 어떤 내용이 제기되었는지 조차 전체회의에 제시하지도 않았고, 이황우 위원이 전체회의에서 이 문제를 제기했지만 바위에 달걀치기로 묵살됐다. 결국 4·3사건은 남로당에 의하여 일어난 무장폭동이 아니라 경찰의 발포로 일어난 무장봉기로 왜곡됐다(이황우의 사퇴서에서).

보도에는 보고서가 만장일치로 채택되었다고 했지만, 이는 거짓말이다. 4·3위원회가 언론에 거짓말을 제공했고, 언론은 무책임하게 이를 그대로 보도한 것이다. 54개군 관련단체와 20개 경찰 관련단체가 376건의 수정의견을 내 잘못됐거나 왜곡된 부분을 지적했지만 모두가 묵살됐다. 그래서 이황우와 한광덕 두 위원은 '합의 의결서'에 서명하지 않았다. 그런데 어떻게 해서 만장일치였다는 말인가? 결국 2003년 8월 15일, 박원순이 주도한 '제주4·3사건 진상조사보고서'(안)은 '만장일치'가 아니라 '강압적인 일사천리'로 채택되었던 것이다. 그리고 이 보고서의 건의에 따라 노무현은 2003년 8월 31일 직접 제주도로 날아가 과거의 정부를 부정하는 역사반란을 일으키고야 말았던 것이다. "국정을 책임지고 있는 대통령으로서 과거 국가권력의 잘못에 대해 유족과 제주도민 여러분에게 진심으로 사과와 위로의 말씀을 드립니다. 무고하게 희생된 영령들을 추모하며 삼가 명복을 빕니다."

바로 이것이 대한민국의 현직 대통령이 대한민국의 건국을 부정하는 '역사쿠데타'의 현장이었던 것이다. 4·3사건이 '정당한 민중항쟁'이었다면 항쟁에 앞장 선 김달삼과 이덕구는 '가장 명예로운 희생자'로 부각-칭송되어 희생자 명단의 가장 앞자리에 기록돼 있어야 한다. 하지만 14,028명의 희생자 명단에 이 두 사람의 이름은 없다. 이 두 사람은 북한에서 각기 국기훈장 2급과 3급을 추서받고 평양 신미리 애국렬사릉에 1.5m 높이의 흰 대리석 묘비를 안고 가매장되어 있다.

제주4·3사건이 '정당한 민중항쟁'이었다면 그들을 토벌한 군과 경찰은 '국가폭력배'로 처벌을 받아야 마땅할 것이다. 하지만 노무현 정권은 당시의 군·경을 '국가폭력배'로 규정한다는 말만 쏟아냈지 인민군 유격대를 토벌한 군·경을 격하 또는 처벌하지 못했다. 진압과정에서 전사한 군인 180명, 경찰 153명은 지금도 제주 '충혼묘지'에 유공자 자격으로 안치돼 있고 해마다 6월 6일 현충일에는 도지사-제주시장 등 정부 대표자들이 모여 형식적이었지만 추모행사를 거행하고 있다. 조용했던 제주도를 뒤집어 놓은 인민군 유격대도 유공자가 되고, 국가 안녕을 위해 이들 반역자들을 토벌한 군·경도 유공자가 된 것이다. 지금도 대학 입시에서나 취업 일선에서 제주도 반란군측 자손들은 유공자로서의 모든 혜택을 다 누리고 있으며 이에 더해 금전적 보상을 요구하고 있다.

제28장 "제주4·3사건진상조사보고서" 요지

정부보고서의 요지

아래는 이른바 정부보고서에 있는 요약문을 간단히 정리한 것이다. 노무현 정권 하에서의 '정부보고서'는 무장공비의 가공할 야만적 테러행위와 제주도 좌익들의 만행들에 대해서는 침묵하고, 군경과 미군정의 조치에 대해서만 야만적인 것으로 부풀렸다. 이하 정부보고서의 말미에 실려 있는 요약문을 다시 요약한다(이하 필자의 요약문).

4·3사건의 발단은 3·1절 발포사건으로 촉발됐다. 3·1사건은 경찰이 시위 군중에게 발포해 6명 사망, 8명 중상을 입힌 사건으로, 희생자 대부분이 구경하던 일반주민이었다. 경찰발포에 항의한 '3·10 총파업'은 관공서, 민간기업 등 제주도 전체의 직장 95% 이상이 참여한, 한국에서는 유례가 없었던 민·관 합동 총파업이었다.

사태를 중히 여긴 미군정은 조사단을 제주에 파견, 이 총파업이 경찰발포에 대한 도민의 반감과 이를 증폭시킨 남로당의 선동에 있다고 분석했다. 그러나 사후처리는 '경찰의 발포' 보다는 '남로당의 선동'에 비중을 두고 강공 정책을 추진했다. 도지사를 비롯한 군정 수뇌부들이 전원 외지사람들로 교체됐고, 응원경찰과 서청단원 등이 대거 제주에 내려가 파업 주모자에 대한 검거작전을 전개했다. 검속 한 달 만에 500여 명이 체포됐고, '4·3' 발발 직전까지 1년 동안 2,500명이 구금됐다. 테러와 고문이 잇따랐다.

1948년 3월에는 일선 지서에서 잇따라 3건의 고문치사 사건이 발생했다. 제주사회는 금방 폭발할 것 같은 위기상황으로 변해갔다. 이때 남로당 제주도당은 조직 노출로 위기상황을 맞고 있었다. 수세에 몰린 남로당 제주도당 신진세력들은 미군정 당국에 등 돌린 민심을 이용해 두 가지 목적, 즉 하나는 조직의 수호와 방어의 수단으로서, 다른 하나는 당면한 단선·단정을 반대하는 '구국투쟁' 으로서 무장투쟁을 결정했다.

1948년 4월 3일 새벽 2시 350명의 무장대가 12개 지서와 우익단체들을 공격하면서 무장봉기가 시작됐다. 이들 무장대는 경찰과 서청의 탄압 중지와 단선, 단정 반대. 통일정부 수립 촉구 등을 슬로건으로 내걸었다. 미군정은 초기에 이를 '치안상황'으로 간주 경찰력과 서청의 증파를 통해 사태를 막고자 했다. 그러나 사태가 수습되지 않자 주한미군사령관 하지 중장과 군정장관 딘 소장은 경비대에 진압작전 출동명령을 내렸다.

한편 9연대장 김익렬 중령은 무장대 측 김달삼과의 '4·28 협상'을 통해 평화적인 사태 해결에 합의했다. 그러나 이 평화협상은 우익청년단체에 의한 '오라리 방화사건' 등으로 깨졌다. 미군정은 제20연대장 브라운 대령과 24군단 작전참모 슈 중령의 제주 파견, 경비대 9연대장 교체 등을 통해 5·10선거를 성공적으로 추진하려고 노력했다. 그러나 5월 10일 실시된 총선거에서 전국 200개 선거구 중 제주도 2개 선거구만이 투표수 과반수 미달로 무효 처리되었다.

그러자 미군정은 브라운 대령을 제주지구 최고사령관으로 임명, 강도 높은 진압작전을 전개하며 6월 23일 재선거를 실시하려고 시도했으나 실패했다. 5월 20일에는 경비대원 41명이 탈영해 무장대 측에 가담하는 사건이 생겼고, 6월 18일 신임 연대장 박진경 대령이 부하 대원에 의해 암살당하는 사건이 발생, 충격을 주었다.

그 이후 제주 사태는 한때 소강국면을 맞았다. 무장대는 김달삼 등 지도부의 '해주대회' 참가 등으로 조직 재편의 과정을 겪었다. 군경 토벌대는 정부수립 과정을 거치면서 느슨한 진압작전을 전개했다. 그러나 소강상태는 잠시 뿐이었다. 남한에 대한민국이 수립되고, (필자 주 : 남한의 단독정부가 먼저 세워지고 후에 북한의 단독정부가 수립되었다는 주장)북쪽에 또 다른 정권이 세워짐에 따라 이제 제주도 사태는 단순한 지역문제를 뛰어 넘어 정권의 정통성에 대한 도전으로 인식되었다. 이승만 정부는 10월 11일 제주도경비사령부를 설치하고 본토의 군병력을 제주에 증파시켰다. 그런데 이때 제주에 파견하려던 여수의 14연대가 반기를 들고 일어남으로써 걷잡을 수 없는 소용돌이 속에 휘말리게 되었다.

11월 17일 제주도에 계엄령이 선포되었다. 이에 앞서 9연대 송요찬 연대장은 해안선으로부터 5km 이상 들어간 중산간 지대를 통행하는 자는 폭도배로 간주해 총살하겠다는 포고문을 발표했다. 이때부터 중산간 마을을 초토화시킨 대대적인 강경 진압작전이 전개되었다. 이와 관련, 미군 정보보고서는 "9연대는 중산간 지대에 위치한 마을의 모든 주민들이 명백히 게릴라부대에 도움과 편의를 제공하고 있다는 가정 아래 마을 주민에 대한 '대량학살계획(program of mass slaughter)'을 채택했다"고 적고 있다.

계엄령 선포 이후 중산간 마을 주민들이 많은 피해를 입었다. 중산간 지대에서 뿐만 아니라 해안변 마을에 소개한 주민들까지도 무장대에 협조했다는 이유로 죽임을 당했다. 그 결과 목숨을 부지하기 위해 입산하는 피난민이 더욱 늘었고, 이들은 추운 겨울을 한라산 속에서 숨어 다니다 잡히면 사살되거나 형무소 등지로 보내졌다. 심지어 진압 군경은 가족 중에 한사람이라도 없으면 '도피자 가족'으로 분류, 그 부모와 형제자매를 대신 죽이는 '대살(代殺)'을 자행하였다.

12월 말 진압부대가 9연대에서 2연대로 교체됐지만, 함병선 연대장의 2연대도 강경 진압을 계속하였다. 재판 절차도 없이 주민들이 집단으로 사살되었다. 가장 인명 피해가 많았던 '북촌사건'도 2연대에 의해 자행되었다. 1949년 3월 제주도지구전투사령부가 설치되면서 진압·선무 병용작전이 전개되었다. 신임 유재흥 사령관은 한라산에 피신해 있던 사람들이 귀순하면 모두 용서하겠다는 사면정책을 발표했다. 이때 많은 주민들이 하산하였다. 1949년 5월 10일 재선거가 성공리에 치러졌다. 그해 6월 무장대 총책 이덕구의 사살로 무장대는 사실상 궤멸되었다.

그러나 한국전쟁이 발발하면서 또다시 비극이 찾아왔다. 보도연맹 가입자, 요시찰자 및 입산자 가족 등이 대거 예비 검속되어 죽임을 당하였다. 또 전국 각지 형무소에 수감되었던 4·3사건 관련자들도 즉결처분되었다. 예비검속으로 인한 희생자와 형무소 재소자 희생자는 3,000여 명에 이른 것으로 추정된다. 유족들은 아직도 그 시신을 대부분 찾지 못하고 있다.

잔여 무장대들의 공세도 있었으나 그 세력은 미미하였다. 1954년 9월 21일 한라산 금족(禁足)지역이 전면 개방되었다. 이로써 1947년 3·1절 발포사건과 1948년 4·3 무장봉기로 촉발되었던 제주4·3사건은 실로 7년 7개월 만에 막을 내리게 되었다. 따라서 제주4·3사건은 "1947년 3월 1일 경찰의 발포사건을 기점으로 하여, 경찰·서청의 탄압에 대한 저항과 단선·단정 반대를 기치로 1948년 4월 3

일 남로당 제주도당 무장대가 무장봉기한 이래 1954년 9월 21일 한라산 금족지역이 전면 개방될 때까지 제주도에서 발생한 무장대와 토벌대간의 무력충돌과 토벌대의 진압과정에서 수많은 주민들이 희생당한 사건"이라고 정의할 수 있다.

이번 진상조사 과정에서 쟁점이 되는 다음의 사항들이 집중적으로 조사되었다.

(1) 이 과정에서 남로당 중앙당의 직접적인 지시가 있었다는 자료는 발견되지 않고 있다. 그런데 남로당 제주도당을 중심으로 한 무장대가 선거관리요원과 경찰 가족 등 민간인까지 살해한 점은 분명한 '과오(필자 주 : 유격대가 선거관리요원 등 민간인을 살해한 점이 옥에 티라는 정도로 표현한 것임.)'이다. 그리고 김달삼 등 무장대 지도부가 1945년 8월 해주대회에 참석, 인민민주주의정권 수립을 지지함으로써 유혈사태를 가속화시키는 계기를 제공했다고 판단된다.

(2) 4·3사건에 의한 사망, 실종 등 희생자 숫자를 명백히 산출하는 것은 매우 어렵다. 본 위원회에 신고된 희생자 수는 14,028명이다 그러나 이 숫자를 4·3사건 전체 희생자 수로 판단할 수는 없다. 아직도 신고하지 않았거나 미확인 희생자가 많기 때문이다. 본 조사에서는 여러 자료와 인구 변동 통계 등을 감안, 잠정적으로 4·3사건 인명 피해를 25,000~30,000명으로

추정했다.

⑶ 본 위원회에 신고된 희생자의 가해자별 통계는 토벌대 75.1%(10,955명), 무장대 12.6%(1,764명), 공란 9%(1,266명) 등으로 나타났다. 가해 표시를 하지 않은 공란을 제외해서 토벌대와 무장대와의 비율로만 산출하면 86.1%와 13.9%로 대비된다. 이 통계는 토벌대에 의해 80% 이상이 사망했다는 미군 보고서와 그 맥을 같이 하고 있다. 특히 10세 이하 어린이(5.8%·814명)와 61세 이상 노인(6.1%·860명)이 전체 희생자의 11.9%를 차지하고 있고, 여성의 희생(21.3%·2,985명)이 컸다는 점에서 남녀노소 가리지 않은 과도한 진압작전이 전개됐음을 알 수 있다.

⑷ 제주도 진압작전에서 전사한 군인은 180명 내외로 추정된다. 또 경찰전사자는 140명으로 파악되고 있다. 4·3사건 당시 희생된 서청, 대청, 민보단 등 우익단체원들은 '국가유공자'로 정부의 보훈대상이 되고 있다. 보훈처에 등록된 4·3사건 관련 민간인 국가유공자는 모두 639명이다.

⑸ 서청 단원들은 '4·3' 발발 이전에 500~700명이 제주에 들어와 도민들과 잦은 마찰을 빚었고, 그들의 과도한 행동이 '4·3' 발발의 한 요인으로 거론되었다. '4·3' 발발 직후에는 500명이, 1948년 말에는 1,000명 가량이 제주에서 경찰이나 군인 복장을 입고 진압활동을 벌였다(필자 주 : 서청, 즉 서북청년단은 북

에서 재산을 몰수당한 후 구사일생으로 넘어온 청년들로 공산당을 증오했다. 이들이 대거 경찰과 군으로 들어가 공비토벌에 참여했다. 이것을 놓고 정부 보고서는 서청이 군복과 경찰복을 입고 군정의 묵인 하에 설쳤다고 표현하는 것이다.). 제주도청 총무국장 고문치사도 서청에 의해 자행되었다. 서청의 제주 파견에는 이승만 대통령과 미군이 후원했음을 입증하는 문헌과 증언이 있다.

(6) 1948년 11월부터 9연대에 의해 중산간 마을을 초토화시킨 강경진압 작전은 가장 비극적인 사태를 초래하였다. 강경진압작전으로 중산간 마을 95% 이상이 불타 없어졌고 많은 인명이 희생됐다. 4·3사건으로 가옥 39,285동이 소실되었는데, 대부분 이때 방화되었다. 결국 이 강경진압 작전은 생활의 터전을 잃은 중산간 마을 주민 2만명 가량을 산으로 내모는 결과를 빚었다. 이 무렵 무장대의 습격으로 민가가 불타고 민간인들이 희생되는 사건도 있었는데, 대표적인 피해 마을은 세화, 성읍, 남원으로 주민 30~50명씩 희생되었다.

(7) 9연대에 이어 제주에 들어온 2연대도 공개적인 재판절차도 거치지 않은 채 즉결처분하기는 마찬가지였다. 대표적인 주민 집단총살 사건인 '북촌사건'은 남녀노소 가리지 않고 한마을 주민 400명 가량이 2연대 군인들에 의해 총살당한 사건이다. 위원회에 신고된 자료에 의하면, 100명 이상 희생된 마을이 45개소에 이른다.

(8) 1948년 12월(871명)과 1949년 6월(1,659명) 등 모두 두 차례 2,530명을 대상으로 실시됐다는 '4·3사건 군법회의'는 다각적인 조사결과, 재판의 공판조서 등 소송기록이 발견되지 않은 점, 재판이 없었거나 형무소에 가서야 형량이 통보되는 등 형식적인 절차에 불과했다는 관계자들의 증언, 하루에 수백 명씩 심리 없이 처리하는 한편, 이틀 만에 345명을 사형 선고했다고 하나 이런 사실이 국내 언론에 전혀 보도되지 않은 점, 그 시신들이 암매장된 점 등 당시 제반 정황을 볼 때, 법률이 정한 정상적인 절차를 밟지 않았다고 판단된다.

(9) 1948년 11월 17일 선포돼 그해 12월 31일 해제된 '4·3 계엄령'에 대해서는 계엄법이 제정되기 이전에 법적 근거 없이 발효됐기 때문에 불법이라는 측과 일제 계엄령이 계속 효력을 갖고 있기에 적법하다는 측의 다툼이 있다. 여기서는 계엄의 법적 근거 여부를 떠나서 제주도에서의 계엄령 집행이 법의 테두리를 벗어나 이탈했음을 지적하고자 한다. 계엄령 하에서 재판절차 없이 즉결처분이 빈번하게 진행됐기 때문이다. 특히 당시 군 지휘관들조차 계엄령을 잘 알지 못했는데, 심지어 계엄령 해제 후인 1949년 제주작전에 참여한 2연대 대대장이나 독립대대 대대장은 그때까지도 계엄령이 지속된 것으로 알고 있었다고 증언하고 있다.

(10) 집단 인명피해 지휘체계를 볼 때 중산간 마을 초토화 등의

강경작전을 폈던 9연대장과 2연대장에게 1차 책임을 물을 수 밖에 없다. 이 두 연대장의 작전기간인 1948년 10월부터 1949년 3월까지 6개월 동안에 전체 희생의 80% 이상을 발생시켰기 때문이다. 그러나 최종 책임은 이승만 대통령에게 돌아갈 수밖에 없다. 이승만 대통령은 계엄령을 선포하고, 1949년 1월 국무회의에서 "미국 측에서 한국의 중요성을 인식하고 많은 동정을 표하나 제주도, 전남사건의 여파를 완전히 발본색원 하여야 그들의 원조는 적극화할 것이며 지방 토색(討索) 반도 및 절도 등 악당을 가혹한 방법으로 탄압하여 법의 존엄을 표시할 것이 요청된다"고 발언하며 강경작전을 지시한 사실이 이번 조사에서 밝혀졌다.

(11) 4·3사건의 발발과 진압과정에서 미군정과 주한미군사고문단도 자유로울 수 없다. 이 사건이 미군정 하에서 시작됐으며, 미군 대령이 제주지구사령관으로 직접 진압작전을 지휘했다. 미군은 대한민국 수립 이후에도 한·미 간의 군사협정에 의해 한국군 작전통제권을 계속 보유하였고, 제주 진압작전에 무기와 정찰기 등을 지원하였다. 특히 중산간 마을을 초토화시켰던 9연대의 작전을 '성공한 작전'으로 높이 평가하는 한편 군사고문단장 로버츠 준장이 송요찬 연대장의 활동상을 대통령의 성명 등을 통해 널리 알리도록 한국정부에 요청한 기록도 있다.

(12) 연좌제에 의한 피해도 극심하였다. 죄의 유무에 관계 없이, 4·3사건 때 군경 토벌대에 의해 죽임을 당했다는 그 이유 하나만으로 희생자의 가족들은 연좌제에 의해 감시당하고 사회활동을 제약받았다. 제주공동체에 엄청난 상처를 주었던 4·3사건의 상흔들이 그 유족들에게까지 대물림된 것이었다. 제주도민들과 유족들은 법적 근거도 없는 연좌제로 인하여 레드 콤플렉스에 시달렸다. 1981년 연좌제가 폐지되면서 그 굴레에서 벗어났지만, 유족들이 당하는 정신적 고통은 아직도 계속되고 있다.

이 조사는 다각적인 노력에도 불구하고 4·3사건의 전체 모습을 드러냈다고 볼 수 없다. 경찰 등 주요기관의 관련문서 폐기와 군 지휘관의 증언 거부, 미국 비밀문서 입수 실패 등은 아쉬움으로 남는다(끝).

위 정부보고서는 양조훈이 주도해 썼다. 그는 국무총리소속 4·3위원회 수석전문위원이었다. 양조훈은 정부보고서와는 별도로 그는 "4·3사건진상조사보고서 채택의 의의"라는 글을 자랑스럽게 썼지만 그 글에는 4·3진상규명 작업이 왜 잘못되었는지 잘 나타나 있다. 위 기고에서 그는 정부의 4·3보고서가 크게 2가지에 대해 초점을 맞추었다고 했다. 첫째 주민희생에 키워드를 두었고 둘째, 이데올로기적 시각을 배제하고 해방 후, 남한사회에 있었던 미소대립의 모순구조에 초점을 두었다고 했다.

진상조사 수석전문위원 양조훈이 밝힌 4·3진상보고서에 대한 고백

보고서 발간 직후 양조훈은 "4·3사건진상조사보고서 채택의 의의"라는 글을 썼다. 양조훈은 4·3에 대한 정부보고서를 실질적으로 주도한 사람이다. 그의 글에는 진상규명이 왜 잘못되었는지에 대한 고백이 들어 있다. 그는 당당하게 썼지만 바로 그것이 잘못에 대한 고백서나 다름없었다. 2003년 10월 15일 양조훈이 작성한 "제주 4·3사건진상보고서"는 고건이 이끄는 위원회에서 최종 확정됐다. 그는 위 기고에서 정부의 4·3보고서가 5가지 특징이 있다고 했다.

정부보고서는 1) 정부 차원에서 조사한 최초의 보고서다. 2) 인권침해 규명에 역점을 두었다. 3) 정부가 인권유린을 저질렀다는 것을 인정했다. 4) 대량학살을 초래한 초토화 작전이 이승만과 미군정에 의해 이루어졌다는 것을 규정했다. 5) 한국 최초로 특별법에 의해 과거를 청산했다.

양조훈에 의하면 보고서는 두 가지 쟁점에 초점을 맞췄다고 했다.

   (1) 주민희생에 키워드를 두었다.
   (2) 이데올로기적 시각을 배제하고 해방 후, 남한사회에 있었던 미소대립의 모순구조에 초점을 두었다.

양조훈은 진상보고서에 잉태된 쟁점을 이렇게 밝혔다.

(1) 인명피해의 숫자: 접수된 피해자의 총수는 14,028명이지만 25,000~30,000명으로 추정한다.
(2) 토벌대가 희생자의 86%를, 무장유격대가 14%를 죽였다.
(3) 4·3무장봉기의 시발은 3·1사건이다. 3·1사건에서는 경찰이 시위대 6명을 총으로 쏘아 살해했고, 육지 출신 도지사가 와서 극우적 행동을 보였고, 증원된 경찰과 서청에 의해 검거, 테러, 고문행위가 자행됐다. 이를 기화로 남로당 제주도당이 5·10선거 반대투쟁을 일으켜 4월 3일부터 경찰지서 등을 습격하는 무장봉기 사태가 발생했다.
(4) 여기까지에는 남로당 중앙당의 지시가 전혀 없었다. 다만 남로당 제주도당의 지시를 받은 무장대가 군경, 선거관리요원, 경찰가족, 민간인을 살해한 것은 무장대의 분명한 과오였다. 김달삼 등 무장대 지도부가 1948년 8월 해주대회에 참석하여 남한에서의 '인민민주주의 정권수립'을 지지함으로써 유혈사태를 가속화시키는 계기를 제공했다.
(5) 무장대의 조직은 인민유격대, 자위대, 특공대로 편성되었다. 무장유격대의 전체 숫자는 500명, 4월 3일 봉기 때의 무장병력은 350명, 총은 낡은 99식이 30여 정에 불과했다. 하지만 지서를 습격해서 빼앗고, 국방경비대가 탈영 입산함에 따라 무기가 늘어났다.
(6) 진압작전에서 군인은 180명, 경찰은 140명이 희생됐다. 그리고 총 639명의 우익단체 요원들이 보훈대상이 되어 있다.
(7) 시기별로 인명피해가 가장 심한 시기는 1948년 11월 부터다. 9연대가 강경진압에 의해 중산간 마을 95% 즉 30,000여 동을 초토화시켰다.

(8) 토벌대의 대표적인 '과오'는 대량살상이다. 제2연대는 북촌 사건을 저질러 남녀노소 가리지 않고 400여 명을 집단 총살했다.
(9) 군법회의가 정상적인 법적 절차 없이 사흘 만에 345명에 대해 사형선고했다.
(10) 보고서는 집단 인민 피해 책임을 1차적으로 9연대장과 2연대장에 물었다. 최종적인 책임은 "가혹한 방법으로 탄압을 지시한 이승만"에 물었다.
(11) 미군정에 궁극적인 책임을 묻는다. 특히 미군정은 중산간 마을을 초토화시킨 9연대 작전을 "성공한 작전"으로 높이 평가했다.
(12) 연좌제의 피해에 대해서도 책임을 물었다. 1981년 전두환이 연좌제를 폐지할 때까지 희생자의 86%에 해당하는 유가족들은 고통을 받았다.

이상은 4·3위원회 수석 전문위원 양조훈이 정정당당하게 내놓은 배짱있는 글이다.

양조훈은 정부진상조사의 주안점이 '이데올로기(이념)'가 아니라 '주민희생'이라고 규정했다. 4·3사건은 분명한 좌-우익 사이에 발생한 이데올로기 사건이다. 이데올로기 사건에서 이데올로기를 빼면 무엇이 남는가? 이데올로기가 없었다면 어째서 해방의 기쁨을 만끽할 사이도 없이 대한민국에서 빨갱이들이 박헌영을 중심으로 하여 수많은 국민들을 무고하게 살해하고 파업을 하고 방화하고 파괴를 일삼았겠는가? 이데올로기가 없었다면 소련이 500만엔을 지원하면서 9월의 총파업과 10월의 대폭동을 일으키지 않았을 것이다.

 박헌영의 지령으로 4·3사건을 준비하고 일으켰던 김달삼은 해주로 탈출하여 북한에서 북한판 국회의원이 되었고, 박헌영-김일성-스탈린 만세를 불렀다. 제주도 무장대들과 그 동조자들은 적기가, 인민항쟁가를 부르고 인공기를 게양하고 가까운 친구들과 친척들을 이데올로기가 다르다는 이유로 마구 살해했다. 이런 것들은 이데올로기가 아니었던가? 4·3사건에서 어떻게 감히 이데올로기를 빼낼 생각을 다 했는지 참으로 어이가 없다.

 지금도 제주도는 옛날 4·3시대로 되돌아가 있다. 900여 억원을 들여 4·3평화공원과 평화기념관을 세워놓고 모든 방문자들을 상대로 이데올로기 교육을 실시하고 있다. 그러면서도 이를 공격하는 애국자들에게 이렇게 말한다. "요새 세상에 빨갱이가 어디 있느냐, 구닥다리 색깔론은 집어치워라!" 자기들은 속으로 이데올로기 공격을 하고 있으면서 겉으로는 애국자들을 향해 혐오의 언어인 "빨갱이"나 쳐드는 수구꼴통이라고 매도하고 있는 것이다. 겉과 속이 다른 것이 바로 좌파들의 DNA인 것이다.

제29장 좌파정권에서 좌파들이 작성한 정부보고서의 객관성 문제

　4·3에 대한 정부보고서는 김대중-노무현-고건-박원순 등 친북 좌익들에 의해 만들어진 책이기 때문에 객관성이라는 형식적 요건을 상실하고 있다. 정부보고서의 표지부터가 붉은 색인 것이다. 정부보고서는 진상조사의 주안점이 이데올로기가 아니라 주민희생이라고 규정했다. 이와 아울러 정부보고서는 4·3사건이 북한 공산주의와는 아무런 상관 없이 발생한 사건이라고 주장한다. 온순하게 생업에 종사하던 제주도 양민을 미군정, 경찰, 서북청년단이 일방적으로 학대했기에 주민들이 이에 반발하고 항거했는데도 미군정이 무자비하게 학살-초토화했다는 것이 정부보고서의 핵심인 것이다.

　북한의 박설영이 그의 논문 '제주도인민의 4·3봉기와 반미 애국투쟁의 강화'의 서두에서 밝힌 것이 차라리 4·3사건의 성격을 정확하게 표현했다. "남조선 전지역에서 그러하였던 것처럼 제주도에서도 미제침략자들과 우리 인민들 사이, 진보와 반동 사이의 모순대립이 첨예화되었다."(130쪽) 좌파들의 조국인 북한에서도 인정하는 명백한 이데올로기 사건을 놓고 고건-박원순-강만길 등 좌파들이 미군정의 탄압에 대한 정당한 저항사건인 것으로 변질시킨 것이다.

이 나라 좌익들이 얼마나 대한민국 모략에 혈안이 돼 있는지는 이들이 주월한국군을 양민학살자로 몰아간 데에 매우 잘 나타나 있다. 1999년에 한겨레21의 고경태 기자가 강정구와 한홍구를 동원하고, 구수정이라는 얼굴도 없는 여자를 베트남에 보내 "구수정 통신원"의 특종이라며 32만5천의 주월한국군을 모략했다. 양민을 닥치는 대로 학살하여 총 5천명을 학살했다는 것이다. 이는 아무런 근거가 없는 그들만의 주장이었다. 구수정이라는 여자 통신원은 "월남전"을 "민족해방전쟁"이라고 정의했고, 미군, 한국군, 월남군 그리고 다른 6개 참전국들을 민족해방을 방해한 반역세력으로 몰았다. 국가의 부름을 받고 나가 희생당한 대한민국의 젊은이들을 "미군보다 잔인했던 용병"으로 규정하고, 월남에서 "친절한 따이한"이라는 명성을 세웠던 주월한국군을 살인기계들이라고 못 박았다. 한계레21을 중심으로 벌인 저들의 모략과 모함의 일단을 보자. 아래는 한겨레 21 제273호(1999. 5. 6)에 실린 글이다.

"먹빛 얼굴을 하고 땅을 굽어보고 있던 하늘은 바람을 앞세워 나무의 머리채를 흔들었다. 빗방울은 제 몸을 차창에 던지며 투두둑 눈물을 떨군다…젖먹이까지 죽이고도 모자라 무덤조차 불도저로 밀어버렸다. 갈기갈기 찢겨져 흩어진 살점과 뼛조각을 주우려는 사람들이 줄을 이었다…하늘도 눈이 멀던 그날에…아이들의 머리를 깨트리거나 목을 자르고, 다리를 자르거나 사지를 절단해 불에 던져 넣었다…여성들은 돌아가며 강간한 뒤 살해하고, 임산부의 배를 태아가 빠져나올 때가지 군화발로 짓밟았다…주민들을 마을의 땅굴로 몰아넣고 독가스를 분사해 질식사시켰다…한국군의 대량학살이 자행된 곳에는 캔디나 케이크가 물려 있었다. 노인들의 입에는 담배가 물려 있었다. 아마도 마을사람들을 안심시키면서 한 곳으로 모으는 한 수단이었는 듯하다…어린이, 임산부, 70세 이상의 노인까지 50명을 한곳에 몰아넣고 죽였다…주민을 몰아넣고 기관총을 난사했다…주민들을 한 집에 몰아넣고 기관총으로 난사한 후 죽은 자와 산 자를 통 채로 불태운다."

필자는 육군 소위-대위 시절에 월남전에 44개월 동안 참전했다. 당시 주월 한국군 사령관 채명신은 "열 명의 베트콩을 놓치더라도 단 한 명의 양민을 보호하라"는 명령과 "한국군 장병 모두는 각자 외교관이 되라"는 명령을 내렸고 모든 장병은 이 명령을 철저히 이행했다. 그래서 한국군은 주민들로부터 최고의 신뢰를 받았고, 그런 주민들의 제보로 많은 전과를 올릴 수 있었다. 가족과 떨어져 국가의 명에 따라 양민은 철저히 보호지원해 주면서 그 주민들의 제보를 가지고 공산주의자들과 싸운 참전용사들에 대해 이러한 악의적인 왜곡행위를 하는 존재들이 바로 공산주의자들이다. 눈을 시퍼렇게 뜨고 살아 있는 32만 5천의 주월한국군 출신들이 불과 몇 명의 골수좌익들에 의해 무려 2년 동안이나 꼼짝 없이 양민을 학살한 집단으로 매도당한 것이다. 이런 모함은 인터넷으로도 폭넓게 이루어졌고, 영문 번역을 통해 전 세계에 확산됐다. 이로 인해 파병했던 장병들은 부인과 자식들로부터도 싸늘한 대접을 받은 경우가 부지기수였다. 필자를 포함한 3명의 우익들이 명동 은행회관에서 저들 4명과 공개토의를 했고, 필자는 그들에게 "32만 5천명이 9년 동안 양민을 보는 대로 죽였다면 겨우 5천명 밖에 못 죽였다는 것인가? 이에 대해 당장 답을 해보라"하여 저들의 입을 막은 바 있다. 30년도 안 지난 월남참전 역사에 대해서도 이렇게 무지막지한 왜곡이 이루어지고 있는 마당인데 하물며 60여 년 전에 발생한 제주사건에 대해서야 오죽하겠는가?

정부보고서는 4·3을 '통일운동'이라고 정당화했다. 2008년 11월, 문근영의 외조부 류낙진이 문제가 됐을 때 좌익들과 좌경 매체들은 일제히 35여 년 동안 감옥에 갇혀 있던 비전향장기수 류낙진을 '통일운동가'라고 찬양했다. 이런 통일운동가가 키운 외손녀이기 때문에 여배우 문근영이 익명으로 8억 5천만 원을 기부할 만큼 아름답게 컸다는 뉴스들을 쏟아냈다. 이런 좌파들처럼 노무현-고건-박원순 등 좌파들 역시 제주도 공비를 '무장한 통일운동가'라고 미화했다. 통일을 추구하는 남로당 세력 및 제주 무장폭동 세력이, 통일을 반대하는 미군정과 이승만을 상대로 하여 투쟁한 사건이 제주4·3사건이라는 것이다.

제주 폭동을 진압한 것은 대한민국 건국을 위해 불가피한 과정이었다. 무고한 사람들을 잔인하게 죽이기로는 공비들이 더 악랄했다. 전쟁과 토벌에는 무기가 동원되고, 무기가 동원되는 충돌에는 반드시 억울한 희생자들이 생기게 마련이다. 양민이 많이 희생된 이유는 무장공비가 피아식별이 안 되는 양민을 방패로 삼았기 때문이다. 더구나 제주도 폭도들은 민간인으로 위장을 했기 때문에 유니폼을 입은 토벌대로서는 누가 적이고 누가 순수한 민간인인지 피아식별 자체가 안 되었다. 무장공비들은 지금의 카다피처럼 민간인들을 방패로 하여 싸웠다. 때문에 민간인 피해가 더 많이 발생했던 것이다. 정부보고서는 이런 측면을 간과하거나 숨겼다.

4·3에 대한 정부보고서는 좌파가 집권했을 때, 좌파들이 주동이 되어 만든 것이기에 객관성이 없다. 그 책은 좌파들에만 읽혀야 할 좌파들의 자위용 교과서일 뿐이다. 정부보고서가 말하는 4·3사건의 본질과 성격은 북한 박설영이 쓴 위 논문의 아래 표현과 일치한다.

> "1948년 4월 3일 제주도에서 일어난 무장봉기는 폭발적인 투쟁도 아니었으며 우연적인 폭동도 아니었다. 그것은 8.15 후 새 사회 건설과 나라의 자주적인 통일독립을 위하여 줄기차게 벌려온 제주도 인민들의 선행투쟁의 계승 발전이었으며 참을 수 없이 악랄해지는 적들의 식민지 파쑈통치와 민족분렬 책동을 반대하고 민주주의적 자유와 나라의 통일을 위한 정의의 반미애국투쟁이었다"

정부보고서를 작성한 주체들의 정체가 적나라하게 드러난 것이다. 정부보고서는 박설영 논문과 "주체의 기치 따라 나아가는 남조선 인민들의 투쟁"이라는 대남공작 역사책을 그대로 수용한 이적문서다. 그리고 이를 작성한 노무현-고건-박원순-강만길-김삼웅-양조훈-김종민 등은 대한민국을 부정하고 반란자들을 옹호한 반역자들이다.

제30장 왜곡된 사건들

북촌리 사건

4·3왜곡에 앞장 선 정부보고서와 추미애 등 좌익들은 군경에 의한 무차별 대량학살론을 전개하기 위해 북촌리 사건을 아래와 같이 왜곡해서 내건다.

> "이 사건은 제2연대 연대장 함병선 대령에 의해 저질러졌다. 1949. 1. 17 아침, 일부 군 병력이 이동하던 중 북촌마을 어귀에서 게릴라의 습격을 받아 군인 2명이 사망했는데 2연대가 이에 대한 무분별한 보복으로 마을을 불태웠다. 2연대는 무장대와 내통한 빨갱이 가족을 찾아낸다며 주민 약 400명을 처형했다"

좌익들과 정부보고서는 북촌리 사건을 위와 같이 정리해 놓고, 이 사건이 바로 토벌대가 저지른 대표적인 대량살상 사건이라 주장한다. 정부보고서는 북촌리에서 400명이 처형됐다고 하고, 추미애는 300명이라고 했다. 정부보고서가 추미애의 기록을 뻥튀기시킨 것이다.

제민일보 4·3 취재반이 쓴 "4·3은 말한다" 4권은 북촌리 부분을 이렇게 묘사했다.

> "북촌리는 일제 때부터 자존심 강한 마을이었다. 해방 후에는 항일독립운동가 출신들이 주도한 건준과 인민위원회를 중심으로 주민들이 똘똘 뭉쳐있었다. 북촌리는 1947년 8월 13일 경찰관에게 뭇매를 가한 소위 '8.13 사건'을 계기로 주목을 받기 시작했다. 특히 1948년 5월 16일에는 북촌 포구에 피항한 배를 조사하던 중 동승했던 경찰관 2명을 살해했다. 이 같은 사건이 벌어지면서 청년들은 수배를 받아 일찍부터 피신생활에 들어갔다. 입산 시기도 다른 마을보다 빨랐다"(435면 20줄-436면-437면 6줄). "유지들은 산에도 협조하고 토벌대에게도 협조하는 소위 "양면 작전"으로 마을을 보호했다"(437면 4줄). "입산한 북촌마을 청년들이 마을을 보호해 줬기 때문에 산 쪽으로부터의 습격은 없었다. 또 어른들은 산 쪽뿐만 아니라 토벌대에게도 협조하는 "양면 작전"을 써 강경토벌전을 피했다."

정부보고서의 발원처인 '4·3은 말한다'의 위 인용문들을 요약해 보면 북촌리 주민들은 거의 모두 인민위원회를 중심으로 똘똘 뭉친 좌익들이었고, 이들 중 희생당한 사람들은, 무고하게 사살된 것이 아니라 공산 유격대에 가담하거나 그 작전에 협조한 사람들이었다. 그렇다면 북촌리 뿐만 아니라 제주도의 다른 마을에서 희생된 사람들 모두를 순수한 "양민"이라고 주장할 수 없는 것이 아닌가?

제주도에서 이 사건을 지켜 본 사람들이 증언하는 북촌리 사건

1948년 5월 16일, 우도에서 제주도로 가던 범선이 풍랑을 맞아 북촌포구로 피항하자, 이 마을 출신 유격대 3명이 마을 주민 30여 명이 지켜보는 앞에서 우도 지서장 양태수 경사를 권총으로 사살해 바다로 던졌다. 동승했던 진남양 순경도 때려 죽였다. 이어서 유격대 7~8명이 승객 14명을 '선흘곶' 유격대 연대본부로 납치해 5월 20일 저녁에 전원 사살하려는 순간 토벌대에 의해 극적으로 구출되는 상황이 발생했다.

이때 생포한 유격대원의 안내로 군은 북촌마을 내에 있는 굴속에서 유격대원 7명을 검거했다. 이들은 권총을 휴대한 것으로 보아 지휘관급인 것으로 판명됐다. 이러한 일련의 누적된 상황들을 종합해 본 군은 당연히 북촌 마을이 유격대의 본거지요 전략촌이라는 판단을 하기에 부족함이 없었다. 이런 사건들이 누적되어 북촌의 대학살이 발생한 것이지 단지 2명의 병사가 기습을 받아 전사한 단순한 사건에 보복하기 위해 마을을 쑥대밭으로 만든 것은 아니었다.

여기에 필자가 조금 부연한다면 4·3사건이 발생한지 20여년이 지난 1970년을 전후하여 월남에서도 마을에 베트콩 진지가 있다고 판단되면 월남 성장(도지사)의 허락을 받아 마을 사람들에게 마을로부터 나오라고 방송을 한 후 마을 전체를 폭격하여 잿더미로 만든

적이 많았다.

정부보고서와 추미애는 "무장유격대"에 소속되지 않은 제주도민 전체를 "양민"으로 보고 있다. 좌익사관을 견지한 제민일보 특별취재반이 펴낸 "4·3은 말한다"에는 정부보고서와 추미애의 주장이 거짓임이 밝혀져 있다. 아래는 "4·3은 말한다"의 발췌문이다.

"1948년 10월 25일 밤 대정면 모슬봉과 가시오름. 한림면 금오름 등지에서 일제히 봉화가 올랐다. 또 마을에서는 무장대 쪽에 가담한 사람들을 중심으로 이른바 "왓샤 시위"가 벌어졌다. 무장대로서는 자신들의 존재를 과시한 시위였지만 이는 출동명령만을 기다리던 9연대에게 토벌대상 지역을 선정해 준 격이 되고 말았다. 더구나 봉화는 9연대 제3대대가 주둔하고 있던 모슬포의 모슬봉에서도 올라 군을 더욱 자극시켰다. 9연대는 봉화가 오른 대정면 신평리와 일과리, 그리고 한림면 금악리에 즉각 출동하여 젊은이들을 눈에 띄는 대로 붙잡아 모슬봉 서쪽 일제 때 만든 탄약고 터에서 집단 총살했다"(70~71면)

"1948년 10월 29일 애월면 고성리에 진입한 토벌군은 우선 무장대 은신처를 찾았다. 곤한 잠에 빠져 있다가 불의의 기습을 받은 무장대는 혼비백산 도망치기 시작했다. 이 마을 사람들은 무장유격대원 40여명에게 3,4일간 자기들 집에서 묵게 했다." (84~85면)

"4·3 초기엔 무장대가 함덕리를 장악하고 있었다. 함덕지서는 번번이 무장대의 피습을 받았다. 주민들은 무장대의 요구에 따라 식량과 의복을 올려 보냈다. 그러나 1948년 여름께부터 군·경의 강경작전이 벌어지자 대부분의 젊은이들은 은신생활에 들어갔다....주민들은 집에 숨어 지내는 것도 한계가 있었다. 그러나 밤에 몰래 내려온 무장대는 이제 곧 통일된다. 며칠 있으면 해방된다고 선전하며 여전히 기세를 올렸다...양정근씨는 자신의 경험을 이렇게 증언했다. '나는 4·3전에 남로당과 민애청에 가입했었습니다. 당시 남자면 누구나 그랬습니다. 아니면 따돌림을 받을 정도였으니까요. 그러다 사태가 심상치 않자 많은 젊은이들이 산으로 피했습니다. 80%이상이 산으로 올랐을 겁니다... 아버지 집 마굿간의 거름을 쌓아 두는 곳에 토굴을 만들어 숨었지요. 숨어 지내는 동안에도 토벌대가 세 번이나 가택수색을 했어요. 결국 나도 산으로 도망쳤습니다. 그때까지만 해도 마을에서 산으로 식량을 올려 보냈습니다. 당시 마을에는 군경원호회가 조직돼 있었는데 모금을 하면 반은 군·경 먹이는데 썼고 반은 산으로 올려보냈습니다"(431~32면)

제주도 주민의 적지 않은 사람들이 "무장유격대"의 동조자였다는 것이다. 여기에서 집단 총살당한 주민들은 일부 오인되어 억울하게 죽은 사람도 있었겠지만 죽임을 자초한 행동을 했다고 보아야 할 것이다. 따라서 이들 모두를 무고하고 억울하게 죽은 사람들이라 말할 수 없는 것이다.

북한의 4·3논문이 주장한 내용을 정부보고서가 반복해

정부보고서와 추미애의 주장은 대체로 1991년 북한의 박설영이 '과학백과사전종합출판사'에 실은 논문 "제주도 인민의 4·3봉기와 반미 애국투쟁의 강화"의 표현과 일치한다. 정부보고서의 역사관과 추미애 등 좌파들의 역사관과 북한의 역사관이 일치하는 것이다.

> 1948년 말까지 수많은 애국적 인민이 학살되고 200여 개의 부락이 소각되었다. 1949년에 들어와서 놈들의 학살만행은 더욱 악랄하게 감행되었다. 이해 2월초에만도 놈들은 남원면 남원, 위미, 의귀 등등 마을에서의 400여 명 대학살만행과 조촌면 북촌리에서의 대중적 학살만행 그리고 구좌면 평대리에서 임신부를 끌어다 국부에 막대기를 찌르고 아랫배를 갈라 태아를 꺼내서 조리를 하는 등 야수적 만행들을 서슴없이 감행하였다.
>
> 이 시기 살인악당들의 인간 살육만행은 이밖에도 이르는 곳마다에서 감행되어 수많은 인민들을 학살하였다. 놈들의 살인 만행으로 하여 빚어진 손실은 1961년 4월 조선민주법률가협회를 비롯한 8개 단체가 폭로한 "전 세계에 고함"이라는 데서 밝힌 것처럼 남해의 아름다운 섬 제주도에서는 1948년부터 1950년 사이에 총인구의 4분의 1에 해당하는 7만여 명이 학살당하였다. 당시 제주도 169개 리 중 80%인 130개리가 엄청난 피해를 입었다. 그리하여 세상에 알려진 아름다운 섬 제주도는 조국과 인민을 위해 몸 바쳐 싸운 애국적 인민들과 평화적 주민들의 선혈로 물들게 되었다.(제주도 인민들의 4.3무장투쟁사 자료집 266페이지)

이제부터는 3인의 증언을 요약하여 정부보고서가 얼마나 사실과 다른지를 지적하고자 한다. 증언자 한수섭(1931)은 당시 오현중학 2년생으로 1949년 1월 17일 이른바 북촌리 학살이 이루어진 북촌초등학교 운동장에서 학살 현장을 직접 목격한 사람이고, 훗날 제주

경찰서장을 한 사람이다. 전정택(1925)은 당시 함덕지서 순경으로 근무하고 있었으며, 1월 17일, 2연대 예하부대로 '북촌리에서 공비로부터 습격을 받고 그에 대한 보복으로 집단학살을 주도한 제3대대와 한 곳에 있었던 사람이다. 김덕선(1926)은 당시 제주 농업학교 4학년이었고, 1949년 5월 3일부터 제주경찰에 투신한 사람으로 당시 제주도 동쪽 작은 섬 '우도' 포구에서 돛대가 3개 달린 큰 범선에 경찰과 함께 타고 제주항으로 항해하다가 풍랑을 만나 북촌항에 대피하였다가 죽을 고비를 간신히 넘긴 사람이다.

이 세 사람들의 증언을 종합하면 북촌리 사건은 아래와 같다.

1949. 1. 17 북촌리 집단총살 사건의 뿌리는 1948. 6. 15 사건

1949년 1월 17일 북촌리 북초등학교 사건의 뿌리는 1948년 6월 15일로 거슬러 올라간다. 김덕선은 제주농업학교 4학년으로 임시 휴교기간을 맞아 제주도 동쪽에 동떨어진 '우도'에 소재한 본가에 왔다가 개학한다는 연락을 받고 1948년 6월 15일, '우도' 포구에서 돛대가 3개나 달린 큰 범선에 승선했다. 배는 우도지서장(경사 양태수), 인천출신 진순경, 이장 김용석, 순경 백하룡과 그의 처 김선심 및 장남, 등으로 구성된 일행 16명을 태우고 제주항으로 가기 위해 오전 10시 경에 출항했다. 북제주군 조천읍 북촌리 앞 해상에 이르자 풍랑을 만나 도저히 항해를 할 수 없었다.

이때 잠수기선 2척이 북촌항으로 입항하는 것을 보고 우리가 탄

배도 일기가 호전될 때까지 대피할 요량으로 포구에 배를 댔다. 배를 대자마자 건장한 청년 3명(편의상 갑,을,병으로 칭함)이 접근하여 이것저것 물었다. 배가 어디서 왔느냐, 어디로 가느냐, 누가 탔느냐? 우리는 그들이 민보단인줄 착각하고 우도에서 왔고 제주로 가는 중이며, 이 배에는 우도지서장도 타고 있다고 말했다. 그러자 이들이 즉시 배를 좀 보아야 하겠다며 승선했다. 을과 병이 배 멀미로 누워 있는 지서장 양태수와 진순경에게 순간적으로 접근했다. '을'은 지서장 옆에 놓아둔 카빈총 총구를 잡고, '병'은 진순경 옆에 놓아두었던 44식 총을 잡아 빼려고 격투를 했다. 바로 이 순간 '갑'이 달려들어 권총으로 양경사와 진순경을 쏘았다. 양경사는 즉사하여 바다에 버려졌고, 진순경은 옆구리에 총을 맞고 몽둥이로 머리를 맞아 뇌가 노출될 상태에 이르렀다.

포구에는 청장년층 남녀 30여 명이 모여 있었는데 이들은 우리 모두와 진순경을 하선하게 하여 밧줄로 결박하고, 총과 철창 등으로 무장한 청년 7~8명의 감시를 받으면서 2시간 정도 끌려갔다. 끌려간 곳은 밀림 지대인 '선흘곶'이고 도착된 시각은 일몰 시각이었다. 이처럼 북촌리에는 공비 및 동조자들이 많았고 이들은 공비 연대와 직결돼 있었다.

산에 도착하자마자 진순경은 몽둥이로 맞아 숨졌고, 김덕선을 포함한 14명은 결박된 상태로 3~4일간 감금되었다가 공비 연대본부가 있는 곳으로 1시간 정도 이동했다. 매복해 있던 보초가 '석' 하고 암호를 묻자 연행하는 자가 '탄' 이라 확인하는 절차가 끝나자 우리는 곧 그자에게 인계됐다. 일행은 2시간 정도 그를 따라갔고, 도착한 곳은 그들의 연대본부였다. 그들의 병력은 50~60명 정도였으며 그 중에는 국경출신이 있었는지 '국경동무' 하고 부르는 소리도 들렸다.

우리들이 도망할 수 없다고 생각했는지 그들은 결박을 풀어주었지만 감시는 삼엄했다. 1박을 하고 그 다음 날 저녁에 우리를 처단하여 북촌포구에서 발생한 사건을 '완전범죄'로 은닉하려 한 것이다. 하지만 다행히도 인근에서 토벌임무를 수행하고 있던 경찰이 사찰에서 식사를 하고 있던 공비 1명을 생포했다. 그 공비는 우리를 연행했던 바로 그 공비였다. 취조한 결과 '우도에 사는 사람들이 북촌포구로부터 많이 잡혀왔는데 오늘 밤에 처단하려 한다'는 정보를 입수했다.

이에 모슬포에 주둔하고 있던 강노반 중위가 토벌대를 인솔하고 긴급 출동하여 우리 일행 14명은 구사일생으로 구출됐다. 이 부대는 생포한 공비를 추궁하여 공비들의 은신처를 찾아냈다. 생포된 공비를 따라가 보니 북촌리 마을 안에 있는 한 가옥의 마당구석에서 돌로 교묘하게 위장된 굴의 입구를 찾아냈고, 그 곳에 은신해 있는 공비 7명을 생포했다. 그 중의 1명인 김진태는 배에서 내릴 때 김덕선의 우측 눈을 발로 차 바다에 떨어지게 한 사람이었다. 그런데 이 사람이 2003년 6월 당시 "4·3에서 억울하게 희생된 사람"으로 신고돼 있었다. 김덕선은 그 굴을 지금도 찾을 수 있을 것 같다고 증언한다.

북촌리 사건은 좌익 및 정부보고서가 주장하듯이 단지 군인 수송 차량이 북촌리를 지나다가 매복한 공비들의 기습을 받아 2명이 전사한 사건으로 촉발된 것이 아니었다. 당시 권총을 휴대할 만큼 지휘자급 공비들이 북촌마을에 있었을 정도로 북촌 마을은 공비의 마을이라는 인식이 토벌대와 주민들 사이에 팽배해 있었다. 북촌리는 '4·3은 말한다'가 밝힌 대로 마을 전체가 좌경화된 마을이었고, 그들의 끈질긴 반역행위들이 1월 17일 집단총살을 유도했다는 것이다. 그리고 비극을 안았던 그 범선은 후에 4·3주동자들이 해외로 도피하는데 이용되었다고 한다.

그러면 폭도들은 그후 보복을 하지 않고 지나쳤는가? 유격대는 1949년 2월 4일 보복을 단단히 했다. 북촌마을 동쪽 일주도로에 매복해 있다가 제2연대 장병들의 무기수송차량을 기습하여 23명을 죽이고, 함덕지서 부원하 순경을 살해한 후 불에 태웠으며 민간인 1명에게 중상을 입히고, 99식 소총 150정을 탈취했다. 이들 사망자의 이름은 김영중의 "내가 보는 제주4·3사건" 94쪽에 확보돼 있다. 정부보고서는 이들 모두를 외면했다.

1949년 1월 17일 북촌리 집단 총살 사건

당시 함덕지서는 백주에 공비들로부터 습격을 받아 전소되었다. 함덕지서는 부득이 함덕초등학교 교장관사로 이전했다. 그리고 총살사건을 주도한 2연대 소속의 제3대대는 바로 함덕초등학교에 주둔하고 있었다. 당시 3대대 본부의 구성은 다음과 같았다. 대대장 정 대위, 부관 이 중위, 김 소위 등 소위 2명 등 장교는 불과 5명이었다.

제3대대장은 북촌마을을 지나다가 공비들로부터 기습을 당해 2명의 부하를 잃게 되자, 평소부터 가져왔던 북촌리에 대한 불신과 적개심이 한 순간에 폭발했다. 3대대는 즉시 북촌리 사람들을 북초등학교 운동장으로 집결시켰다. 그리고 한 군인이 나서서 마을 사람들에게 이렇게 말했다.

> "폭도가 군을 습격하고 북촌마을로 도망쳤다. 교전 현장에 폭도가 버리고 간 것들에는 돼지고기 반찬이 있었고, 김이 모락모락 나는 쌀밥이 있었다. 이것으로 보아 폭도는 이 동네 사람이다. 부락을 포위하고 폭도를 색출할 것이다. 폭도는 자진해서 나와라"

이렇게 여러 차례 말했지만 아무도 나서지 않았다. 이에 그 군인은 "군인가족 나와라" "경찰가족 나와라" 명령하여 군인가족과 경찰가족을 일단 추려냈다. 그리고 나중에는 "민보단 가족 나와라" 이렇게 소리쳤다. '민보단'은 경찰을 돕는 청장년조직이었다. 이 소리가 떨어지기가 무섭게 사람들이 우- 하고 몰려나갔다. 화가 난 군인은 이들에 발포하여 3명이 사망했다.

군은 나머지 사람들을 1열에 10명씩 4열종대로 세웠다. 이렇게 1차로 40명, 2차로 40명을 운동장 서쪽 밭으로 데려가서 사살했다. 그리고 또 다른 40명을 밭으로 데려가 막 사살하려는 순간 대대부관 이 중위가 차량을 타고 달려와 사격 중지 명령을 내렸다. 3대대 부관 이 중위가 제주시에 있는 2연대 본부에서 열린 참모회의에 가 회의를 하는 도중 함병선 연대장이 집단총살 소식을 듣고 이 중위에게 "당장 가서 중지시켜라"는 명령을 내렸던 것이다. 정부보고서의 주장과 정 반대인 것이다.

북촌리 희생자는 400명이 아니라 잘 해야 120명

별도로 분리된 군, 경, 민보단 가족은 현장에서 방면되지 않고, 몇 차례 나누어 함덕 대대본부로 이송됐다. 증언자 한수섭도 여기에 포함되어 대대본부로 이송됐다. 일부는 방면되었지만 30여 명은 여러 날 조사를 받았다. 그런데 당시 군에 협조했던 북촌사람이 앞에 나서서 평소 자기와 감정이 안 좋은 사람들이 있는 것을 보고 수사관에게 "저것들 전부 빨갱이들이다"라고 무고하여 그 다음날 30명 정도가 총살되었다. 또한 군은 부락경비를 서는 과정에서 공비와 내통하여 경비를 제대로 서지 않았다는 이유로 3~4명을 더 사살했다.

따라서 한수섭이 그날(1.17) 처음부터 북국민학교에서부터 죽 지켜본 바에 의하면 당시 제3대대에 의해 사살된 사람은 120명선을 넘지 않는다. 북국민학교에서 40명씩 두 차례 80명, 주민 집결과정에서 초소근무를 태만히 했거나 내통한 혐의가 있다는 사람들, 민보단장을 포함하여 4–5명, 민보단 가족 분리과정에서 3명, 함덕 대대본부에서 무고된 사람 30여 명이 전부였다. 400명 집단학살설은 1991년 북한의 박설영이 가장 먼저 주장했다. 그리고 정부보고서가 이 북한의 터무니없고 근거 없는 주장을 여과 없이 그대로 반영한 것이다.

북촌리는 1·17 사건 이후에도 공비촌

이 엄청난 사건을 치른 북촌리는 그 후 깨끗하게 정리되었는가? 당시 경찰출신 전정택에 의하면 그렇지가 않다. 북촌리 사건 발생 18일 후인 2월 4일, 제2연대 병력이 무기를 싣고 북촌리 동쪽 일주로에서 또 공비들의 기습을 받아 전멸 당했다. 함덕지서에 근무하는 부원하 순경이 전사했고, 민간인 운전수 1명이 부상을 입었다.

공비들은 총을 모두 가져갔고, 전사한 군인들 및 부원하 순경의 옷을 모두 벗겨 갔고 시신은 불태워 버렸다. 북촌리에서는 1월 17일 뿐만 아니라 그 전에도 또 후에도 공비들의 소굴이었다는 생각을 굳히게 하는 사건들이 이토록 생생하게 이어진 것이다.

함병선 대령이 집단 총살사건의 원흉이다?

정부보고서는 1·17 북촌리 대량학살 사건을 함병선과 이승만과 미군정이 주도한 사건이기 때문에 이들이 북촌리 사건의 원흉이라고 지목하며 책임을 묻고 있지만 이는 허구다.

제2연대장 함병선 대령은 '선-선무 후-토벌' 전략으로 한라산 공비를 사실상 전멸시킨 주인공이었다. 제주도민들은 2연대의 공적을 높이 찬양하고 기리기 위해 서귀포에 '함병선 대령의 공덕비'를 건립했고, 1949년 7월 7일은 도민 전체의 이름으로 한라산에 '평정비'를 건립했다. 그런데 정부보고서와 좌파들은 함병선 대령을 무차별한 양민 학살자로 매도한 것이다.

오라리 사건

1948년 5월 1일에 발생한 오라리 사건은 참으로 하찮은 사건이다. 김익렬도 하찮은 사람이다. 그런데 이 하찮은 두 개의 존재가 좌익들에는 매우 중요했다. 좌익들이 쓴 책과 정부보고서에는 이 두 존재가 왜곡돼 있고, 크게 부각돼 있다. 4·3 폭동사건를 조작하고 모함하기 위해 이 두 개의 존재를 매우 귀한 소재로 악용하고 있는 것이다. 필자가 여러 자료들과 증언들을 종합하여 정리한 오라리 사건은 이렇다.

제주읍 남동쪽 2km 지점에 오라리 마을이 있다. 오라리 마을은 5개 마을로 되어 있고 주민은 600여 호 3,000여 명이 살고 있었다. 이 마을에는 일제 때부터 좌익 활동을 했던 고사규, 박기만, 오팽윤, 송삼백, 이순정 등이 있어 주민들에게 영향을 주어 좌익사상이 강했다. 1948년 4월 29일 폭도들은 오라리 연미마을 대청 부단장 고석종과 대청단장 박두인을 끌고 가서 민오름 나무에 묶었다. 1948년 4월 30일 대청단원 부인인 강공부(23세), 임갑생(23세) 등이 폭도들에게 끌려 가 민오름 나무에 묶였으나 임갑생은 기적적으로 끈을 풀고 구사일생으로 도망쳐 살았다.

경찰이 신고를 받고 민오름을 뒤지자 임신부 강공부는 죽어 있었고, 폭도들이 박두인과 고석종은 다른 곳으로 끌고 가서 죽였다. 5월 1일 오전 9시 전날 폭도들에게 비참하게 죽은 임신부 강공부의 장례식이 있었고, 여기에는 대청과 서청원 30여 명이 참석하였다. 장례식을 마친 청년들이 폭도로 인정되는 집 6세대 12채에 불을 지른 후 제주읍으로 갔다.

멀리 떨어진 오름에서 폭도들이 연미마을에서 연기가 나는 것을 보고 5월 1일 12시가 지나 20여 명이 연미마을에 도착하고 보니 대청 청년들은 없고 집 12채가 불타고 있었다. 그러자 폭도들은 순경 김규찬 어머니를 아들이 순경이라는 이유로 죽창으로 찔러 죽였다. 이 일을 신고 받은 경찰 2개 소대가 연미마을에 도착하여 폭도들에게 총을 쏘자 폭도들이 도망을 쳤다. 그런데 고무생(41세)이라는 여자가 경찰이 정지하라고 고함을 치는 데도 도망치자 경찰은 총을 쏘아 사살했다.

모략을 목적으로 김달삼이 기획한 5·3사건

5월 3일 15:00시 경, 한라산에 입산하여 고생을 하고 있던 주민 200~300명 정도가 귀순해 오겠다는 반가운 연락을 해왔다. 미고문관 드루스 중위가 미군 병사 2명과 9연대 병사 7명을 대동하고 이들 하산주민들을 제주비행장을 향해 인솔하고 있었다. 이 때 정체불명의 무장대 50여 명이 갑자기 나타나 기관총과 카빈총을 난사했다. 몇 명의 귀순자들이 사망했고, 나머지는 모두 산으로 도망을 쳤다. 이 때 미군이 반격에 나서 무장대 5명을 사살하고 몇 명의 부상자를 생포했다.

미군에 생포된 자들 중 한 사람은 자기가 제주경찰서 소속이라고 밝혔다. 하지만 미군이 제주 경찰서에 신원을 확인한 결과 그 자의 말은 거짓이었다. 이 자는 경찰에 있다가 입산한 공비로 경찰과 국경 사이를 이간시키기 위해 폭도들이 연극 차원에서 이용한 자였다. 200~300명을 하산시킨 것은 머리 좋은 김달삼이 미군과 경찰 사이를 이간질시키기 위해 꾸민 고도의 모략극이었던 것이다.

김익렬과 '김익렬 유고'의 정체

위와 같이 사건치고는 비교적 단순 간단한 두 사건을 놓고 좌익들은 이 사건들이 마치 큰 사건들이나 되는 것처럼 분칠을 했다. 그 이유는 무엇인가? 김익렬이 미군정의 위임을 받고 1948년 4월 28일, 김달삼과 평화회담을 했고, 그 자리에서 쌍방이 서로 공격하지 않기로 합의를 했는데 미군이 오라리 방화사건을 배후에서 지휘하고 5월 3일 200~300명의 산사람들이 귀순하는 것을 경찰이 무장대로 위장하여 귀순자들을 습격함으로서 김익렬-김달삼 사이에 맺은 4·28평화협상이 파괴됐다는 것이다. 김달삼과 김익렬은 평화의 전기를 마련했는데 미군과 경찰이 평화를 깨기 위해 두 개의 사건을 저질렀다는 것이다. 김달삼-김익렬은 훌륭한 사람들이고 미군과 경찰이 나쁜 사람들이라는 것이다. 이런 시나리오를 만들기 위해 위 2개의 사건을 왜곡하고, 존재하지도 않는 4·28평화협상을 가공해낸 것이다. 과연 4·28 평화협상은 사실로 존재한 것인가? 그리고 김익렬이 그토록 위대한 인물이었던가?

4·3사건에 대한 정통역사를 좌익역사로 뒤집은 결정적 근거는 4·3 당시 27세의 애송이 중령이었던 김익렬이었다. 지금으로 말하자면 사관학교를 갓 졸업한 중위의 나이였고, 배움도 지금에 비하면 일천했다. 논리에 비해 훈련되지 못했기에 김익렬은 뻥이 심했다. 당시 육군에는 3명의 포(대포 : 김익렬, 중포: 홍순용 소포: 신대성)가 있었는데 그들 중 가장 뻥이 심한 사람이 김익렬이었다. 그리고 그는 당시 행동거지가 수상한 '빨갱이'로 통했다. 그런데 좌익들은 그가 1988년 67세의 나이로 사망하고 난 다음에서부터 그를 최상의 박애주의자요 평화주의자였던 것으로 각색하기 시작했다.

김익렬의 뻥은 채명신 회고록에 잘 묘사돼 있다. 채명신이 9연대에 도착해 가진 신고식에서 김익렬은 신임장교들을 세워놓고 이런 연설을 했다.

> "내가 지프를 전속력으로 내 달리는데 가까운 보리밭에서 꿩이 날아가는 기라. 그래서 권총 한 방을 쐈더니 두 마리가 떨어진 거야. 운전병더러 주워 오라고 해서 갖고 오는데 개굴창을 건너 커브를 돌아올 때 웬 놈들이 바윗돌로 길을 막아 놓은 거야. 폭도들이 그랬구나 하고 차를 세우니까 과연 폭도 4~5명이 총을 들고 돌담 뒤에서 나타나는 기라. 모두가 눈이 새빨개져 가지구 나를 노리며 다가오더라구. 요 자식들, 밤잠도 못 자고 활동하누나 싶어 불쌍한 생각이 왈칵 들더군. 그래서 꿩 두 마리를 건네주면서 가서 삶아 먹고 기운차리라 했지."

위 연설은 김익렬이 얼마나 뻥이 심했는지, 그리고 얼마나 좌우익에 대해 애매한 태도를 가지고 있었는지 웅변해 준다. 실제로 김익렬 휘하에 있었던 채명신은 죽을 고비도 많이 넘겼다. 그리고 김익렬이 매우 수상한 사람이었다고 그의 회고록에서 밝혔다. 김익렬은 사단장 시절 국회의원들에게 이런 뻥을 쳤다고 한다.

> "멸치를 뻥튀기 기계에 넣고 튀기면 동태가 됩니다. 병사들 부식은 문제 없습니다. 성냥개비를 뻥튀기면 장작이 됩니다. 의원님들께서는 병사들에 대한 월동 걱정 안 하셔도 됩니다."

1949년 5월 4일은 6·25전쟁 1년 여 전이었다. 인민군이 개성 송학산을 무단 점령했다. 이 고지를 되찾기 위해 박격포탄을 메고 고지를 오르다 장렬하게 전사했다는 육탄 10용사가 있다. 국가는 매년 이들을 추모해 왔고, 이들의 이름으로 상도 제정해 주고 있다. 그런데 1964년 5월 김익렬은 국방부 전사편찬위원회에 거짓말을 하여 국방부 전쟁역사를 48년 동안이나 뒤집었다. '육탄 10용사는 장렬하게 죽은 것이 아니라 포로가 되어 북한에 갔고, 김익렬이 38선을 넘어 북으로 진격했을 때 그들이 북한에서 꽃다발을 받은 사진도 보았다'고 뻥을 쳤다. 그 후 전사는 왜곡돼 왔고 2011년에야 뻥이었음이 들통났다.

좌익들이 역사왜곡에 사용한 유일한 근거는 이런 뻥쟁이 김익렬이 썼다는 '유고'다. 죽기 전에 남겼다는 원고지인 것이다. 그가 쓴 유고는 얼마만큼의 객관적 가치가 있는 것일까? 그리고 과연 그가 쓴 원고일까? 아니면 그의 필체를 빌려 누군가가 창작해낸 것일까?

김익렬은 '제주도 공비에 대한 토벌임무를 부여받은 제9연대' 연대장이었지만, 적장과 내통한데다 토벌에 미온적이었으며 적장에 병력과 총과 실탄을 대준 빨갱이요, 그의 아버지와 함께 '좌익'인 것으로 의심받아 1948년 5월 5일부로 해임됐다. 4월 3일 폭동이 발생한지 불과 32일 만에 해임된 것이다. 그는 4·3에 대해 불과 32일 동안의 경험을 가진 27세의 풋내기 청년에 불과했다. 32일 동안 겪은 4·3에 대해 그가 알면 얼마나 알겠는가?

그 후 김익렬은 아주 요행히도 당시의 정체를 속이고 젊은 나이로 출세하다가 1969년에 중장으로 예편했다. 제주도 제민일보에 의하면 그는 예편 직후부터 죽기 전인 1988년 12월까지 근 20년에 걸쳐 '역사적 사명감'을 가지고 4·3에 대한 원고를 썼다고 한다. 그런데 겨우 200자 원고지 346매, 일반 책자로는 70쪽 정도의 분량이었다. "역사적 사명감"에 불타서 4·3역사를 조명했다면 20년 가까운 세월에는 역사책을 하나 쓰거나 자서전을 썼어야 했다. 그런데 그가 남긴 것은 그냥 얇은 원고지 뭉치 하나였다.

뻥이 심했던 김익렬, 적장과 내통을 했고, 적장에게 병기와 인력을 대준 김익렬, 4·3에 대해 겨우 32일 간의 경험을 가졌던 김익렬이 썼다는 원고지를 놓고 제민일보는 이 "김익렬만이 4·3초기의 미군정의 역사를 밝히는 최고의 인물이며, 그가 남긴 원고지만이 4·28평화협상을 증언하는 유일한 자료"라고 추켜세웠다. 그리고 이 김익렬의 유고가 제민일보가 발행한 '4·3은 말한다'의 핵심이었고, '4·3은 말한다'는 다시 정부보고서의 원조가 됐다. 이 간단한 사실로도 고건, 박원순, 강만길, 김삼웅 등 골수 좌익들이 정부의 이름을 걸고 만든 정부보고서 '4·3사건 진상조사보고서'가 얼마나 보잘 것 없는 좌파들의 장난감이었다는 것을 충분히 알고도 남을 것이다. 실제로 고건은 한총련의 원조 신진회를 만들어 4·19를 주도한 사람이며, 2006년 8월 24일, 용산기지 공원화 선포식에 참석해서 참으로 나쁜 말을 했다.

"용산 민족공원 예정부지는 124년전 임오군란을 빌미로 청나라 군대가 주둔하던 것을 시작으로 해서 일본군, 미군 주둔에 이르기까지 1세기 이상 외국군이 주둔해 오던 곳이다. 한 세기 넘어 지속되어 온 오욕과 굴절의 역사를 바로 잡고 민족의 자존심

을 되살리기 위하여, 이 부지를 세계적인 명소 수준의 민족공원
으로 조성하는 일을 힘써 추진해 온 것이다."

좌익이나 할 수 있는 말이었다.

박원순은 또 누구인가? 1994년 참여연대 설립을 주도했고, 2002년엔 아름다운 재단과 아름다운 가게를, 2006년에는 희망제작소를 세워 사람들도 모으고 돈도 모았다. 그는 재벌들을 개혁해야 한다며 약점을 찾아내 수억-수십억 원의 돈을 기부금 조로 받았고, 그의 부인으로 하여금 브로커 회사를 만들어 대기업들로부터 수많은 건설사업을 따 가도록 했다는 비난을 받고 있다. 그는 국보법 폐지에 앞장섰고, "민주주의는 사회주의와 공산주의를 받아들이는 것이며, 좌경·좌익을 배제하는 국가는 극우 독재정권일 수밖에 없다"는 주장을 폈다. 2003년 8월 7일 "해외 민주인사 명예회복과 귀국보장을 위한 범국민 추진위원회"에 천정배, 강정구, 최병모(민변회장) 등과 함께 공동대표를 맡았다. 곽동의(한통련 의장), 이수자(윤이상 부인), 송두율 등 해외 빨갱이들을 "해외 민주인사"로 부르며 이들의 귀국을 추진하는 한편 "반국가단체 한민통·한통련 합법화" "용공조작 도구인 국가보안법 즉각 폐지"를 주장했다. 2002년에는 '양심적 병역거부'의 합법화 운동도 전개했다.

박원순은 대법원이 이적단체로 판결한 '한국청년단체협의회'(한청)를 적극 변호했다. 그의 변호 논리는 소름이 끼칠 만큼 빨갛다.

"북한이 꼭 같이 주장하는 내용이라고 해서 모든 주장이 이적 행위가 된다는 것은 문제가 있다. 미군 범죄가 창궐하고 제대로 처벌하지 못하는 상황에서 미군 철수 주장이 나오지 말라는 법이 없다" "한청과 그 간부들이 실질적으로 국가안보를 위해한 어떤 행동을 한 것은 없다"

그는 노무현의 발언과 똑같이 대한민국의 정체성도 부정했다. 노무현의 발언과 일치한다.

"해방과 동시에 당연히 처단되었어야 할 친일부역자들이 오히려 새로운 해방조국의 권력을 장악하고 그 아래에서 독립운동가들이 일제 때와 마찬가지로 시련과 고난을 당해야 했던 것이 바로 웃지 못할 우리 과거의 솔직한 모습이었다. 친일파가 득세한 세상에서 독립운동가와 그 유족들은 마치 죄인처럼 살아야 했다. 독립운동 경력은 불온한 전력이 되어야 했다"(노무현)

정부보고서는 결국 이런 골수 좌익들이 만든 좌익서적 그 이상도 이하도 아닌 것이다.

김익렬의 원고는 서울의 어느 한 초라한 집에 보관돼 있었다. 이것을 바다 건너 제주도에 있는 한 작은 신문사인 제민일보가 냄새를 맡고 미망인을 설득하여 입수했다고 한다. 서로가 연결돼 있었던 것이다. 제민일보는 1989년 8월에 이 원고를 가져가 8월 15일부터 9월 23일까지 1개월 여에 걸쳐 연재했다. 1989년 8월 제민일보의 수중으로 들어간 이 원고는 그해 말 안에 또 다른 좌파 출판사인

'한길사'로 건너가 월간지 '사회와 사상' 1990년 1월호에 실렸다. 이 1월호 월간지가 곧장 북으로 넘어가 1991년 초 박설영 논문이 나왔다. 이 박설영 논문의 핵심은 김익렬이 이룩해 놓은 4·28평화협상을 미군정이 깼다는 것이다. 미군정에 4·3의 책임을 씌우는 논문인 것이다.

일단 북한에서 4·3역사 논문이 나오자 남한의 좌익들은 일사분란하게 북이 쓴 역사책의 줄기들을 지휘서신 정도로 받아들여 살을 붙이기 시작했다. 제민일보가 북한의 논문에 살을 많이 붙여 1994년에 5권짜리 '4·3은 말한다'라는 대하실록(?)을 냈다. 책의 분량이 많은 것은 미군정과 군경으로부터 피해를 보았다는 사람들의 증언들을 있는 대로 다 실었기 때문이고, 이 증언들은 한결같이 '미군정과 경찰과 군의 만행과 잔악상'을 고발하는 것들이었다. 반면 그 많은 증언들 중에 군과 경찰과 경찰 가족, 청년단, 지역유지, 공무원들이 당했던 그야말로 잔인하기 이를 데 없는 사례들은 거의 들어 있지 않다.

이 '4·3은 말한다'라는 책과 이를 베껴 쓴 정부보고서가 김익렬 유고를 하늘같이 내걸면서 4·28평화협상이라는 유령의 시나리오를 창조했다. 그러나 김익렬 유고에 4·28평화협상은 없었다. 4·28평화협상은 제민일보가 가공해낸 소설일 뿐이다. 제민일보가 가공해낸 4·28평화협상 시나리오는 이렇다.

"김익렬이 군정 당국의 위임을 받아 목숨을 걸고 4월 28일, 한라산 속 김달삼 사령부 본부에 들어가 미군정 측과 유격대가 서로 공격하지 않기로 하는 평화협상을 맺었는데 미군정이 경찰을 배후 조종하여 '오라리' 마을에 불을 지르고 이어서 투항하여 하산하는 200여 명의 산사람들을 향해 총기를 발사함으로서 김익렬이 어렵게 이룩해 놓은 평화의 기틀을 파괴했다"

미군정이 이런 비겁한 짓만 하지 않았어도 제주도에는 4월 28일부터 평화가 찾아왔을 것이고, 따라서 그 이후에 발생한 엄청난 피해는 발생하지 않았을 것이라며 제주도 희생의 책임을 전적으로 미군정에 뒤집어 씌우려는 모략인 것이다. 남한의 좌익들과 북한이 짜 맞춘 듯이 가공해낸 4·28평화협상의 근거는 오직 김익렬의 유고다. 그런데 정작 김익렬의 유고에는 4·28평화협상이라는 말이 들어 있지 않다. 그냥 김익렬 유고에 4·28평화협상이 들어 있다고 사람들을 속인 것이다. '유고에 없는 말'을 '유고에 있는 말'이라며 속인 것이다! 김익렬은 1948년 8월 6, 7, 8일에 걸쳐 부산국제신문에 기고를 연재했다. 이 기고에는 김달삼과 '회담'을 했는데 그 날짜가 4월 30일이었다고 했다. 그런데 유고에는 "휴전 4일째 되는 5월 1일"이라는 표현이 있다. 4월 27일에 평화회담을 했다는 것이다. 4월말로부터 3개월이 된 시점에서 3개월 후에 신문에 기고한 내용과 40년 후에 혼자서 원고지에 썼다는 내용이 사뭇 다른 것이다. 1948년의 기고문에는 '평화회담'이라는 말 자체가 없었다.

1994년에 제민일보의 특별취재반이 편집한 '4·3은 말한다'의 '책머리에'는 이런 글이 있다.

> "심지어 4·3의 실상을 연구한 미국 학자마저 전후 점령군에 대하여 제주도에서와 같은 격렬한 대중적 저항이 분출된 일은 지구상 어디에서도 없었다…한마디로 4·3은 미군정 아래서 우리 민족이 안고 있던 집약적 모순이 빚어낸 역사적인 사건이다…이 사건을 제대로 보려면 한민족을 남북으로 갈라놓은 미군정의 실책, 그리고 제주도의 항쟁 역사 등이 종합적으로 해석돼야 한다…제민일보는 미군정과 일부 극우세력이 조작해낸 사건의 시말을 추적보도하고 있다."

그 동안 발간돼 있는 미군정 보고서들과 정통 보수들이 펴낸 책들의 내용을 뒤집겠다는 의지가 강력하게 들어 있는 것이다. 그리고 제민일보가 가공해낸 김익렬 모조품은 북한의 박설영이 쓴 논문과 그 방향이 정확히 일치한다. '4·3은 말한다'를 편집한 제민일보 특별취재반은 한 마디로 좌익 사상을 가진 사람들이다. 이들이 있지도 않았던 4·28평화협상을 이끌어내기 위해 김익렬을 이용했고, 이용하기 위해 뻥이 심한 '중령 빨갱이' 김익렬을 평화주의자의 심볼이요, 박애주의자인 것으로 각색한 것이다.

이 책의 제2권 111~176쪽에는 4·28평화협상과 오라리 방화사건이 소설처럼 그려져 있지만 이는 모든 사건을 한결같이 미군정과 경찰이 음모한 사건이라는 식으로 몰고 갔다. 한 마디로 인민유격대 즉 무장폭력대를 미화하고 정당화한 책이다. 그 다음에 나온 책은 2002년 11월 16일에 강준만이 내놓은 "한국현대사산책"이다. 이 책 역시 북한 논문을 그대로 반영하고 있다. 2003년 12월 15일에 발간된 "제주4·3사건진상조사보고서"(정부보고서)는 바로 이 "4·3은 말한다"를 베껴 쓴 것이다. 이 4개의 책 중 가장 먼저 나온 책은 북한 책(1991)이다. 이후 남한에서 발간된 3가지의 책들은 다 북한 논문을 정당화시켜 주는 방향으로 역사를 각색하고 왜곡했다. 정부보고서와 "4·3은 말한다"는 모두 양조훈과 김종민이 주도해 썼다.

남한 좌익들이 북한 자료를 베껴 쓰는 행위는 5·18 역사 쓰기에서도 나타나 있다. 5·18역사책은 북한이 먼저 썼다. 조국통일사가 1982년 3월 20일에 "주체의 기치 따라 나아가는 남조선 인민들의 투쟁"이라는 역사책을 냈다. 이어서 1985년에 조선노동당출판사가 '광주의 분노'를 내놨다. 남한의 5·18역사책은 1985년에 황석영이 처음 썼다. "어둠을 넘어, 시대의 아픔을 넘어"(도서출판 풀빛). 그런데 이 황석영의 책은 계엄군과 미국과 국가를 모략-저주하면서 적화통일을 선동하는 책이다. 그 내용들을 보면 수많은 현장들에서 시시각각으로 전개된 상황들이 마치 현장에서 눈으로 보듯이 실감나게 표현돼 있다. 그런데 앞뒤를 보면 자가당착이 많고, 사실들 역시 수사기록과 정 반대의 것들이 대부분이다. 그런데 조사를 해보니 황석영의 책은 북한의 5·18역사책을 거의 그대로 베껴 쓴 것이었다. 하다못해 차량번호까지 일치하도록 베껴 썼다.

남한이 2007년에 개봉한 5·18영화 '화려한 휴가'는 북한이 1991년에 개봉한 5·18영화 "님을 위한 교향시"를 거의 다 베꼈다. 한마디로 남한에서 좌익들이 발간하는 역사책은 북한이 내놓은 역사책을 판박이 한 것들이었다. 영화제목 '화려한 휴가'는 황석영의 책에 있는 것을 그대로 사용한 것이고, 실제로 공수부대에 '화려한 휴가'라는 작전명은 없었다. 북한과 좌익들이 가짜로 만들어 뒤집어 씌운 것이다. 이때 '김영삼이 주도하는 여론몰이에 주눅 든 군과 공수부대'에는 입이 없었고, 오직 386주사파들을 포함한 좌익 세력과 전라남도 사람들의 입만 있었다. 온갖 언론들이 사실과는 전혀 다른 모함들을 했고, 모함이 심하면 심할수록 국민들로부터 박수를 받았다. 4·3에 대해서도 이런 식의 뻥들이 활개를 치고 있는 것이다. 참고로 1989~91년 사이 황석영과 윤이상이 김일성에게 갔다. 황석영은 북한의 5·18영화 '님을 위한 교향시'의 시나리오를 써주고 25만 달러의 거금을 받았고, 윤이상은 그 영화에 '님을 위한 행진곡' 등의 배경음악을 작곡해 넣었고 그 대가로 15층짜리 '윤이상음악당'을 선사받았다. 그런데 지금 윤이상의 고향 통영에는 또 다른 '윤이상음악당'이 세워져 있다.

김익렬의 신화가 허구라는 증거들은 매우 많다. 그런데 그 많은 증거들을 다 열거할 필요가 없어졌다. 단 한방이면 이런 사기를 끝장내는 증거가 있기 때문이다. 바로 1995년 8월 15일에 발간된 '한라산은 알고 있다'라는 작은 책이다. 1995년에 나온 이 책은 당시 지서주임으로 있었던 문창송씨가 이덕구를 사살할 때 그의 수하 '양생돌'의 주머니에서 빼앗은 유격대 상황일지 "제주도인민유격대투쟁보고서"를 그대로 전재한 책이다. 이 유격대 상황일지는 제민일보가 1994년에 '4·3은 말한다'를 내기 전까지 세상에 알려지지 않았던 책이었다. 이 귀중한 유격대 상황일지가 '4·3은 말한다'에 들어 있지 않은 것이다. 따라서 '4·3은 말한다'에는 매우 중요한 부분들이 사실과 다르게 왜곡돼 있다. 2003년에 정부가 내놓은 '정부보고서'는 이 상황일지의 내용을 다루긴했지만 그냥 스쳐지나가는 것 정도로 가볍게 터치했다.

그러나 이 상황일지에는 그렇게 가볍게 터치될 수 없는 매우 중요한 자료들이 있다. 이 상황일지 하나가 '김익렬을 이용한 좌익들의 모든 굿 놀이 판'을 한 순간에 뒤엎고도 남는다. 이 유격대 상황일지는 1948년 3월 15일부터 7월 24일까지 무려 4개월 10일간에 이르는 투쟁 상황을 자세하게 기록했다. 김달삼이 이끌던 유격대의 활동을 낱낱이 기록한 것이다. 이 일지에는 아래와 같은 매우 중요한 기록이 있다.

"4월 중순, 문(文)소위로부터 99식총 4정, 오일균 대대장으로부터 카빙 탄환 1,600발, 김익렬 연대장으로부터 카빈 탄환 15발을 각각 공급 받았다."

제주도 경찰서들과 경찰 및 그 가족들 그리고 청년들과 마을 유지, 공무원들이 공비들에 의해 학살당하고 있던 바로 그 순간에 김익렬 연대장-오일균 대대장(처형)-문상길 중대장(처형) 등 3명의 '군인 빨갱이' 지휘관들이 나란히 지프차를 타고 적장인 김달삼에게 가서 총과 실탄을 바쳤다는 사실이 명백하게 기록돼 있는 것이다. '제주도 군부대의 최고 지휘관인 연대장이 대대장과 중대장을 이끌고 적장한테 가서 나란히 총과 실탄을 바쳤다'는 이 사실 하나가 좌익들의 모든 거짓주장들과 궤변을 일거에 궤멸시킬 수 있는 핵폭탄인 것이다.

김익렬의 부하인 오일균 대대장과 문상길 중위는 당시 김익렬 이전의 전직 두 연대장들에 독극물을 먹였고, 김익렬 후임인 박진경 연대장을 총으로 살해한 죄로 처형됐다. 만일 위 김달삼의 상황일지가 그 당시 당국에 알려졌다면 김익렬 역시 처형을 당했을 것이다. 그런데 문창송씨는 이 상황일지를 혼자 보관해 오다가 제민일보가 1994년 '4·3은 말한다'를 발행한 후인 1995년에 비로소 내놓았다 그 바람에 김익렬은 별을 달고 출세하여 살다가 1988년에 자연사할 수 있었던 것이다.

이런 '군인 빨갱이'를 놓고 지금 제민일보 및 이를 베낀 정부보고서는 온통 김익렬을 아름다운 박애주의자요 위대한 영웅이었던 것으로 분장한 것이다. 그리고 제민일보는 지금도 "4·3 진실 찾기 그 길을 다시 밟다-양조훈 육필기록"이라는 공간을 만들고 '제주 4·3평화기념관'에 특별히 설치한 '의로운 사람' 코너를 이용하여 분장을 계속하고 있다. 좌익들의 역사왜곡, 참으로 도가 지나치지 않는가?

김익렬의 전임자 두 사람도 문상길에 의해 독약을 먹었고, 그의 후임자인 박진경은 문상길에게 총살당했으며 그 다음의 연대장 최경록은 독일산 셰퍼드에 의해 목숨을 간신히 부지했다. 9연대에 부임하는 모든 연대장들이 다 남로당 세포들의 제거대상이었는데 김익렬만이 제거대상이 되지 않았다. 그가 알고 있는 4·3에 대한 지식 역시 좌경화된 지식일 것이다. 그가 데리고 있던 참모들과 지휘관들은 거의가 다 남로당 세포이며 그가 알고 있는 4·3지식 역시 남로당이 주입시켜 준 것이라 할 수 있다. 그가 지휘하던 9연대의 족적을 보면 김익렬은 연대장이 아니라 오일균 대대장과 문상길 중위의 조종을 받는 하수인에 불과했다.

5월 3일까지 연이어진 공비들의 기습사건으로 인해 5월 5일, 조병옥과 딘 장군, 맨스필드 대령을 포함한 군정 당국자들이 제주도에 와서 최고수뇌회의를 했다. 이 자리에서 김익렬은 폭도를 옹호하고 경찰을 비난하는 발언을 했다. 이에 조병옥은 그가 파악한 김익렬에 대한 정체를 폭로했다. "김익렬은 공산주의자이고, 그의 부친도 소련에서 교육받은 공산주의자였다" 이에 정체가 노출된 김익렬은 미군정 당국자들 앞에서 조병옥을 향해 달려들어 난투극을 벌였다. 그리고 그 다음날 파면됐다. 이런 그가 4·3에 대한 책을 쓴 것이다. 참고로 다음 사진에 있는 송호성 경비대 총사령관은 6·25 때 서울에서 인민군 소장 옷으로 갈아입고 인민군 지휘관이 됐다.

김익렬은 유고에서 자기 부하들을 '군기는 엄격하고 일치단결되어 있는 장병'들이라고 평가했다. 반면 김달삼의 극비 상황일지에 의하면 4·3 직전에 김달삼이 9연대 프락치로부터 받은 보고가 있다."연대 병력 800명 중 400명은 4·3작전에 확실하게 동원할 수 있

1948년 5월 5일 제주공항에 도착한 딘 장군 일행. 왼쪽 두 번째부터 딘 장군, 통역관, 유해진 도지사, 맨스필드 중령, 안재홍 민정장관, 송호성 경비대 총사령관, 조병옥 경무부장, 김익렬 중령, 최천 제주경찰감찰청장.

으며 200명은 마음대로 좌우할 수 있다. 반동은 주로 장교급으로서 하사관을 합하여 18명이니 이것만 숙청하면 문제없다" 김익렬의 유고 내용과 정반대인 것이다. 여기에서부터 김익렬의 유고는 일고의 가치도 없는 거짓말 뭉치가 된 것이다.

김익렬이라는 인물에 대해서는 북한의 논문 자료에도 나타나 있고, 한라산 유격대 상황일지에도 나타나 있다. 북한 자료와 유격대 자료를 보면 김익렬이 지휘한 9연대는 그야말로 빨갱이들이 득실대는 붉은 군대였다. 유격대가 작성한 상황일지를 보면 김익렬은 문상길과 오일균에게 놀아나 김달삼과 비밀로 만났고, 작전을 할 때마다 정보가 유격대에 넘어가 실패하는 데다 그의 부대로부터 수많은 병졸들이 유격대에 투항하여 합세했고, 그의 부대는 유격대의 병기 창고나 다름없었다. 그 스스로도 손수 김달삼에 카빙총 실탄 15발을 넘겨주었고, 취약기를 맞은 적을 공격하지 않기로 약속을 했다. 급기야는 적과 비밀회동을 했다는 사실이 드러난 데다 5월 5일 최고 수뇌회의 석상에서 유격대 편을 들어주다가 파면되었다.

그가 김달삼을 만나 직접 카빈 소총탄 15발을 건네 준 것은 숫자가 문제가 아니라 김달삼에 대한 충성의 표시였다. 그 이상의 충성의 표시가 어디 또 있겠는가? 북한이 발간한 4·3역사책은 김익렬을 좌익으로 평가했다. '김익렬은 연대에서 좌익폭동이 일어날까 두려워 김달삼을 만나 협상을한 자'라는 것이다. 한 발 더 나아가 북한 논문은 김익렬을 자기편이었다고 썼다. 김익렬이 김달삼과 4가지를 비밀로 약속했는데 미제와 리승만 역도의 방해책동으로 실현되지 못하였다고 쓴 것이다. 첫째 단선, 단정반대, 둘째 경찰 완전 무장해제와 토벌대 즉시 철수, 셋째 반동 테러 단체 즉시 해산과 서청단 단원 즉시 퇴거, 넷째 피검자 즉시 석방과 불법적인 검거, 투옥, 학살 즉시 중지.

한마디로 군·경 토벌대는 무장해제하고 유격대에 항복하라는 것이었다. 북한의 주장대로 이 4개의 항에 김익렬이 합의했다면 그는 분명한 좌익이다. 이 4개의 항은 김익렬이 보장해 줄 수도 없는 성질의 것이고, 김달삼 역시 이 4개 항을 김익렬이 보장해 줄 수 있을 것으로 믿지도 않았을 것이다. 하지만 김익렬이 그렇게 되도록 노력하겠다는 약속을 했을 수는 있을 것이다. 과연 미군정은 김익렬을 내세워 김달삼과 협상하기를 원했을까?

　4월말로부터 5·10선거까지는 토벌의 의지와 강도가 매우 강했을 때였다. 그런데 어떻게 군정이 휴전을 원했을까? 미군정의 협상 지시가 있었다면 좌익들은 그 근거를 제시해야 할 것이다. 더구나 4월 하순이라면 미군정이 김익렬의 무능함을 인지하고 있었던 시기요, 조병옥이 그를 공산주의자로 낙인찍고 있었을 때였다. 그런데 그를 내보내 적장과 평화협상을 추진하라는 명령을 내린다는 것은 그야말로 뻥으로 들린다. 당시 미군정의 도덕과 명예감으로는 불법적으로 조직되고 불법과 만행을 저지르는 도적떼요, 반란 떼에 불과한 무장공비와 협상을 하라고는 하지 않았을 것이다. 그 정도의 명예감을 가지고 있었다면 당시 미군은 독일도 항복시키지 못했을 것이고 일본도 항복시키지 못했을 것이다. 이런 일은 있을 수 있다. 미군정이 9연대장에게 "곧 토벌을 할 테니 그 이전에 귀순할 의사가 있는지 타진해 보라"는 명령은 내릴 수 있었을 것이다. 실제로 미군정은 4월 17일 국경에 "4월 27일부터 무장대를 총공격하라"는 명령을 내렸다. 그런데 정부보고서는 총공격 명령이 5월 3일에 내려졌다고 왜곡했다. 4·28회담과 5월 1일 사건과 5월 3일 사건을 조작하기 위한 것이다.

　인민유격대 상황일지에는 김익렬이 경찰을 적으로 생각하고 유격대와 협력하기로 했다는 말이 등장한다. 유격대와 김익렬이 한편이었다는 뜻이다. 그리고 김달삼이 쓴 상황일지에는 "김익렬과 김달삼은 4월 하순에 이르기까지 2회에 걸쳐 면담을 했고 그 후 5·10투쟁까지는 국경으로부터 아무런 공격도 없어 우리의 활동에는 크나큰 이익을 가져왔다"는 내용이 있다. 그리고 부하 지휘관들과 나란히 김달삼을 찾아가 총과 실탄을 바치고 왔다는 내용도 있다. 인민유격대의 상황일지에 김익렬이 김달삼의 졸개였다는 것이 확연히 드러나 있는 것이다. 이 엄청난 사실을 뒤집지 못하는 한, 좌익들이 김익렬을 아무리 띄우고 분장해 봐야 헛수고일 것이다.

강준만의 왜곡

강준만은 2002년에 내놓은 그의 저서 "한국현대사 산책 1940년대편" 2권 108~110쪽에 오라리 사건을 왜곡했다. 요지는 김익렬과 김달삼 사이에 4·28평화협상이 있었는데 미군의 앞잡이 경찰이 폭도로 위장하여 마을을 불태우고 9연대 병력과 미군 병력을 공격한 후 이를 폭도들의 소행으로 조작하여 협상이 깨졌다는 것이다. 강준만의 왜곡은 중간제목 "평화협상을 깬 '오라리 사건'"으로부터 시작된다.

> 남로당 제주도당은 이미 48년 2월 산촌회의에서 무장투쟁을 결정하였다. 공격 대상은 경비대나 미군이 아닌, 경찰과 우익단체였다. 서북청년단, 대동청년단, 독촉국민회 등 우익 청년단체 중에서도 가장 많은 원성을 산 서청(서북청년단)이 주요 공격 목

표였다. 그리하여 유격대를 결성하였는데, 3월 28일 현재 8개 읍면에 걸쳐 모두 320명이 편성되었다. 이들이 확보한 무기는 겨우 소총 27정, 권총 3정, 수류탄 25발, 연막탄 7발, 나머지는 죽창이었다.

경찰과 서청에 대한 도민의 분노를 잘 알고 있던 제주 주둔 경비대 제 9연대는 4월 3일의 무장대 습격사건을 도민과 경찰, 서청 간의 충돌로 간주하였다. 그래서 출동에 주저하였다. 경찰은 경비대가 사태 진압에 적극 나서지 않자 경비대를 출동시키기 위해 스스로 산간마을에 불을 지른 후 무장대의 짓이라고 주장하기도 했다.

경비대가 처음으로 토벌전에 나선 것은 4월 22일부터였다. 미군정의 지시에 따라 4월 28일 연대장 김익렬과 무장대 총책 김달삼 간의 평화협상이 열렸다. 두 사람은 네 시간에 걸친 협상 끝에 다음과 같은 3개항에 합의하였다.

첫째, 72시간 내에 전투를 완전히 중지하되 산발적으로 충돌이 있으면 연락 미달로 간주하고, 5일 이후의 전투는 배신행위로 본다. 둘째, 무장해제는 점차적으로 하되 약속을 위반하면 즉각 전투를 재개한다. 셋째, 무장해제와 하산이 원만히 이뤄지면 주모자들의 신변을 보장해준다. 또한 귀순자 수용소를 세우되 군이 직접 관리하고 경찰의 출입을 통제한다.

그러나 협상 사흘만인 5월 1일 우익 청년단이 제주읍 오라리 마을을 방화하는 세칭 '오라리 사건'이 벌어졌고, 5월 3일에는 미군이 경비대에게 총공격을 명령함으로써 협상이 깨지고 말았다. 이 사실을 모르고 평화협상에 따라 귀순의 성격을 띠고 산에서 내려오던 사람들이 정체불명의 자들로부터 총격을 받았다. 총격을 가한 자들은 경찰로 드러났다. 경비대의 취조 결과, 그들은 "상부의 지시에 의하여 폭도와 미군과 경비대 장병을 사살하여 폭도들의 귀순공작 진행을 방해하는 임무를 띤 특공대"라고 자백했다.

김익렬의 증언에 따르면, "경찰은 폭동진압에 뜻이 있는 것이 아니라 자기들의 과오와 죄상을 은폐하기 위하여 오히려 폭동을 조장, 확대하려고 하였다. 경찰들은 폭도를 가장하여 민가를 방화하고는 폭도의 소행으로 선전하고 다녔고, 이렇게 되자 폭도들도 산에서 내려와 각 지서를 습격하여 중지되었던 전투가 다시 개시되었다."

오라리 사건에 대해선 미국이 그 배후에 있었던 게 아닌가 하는 의혹이 제기되었다. 무엇보다도 오라리 방화사건 현장이 미국 촬영반에 의해 공중과 땅에서 모두 촬영되었기 때문이다. 그것도 놀라운 사실이지만, 더욱 놀라운 건 그 기록영화는 폭도들이 방화를 저지른 것처럼 조작 편집되었다는 사실이다.

위 글의 요지를 정리해 보면 만화가 따로 없다. 미군정이 김익렬에게 김달삼과 평화협상을 하라고 지시를 했다는 것이다. 협상에서 김달삼은 김익렬에게 72시간 내에 전투를 중지하고 차차 유격대원들의 무장을 해제하여 귀순시킬테니 이들을 수용소에 수용하고, 경찰들의 출입을 엄금할 것이며, 유격대 간부들의 신변을 보호해 달라고 부탁했고, 김익렬은 그렇게 하겠다고 약속했다는 것이다. 그런데 5월 1일에 미군정이 이 약속을 깨고 오라리 방화사건을 지시했으며 5월 3일에는 경찰이 폭도의 귀순을 방해했고, 이어서 5월 3일 미군정은 폭도들에 대한 총공격을 명령했다는 것이다.

김달삼이 김익렬에게 금쪽같은 자기 부대원들을 해산시켜 투항시킬테니 이들을 9연대의 수용소에서 잘 대우해 주고 주모자들의 신변을 보호해 달라고 부탁했다는 것은 코미디 중의 코미디다. 김달삼이 스스로 부대를 해산하고 항복할테니 목숨만 철저하게 보장해 달라고 했다니 참으로 황당하다. 미군정이 평화협상을 김익렬에게 지시했고, 그 협상결과가 김달삼 부대의 해산-귀순이었다면 미군정이 미쳤다고 이를 방해했겠는가? 아무리 좌익이라 해도 교수씩이나 되는 사람이 어떻게 이런 글을 쓸 수 있는지 놀랍다.

정부보고서의 왜곡

제주읍 중심에서 2km로 떨어진 오라리 연미마을에 우익청년단원들이 대낮에 들이닥쳐 10여 채의 민가를 태우면서 시작된 사건이다. 4월 29일 대동청년단 부단장과 단원이 폭도에 납치되어 행방불명이 되었다. 4월 30일 대청단원 부인 2명이 폭도에 납치되어 1명은 맞아 죽고 1명은 탈출했다. 5월 1일 09시경 맞아 죽은 부인에 대한 장례식이 있었다. 경찰3-4명 청년단원 30여 명이 5세대의 민가 12채를 불태웠다. 13:00경 무장대 20명이 총과 죽창을 들고 청년들을 추격했다. 14:00경 경찰기동대가 2대의 트럭에 분승하여 마을로 진격, 주민1명이 사망했다.

경찰보고서는 불을 지른 것은 무장대의 소행이라고 규정했다. 이 방화 현장을 공중에서 촬영한 자료가 있다. 이렇게 긴박하게 발생한 사건을 미군이 공중에서 찍었다는 것은 미국이 이 방화 사건을 미리 계획한 것이다. 5월 3일 미군정은 총공격으로 제주 사건을 단시일 내에 끝내라고 경비대 총사령부에 명령했다. 이는 선무와 평화를 포기한 행위다. 이날 김익렬과 김달삼 사이의 평화협상에 따라 산에서 귀순해 내려오는 사람들이 정체불명의 집단으로부터 총격을 받았다. 김익렬에 의하면 그 총격을 가한 자를 잡고 보니 경찰이었다고 했다. 잡힌 경찰이 진술하기를 그는 상부지시에 의해 폭도와 미군과 경비대 장병을 사살하여 폭도의 귀순공작을 방해하라는 임무를 받은 특공대라고 자백했다는 것이다. 그리고 경찰들은 폭도를 가장해서 민가를 방화하고 이를 폭도의 소행으로 선전했다.

9연대장 김익렬 중령은 무장대측 김달삼과의 '4·28 평화협상'을 통해 평화적인 사태 해결에 합의했다. 그러나 이 평화협상은 우익청년단체에 의한 '오라리 방화사건' 등으로 깨졌다.

이처럼 정부보고서는 위 강준만의 주장 및 북한의 주장들과 정확히 일치한다.

북한의 왜곡

북한의 박설영은 4·3사건에 대한 논문(박설영)을 1991년에 내놓았다. "제주도인민의 4·3봉기와 반미애국 투쟁의 강화"(과학백과종합출판사가 발행한 '력사과학론문집')라는 제목의 논문이다.

4·3봉기발발 당시 모슬포 주둔 국방경비대9연대와 군정경찰 사이에는 보이지 않는 갈등이 빚어져 점점 확대되었다. 경비대는 구성상 근로인민의 자제들이 많이 있었다. 그들은 인민무장봉기를 유혈로 탄압하는 것을 달가워 하지 않고 현지경찰의 지원요청을 묵살하였다. 반면에 경찰 측은 이에 대해서 불만을 품었다. 또한 미군정은 경찰을 중시하면서 경비대와 경찰에 대한 보급수준에서 현저한 차이를 두었다. 경찰은 경비대란 자기들을 보조하는 기능을 수행하는 것으로 인정했고 경비대쪽에서는 자신들이 보조적 존재라는 사실을 인정하려 하지 않았다.

　이러한 갈등은 국방경비대 9연대장과 무장대 측 사이의 협상을 둘러싸고 격화되다가 5월 5일 연대장 김익렬과 경무부장 조병옥 놈의 정면충돌로 폭발하고 그것은 미군정장관 딘이란 놈이 김익렬을 해임시킴으로써 경찰 쪽에 유리하게 기울어지게 되었다. 경찰의 지원요청에 응하지 않던 9연대는 무장대 지휘부와 접촉하면서 주민들이 더 이상 다치지 않도록 평화적으로 문제를 해결하자는 데 목적을 두고 무장대 측과 평화협상을 가지고 문제의 평화적 해결을 위한 3가지 조건에 합의하였다.

　그러나 이것을 불만스럽게 생각한 미군정은 교활한 방법으로 이를 파탄시키기 위한 음모를 꾸미었다. 미군정은 먼저 이 협상을 파탄시키기 위한 유언비어를 나돌리며 그들 사이에 이간을 조성시켰다. 이러한 때에 미군정장관 딘놈이 극비밀리에 제주도에 나타나 5월 1일 '오라리 방화사건'을 조작하고 그것을 무장대 측이 평화협상을 먼저 파탄시키려고 한 것으로 만들기 위해 교활한 연극을 꾸미었다.

또한 군정장관 딘 놈은 5·3기습사건을 도발하여 '초토화 작전'의 구실을 더욱 교묘하게 조작하였다. 이에 대하여 정창국이 쓴 '륙사졸업생'에서는 다음과 같이 설명하고 있다.

"…그러나 더 큰 사건이 5월 3일에 발생했다. 하오 3시쯤 '반도' 200여명이 하산하여 제주비행장에 설치한 수용소에 귀순해 오겠다 하여 9연대 병사 7명과 미군사병 2명이 미고문관 드루스 중위 인솔 하에 호송해 오는데 무장대가 카빈총과 중기관총을 난사한 것이다. 귀순자 일부가 죽고 생존자는 다시 산으로 도망쳤다. 미군들이 반격해 무장대 5명을 사살했다. 부상당한 무장대를 드루스 중위가 데려다 치료해주고 알아보았더니 그들은 제주경찰서(서장 문용재)소속이라는 것이었다."

이러한 교묘한 조작극으로 '국방경비대'와 인민무장대의 평화협상을 파탄시킨 딘놈은 제주도에서 이른바 수뇌회의를 소집하고 극악한 반동두목 조병옥을 시켜 김익렬을 공산주의자로 몰아 파면시키는 연극을 꾸며 내고는 반동들을 내세워 제주도인민항쟁을 탄압 말살하기 위한 초토화작전에로 내몰았다.

위 내용을 요약해 보면 이러하다. 9연대와 경찰사이에는 알력이 있었다. 김익렬과 유격대 사이에 평화협상이 있었고, 3개항에 대해 합의했다고 되어 있으나 3개 항이 무엇인지, 협상 날자가 언제인지 명시하지 않았다. 5월 1일, 미군정은 9연대와 유격대 사이를 이간시키기 위해 오라리에서 교활한 연극을 꾸몄다. 5월 3일에는 유격대 200명이 자진 하산했고, 이 하산한 유격대는 미고문관 드루스 중위 인솔 하에 이동 중이었는데 갑자기 유격대가 이들을 공격했고, 하산한 유격대 200명 중 일부가 산으로 도망갔다. 공격한 유격대원 중 부상당한 자를 알아보니 그 부상자가 바로 경찰이었다는 것이다. 경찰이 유격대를 가장하여 스스로 귀순한 200명의 유격대를 공격했다는 것이고, 이로써 4·28평화협상이 깨졌다는 것이다.

정부보고서의 문제점

아래는 서귀포경찰서 및 제주경찰서 서장을 역임한 김영중 선생이 그의 저서 "내가 보는 제주 4·3사건"(2011.3)에서 꼼꼼히 정리한 4·3정부보고서(제주4·3사건진상조사보고서)의 문제점을 요약한 것이다.

정부보고서는 토벌대가 반란을 진압하는 과정에서 생긴 인권침해 사례만 크게 부각시키고, 군경 등 토벌대가 입은 피해와 인민유격대가 저지른 만행은 누락시키거나 축소되었다. 누락시킨 부분의 일부를 요약한다.

> 1) **신엄리 전투** : 1948년 12월 19일, 30여 명의 폭도들이 마을을 습격하여 민간인 10여명을 살해하고 민가에 방화했다. 이러한 상황을 접한 군이 이 마을로 출동하다가 매복조에 걸려들어 15명이 전사하고, 1명이 중상을 입은 사건이 있다. 그런데 정부보고서는 이를 누락했다.
>
> 2) **노루악 전투** : 1949년 3월 9일, 노루오름에서 경찰을 돕는 민보단과 대한청년단을 포함한 토벌군과 유격대가 교전했

다. 이 교전에서 군 27명과 우익단체원 9명이 사망했다. 그런데도 정부보고서는 이를 누락시켰다.

3) **녹하악 전투** : 1949년 4월 초, 2연대 4중대가 이덕구가 직접 지휘하는 1,000여명과 교전하여 78명을 사살하고 기관총 2정을 포함하여 총기 207정을 노획했다. 이 전투가 누락되었다는 것은 인민유격대 78명이 억울한 민간인 희생자로 둔갑했다는 것을 의미한다.

4) **군 프락치 사건** : 1948년 10월 28일, 군에 침투한 프락치들이 송요찬 연대장을 사살하고 반란을 일으키려 했다가 사전에 발각되어 80여 명을 검거하고 그 중 6명을 처형했다. 정부보고서는 이를 누락시킴으로써 처형된 6명도 억울한 피해자로 등록시켰을 것이다.

5) **경찰 프락치 사건** : 1948년 11월 7일에 발생한 사건이기 때문에 "11.7사건" 또는 "제주도 적화음모 사건"으로 불린다. 경찰에 침투한 프락치들이 여-순 반란사건이 성공할 것으로 생각하여 통신과 무기고를 장악하고 유치장을 개방하여 경찰간부 및 사회 저명인사들을 일거에 살해할 계획을 짰지만, 시행 전 불과 몇 시간 만에 프락치로 있던 서용각이 전향하면서 그 전모가 드러났다. 83명을 검거하여 처단하였다. 정부보고서는 이를 누락시켰다. 이로 인해 마땅히 죽어야 했던 83명도 억울한 희생자로 등록돼 있을 것이다.

6) **북촌리 사건 왜곡** : 1949년 1월 17일, 토벌대가 400여 명의 민간인들을 살해했다는 북촌리 사건도 왜곡했다. 보고서는

이동 중인 군 일부 중대가 무장유격대의 기습을 받아 2명이 전사했는데, 군(2연대)이 이에 대한 앙갚음으로 부락민을 400여 명이나 싹쓸이 하는 식으로 살해했다는 것이다. 군이 너무했다는 것이다.

하지만 사실은 이와 많이 다르다. 1948년 5월 16일, 우도에서 제주도로 가던 범선이 풍랑을 맞아 북촌포구로 피항하자, 이 마을 출신 유격대 3명이 마을 주민 30여 명이 지켜보는 앞에서 우도 지서장 양태수 경사를 권총으로 사살해 바다로 던졌다. 동승했던 진남양 순경도 때려 죽였다. 이어서 유격대 7-8명이 승객 14명을 '선흘곶' 유격대 연대본부로 납치해 5월 20일 저녁에 전원 사살하려는 순간 토벌대에 의해 극적으로 구출되는 상황이 발생했다.

이때 생포한 유격대원의 안내로 군은 북촌마을 내에 있는 굴속에서 유격대원 7명을 검거했다. 이들은 권총을 휴대한 것으로 보아 지휘관급인 것으로 판명됐다. 이러한 일련의 누적된 상황들을 종합해 본 군은 당연히 북촌 마을이 유격대의 본거지요 전략촌이라는 판단을 하기에 부족함이 없었을 것이다. 이런 사건들이 누적되어 북촌의 대학살이 발생한 것이지 단지 2명의 병사가 기습을 받아 전사한 단순한 사건에 보복하기 위해 마을을 쑥대밭으로 만든 것은 아니었다.

7) 인민유격대의 잔학성 : 정부보고서는 이를 누락

① 4·3의 주동자였던 고승옥, 백창원, 송원병은 "인민군이 목포에까지 왔으니 제주도로 상륙한 다음에 움직여야 한다"는

말 한 마디를 했다는 이유로 동무들에 의해 사살됐다. 허영삼, 김성규 등이 위 3명을 인민재판에 회부해 살해한 것이다.

② 인민유격대는 서귀포시 남원읍 남원리에 사는 정남국이 경찰을 돕는 민보단이었다는 이유로 1948년 11월 28일, 그 일가 11명을 모조리 학살했다. 임신 6개월 된 그의 처 김영선(31)을 비롯하여 장남 태언(10) 장녀 태희(8) 차남 태인(6), 누이동생 정양(17), 계양(25), 계양의 장녀 고성춘(3), 차녀 고양춘(2), 3녀 고계춘(1), 그리고 집에서 심부름하는 외갓집 오복길(15) 등 태아까지 11명을 납치 살해하여 구덩이에 파묻었다.

③ 인민유격대는 조천면 조천리에 거주하던 이장원이 돈, 쌀, 찌까다비(신발)를 보내라 했는데도 말을 듣지 않는다며 가족 8명을 집단 학살했다. 여기에서 13세의 여아 이월색 혼자서 살아남았다. 살해당한 사람들은 아버지 이정원, 어머니 남금례, 숙부 이수남, 남동생 이만국(9), 이만선(7), 이만복(4), 2세와 3세 된 여동생들이다.

정부보고서에는 유격대의 이러한 만행들은 누락했다, 김영중 선생 혼자 알고 있는 것만도 이러한 것들이 있는 데 전체적으로는 얼마나 누락 왜곡되었는지 짐작할 수 있을 것이다.

제31장 김익렬 유고의 진위 가리기

여기에서 눈이 확 트인다. 4·28이라는 날짜에 대한 남한의 기록은 없다. 북한의 억지에 발라맞추기 위해 그냥 가공해낸 날짜다. 김익렬은 1988년 12월에 사망했다. 그리고 그가 남긴 유고라 하는 것은 제민일보의 양조훈 기자가 1989년 8월초에 유족을 만나 6시간 동안 설득하여 가져왔다는 200자 원고지 346쪽의 가벼운 원고지다. 이 원고지는 지금 '제주4·3평화기념관'의 '의로운 사람' 코너에 만년필과 함께 보관돼 있다.

그가 죽기 직전에 했다는 "가필되지 않은 그대로 세상에 알릴 수 있을 때 역사 앞에 밝히라"는 이 유언은 차라리 코미디다. 그가 임종할 당시는 물태우라 불리던 노태우 정권으로, 민주화가 가장 화려한 꽃을 피우던 시절이었다. 얼마든지 그의 유고가 자유롭게 빛을 볼 수 있었던 자유방임의 시대였다. 이런 때에 그가 겨우 346장의 원고지를 세상에 내놓을 수밖에 없었다고 하면 그것은 시절이 무서워서가 아니라 그를 잘 알고 있는 군의 수많은 장군들로부터 야유와 멸시를 받을까 두려워서 그랬을 것이다.

2011년 2월 24일자 제민일보에 의하면 그는 "1969년에 국방대학원장을 끝으로 예편을 했고, 4·3 기록들이 왜곡되고 미군정과 경찰의 실책과 죄상이 은폐되는 데 공분을 느껴 1970년대초부터 회고록을 쓰기 시작했다."고 한다. 그가 죽기 전까지 그가 쓴 분량은 겨우 200자 원고지 346장이며, 이는 별도의 단행본으로 존재한 것이 아니라 1994년 '제민일보 4·3취재반'이 편집한 "4·3은 말한다" 제2권의 273~357(84쪽)에 부록으로 실려 있다. 20년 가까이 '회고록'으로 썼다는 분량이 겨우 이뿐인 것이다.

제민일보 특별취재반은 부록의 첫 머리에 "유고를 실으며"라는 제목으로 아래와 같이 썼다.

(1) 김익렬 장군만큼 4·3진상의 핵심에 있었던 체험자도 드물 것이다.
(2) 김장군은 미군정으로부터 진압작전 출동명령을 받자 '선선무-후토벌' 원칙을 세워 생명을 무릅쓰고 게릴라 총책 김달삼과 담판, 평화를 추구했다. 미군정으로부터의 집요한 초토화작전 감행 지시를 거부하다 끝내는 딘 장군에 의해 해임됐다.
(3) 죽기 전 김장군은 가족들에게 "이 원고가 가필되지 않은 그대로 세상에 알릴 수 있을 때 역사 앞에 밝히라"는 유언을 남겼다.

(4) 이 유고는 미군정의 토벌정책과 군-경의 대응 전략을 파악하는데 결정적인 사료가 된다.

제민일보의 주장대로 과연 4·3을 겨우 1개월 겪고 파면당한 왕대포 김익렬을 최고수준의 핵심 체험자라고 불러도 되는 것인가? 과연 이 유고라는 물건이 "미군정의 토벌정책과 군-경의 대응 전략을 파악하는데 결정적인 사료"인가? 김익렬도 대포이지만 제민일보도 그에 못지않은 대포. 제민일보의 보도대로라면 김익렬은 1948년 4·3에서부터 1988년 사망할 때까지 40년 동안 군 생활을 하면서 오직 미군정과 경찰에 대해 악감정을 가지고 살아왔다는 말이 된다. 이런 김익렬을 놓고, 좌익들은 지고지상의 박애주의자로 각색했고, 김익렬의 유고만이 '미군정의 토벌정책과 군-경의 대응 전략을 파악하는데 결정적인 사료'라며 합창한다.

1991년에 나온 북한의 논문, 1994년에 나온 '4·3은 말한다', 2002년에 나온 '현대사산책' 그리고 2003년에 나온 정부보고서는 모두 김익렬 유고를 유일한 근거로 제시하고 있다. 그런데 위 모든 책들이 주장하는 4·28이라는 날짜는 김익렬 유고에 없다.

1991년에 북한의 박설영은 이렇게 김익렬을 인용하고 있다.

> 미제는 제주도인민항쟁에 대한 초토화작전을 벌리기 위하여 교활하고 악랄하게 책동하였다. 국방경비대 전 9연대장 김익렬은 자기의 유고 '4·3의 진실'에서 그와 관련하여 다음과 같은 글

을 남기었다.

"나는 이 무렵 또 다른 고통스러운 시련을 당하고 있었다. 제주도 군정장관 맨스필드 대령은 미군 고위층의 명령이라며 제주읍 내에 있는 미군 CIC에 내가 만나야 할 사람이 와있다고 지시했다. 지시한 시간에 가보았더니 군정장관 딘의 정치고문이라는 자가 나를 기다리고 있었다. 그는 국제정세와 남조선의 장래문제 등을 소상히 설명하고 나서 제주도 폭동이 빠른 시일 내에 진압되지 않으면 미국의 립장이 난처해지고 남조선의 독립에도 유해하게 된다고 말했다. 그리고 이 일을 신속하게 해결하는 유일한 방법은 초토작전이라고 강조하고 이에 대한 나의 의견을 물어보았다. 나는 군인의 태도는 단호하고 명료해야 한다고 믿고 있었으므로 한마디로 '노'라고 대답했다. 내가 초토작전을 감행하여 임무를 완료한 후 민족주의자들로부터 미움을 받아 남조선에서 살기 어렵게 된다면 나의 가족과 친척을 데리고 미국에 이민 가 살도록 해준다고도 했다. 미국은 황금만 있으면 모든 행복을 다 누릴 수 있는 곳이라는 설명도 덧붙였다. 그러면서 미국생활을 소개하는 각종 잡지를 꺼내 보여주었다. 처음에는 5만 딸라를 주겠다고 했다가 또 10만 딸라를 주겠다고 하더니 나중에는 얼마나 필요하냐고 마치 어린아이 달래듯 하는 것이었다. 요점은 민족반역자 노릇을 하고 10만 딸라를 챙기고 미국으로 도망가라는 것이었다."(사회와 사상 1990년 1월호 388페이지)

미군정이 김익렬을 불러 초토화 작전을 펴면 미국으로 보내 잘 살게 해주겠다고 꼬셨다는 것이다. 남한 좌파들이 쓰는 북의 대남공작 역사는 북한이 지휘한다는 것이 필자의 관찰이요 소신이다.

김익렬 유고를 활용하는 방법 역시 북한이 지휘했다는 것이 필자의 소신이다.

김익렬과 김달삼은 일본 후지산 예비사관학교 동기생으로 둘 다 일본군 육군 소위로 임관했다. 김익렬은 연대장에서 해임된 지 만 3개월만인 8월 6일부터 3일 동안 부산 국제신문에 "동족의 피로 물들인 제주 참전기"(원고지 72매)라는 제목으로 기고를 했다. 여기에서는 회담 날짜가 4월 30일이었다고 했다. 그러나 1988년에 나온 유고에는 4월 27일로 암시돼 있다. 기고에서는 협상이 결렬됐다고 썼고, 유고에서는 협상이 성공했다고 썼다. 기고에서는 "4·3은 좌익세력의 폭동"이라 했고 유고에서는 "압정에 항거한 순수한 민중폭동, 무장공산화 폭동"이라 했다. 기고에서는 집필이유를 "김달삼이 신출귀몰 지휘를 잘한다는 등의 선전선동을 차단하기 위해서"라 했고, 유고에서는 "4·3을 여·순반란사건과 동일선상에 놓는데 분개했기 때문"이라 했다. 김익렬은 거짓말쟁이이고, 4.28은 없었던 것이다.

북한 논문에 나타난 김익렬

북한 논문에 나타난 김익렬은 완전한 좌익이었다. 김익렬은 연대 내의 남로당 세포들에 완전 장악되었고, 인민유격대 앞에 완전히 무장해제하고 협력할 것에 합의했으며, 그가 지휘하는 9연대는 유격대에 인력과 장비를 보충해주는 인민군 보충대 역할을 수행하고 있었다.

　더우기 5·10 망국단선을 며칠 앞두고 인민들과 유격대의 반항투쟁이 보다 발전하여가는 정세 속에서 9연대장은 연대 내에서 폭동이 일어나는 것을 두려워한 나머지 그 미봉책의 하나로서 유격대와 경찰대와의 3자회의를 제기하였다. 그러면서 경찰대에 "동족살륙적인 범죄행위를 즉시 중지하고 회담에 응하라"고 권유해 나섰다. 그러나 미군과 괴뢰두목이 회담을 반대하여 결국 파탄되게 되었다.

　그러자 9연대장은 유격대 측에 양자회담을 제안하였다. 그리하여 무장대 대표 김달삼과 9연대장 사이에 양자회담이 이루어지게 되었다. 회담에서 9연대장은 다음과 같은 유격대 측의 요구조건에 응하였다.

　첫째 단선단정반대, 둘째 경찰 완전무장해제와 토벌대 즉시 철수, 셋째, 반동 테러 단체 즉시 해산과 서청단 즉시 철거, 넷째 피검자 즉시 석방과 비법적인 검거, 투옥, 학살 즉시 중지 등. 이 인민의 요구는 미제와 리승만 역도의 방해책동으로 실현되지 못하였다.

　이것을 계기로 경찰대와 국방경비대 호상간 갈등이 격화되었으며 그들 사이는 무력 충돌이 자주 일어났다. 국방경비대의 일부 애국적 병사들은 그 후에도 계속 반미 애국투쟁에 합류하였다. 9련대 문상길 중대는 유격대와의 련계를 긴밀히 취해왔다. 4월 27일 약 100여명의 애국병사들은 중대장의 지휘 밑에 대촌병사의 군기고를 헤쳐 수많은 무기와 군수품으로 장비하고 대정, 보성, 안덕, 중문, 서호, 신효, 법환 등지의 토벌군을 완전히 소탕하였다.

그들은 계속하여 서귀'토벌군'에 타격을 가한 다음 적들의 아성인 제주성을 포위공격하고 단번에 온 섬을 해방시키려고 작정하였다. 그러나 예기치 않았던 사변으로 그 목적을 달성하지 못하고 완전무장한 채 근거지로 넘어와 유격대에 합류하였다. 애국적 병사들이 이러한 의거는 다른 병사들에게 커다란 영향을 주었다. 그들은 탈주, 리탈, 의거, 입산 등의 다양한 형식으로 애국병사들의 뒤를 따랐다. 그 결과 무장대의 전투력이 더 한층 강화되었다.

남북련석회의 결정과 호소문에 적극 호응한 제주도인민들은 거기에서 제시된 숭고한 과업을 관철하기 위하여, 선거를 파탄시키기 위하여 투쟁에 과감히 돌입하였다. 선거 날을 며칠 앞두고 약 5만 명의 제주도 인민들은 한나산에 올라가 집단적으로 투표참가를 거부하였다. 단독선거가 감행되는 5월 10일 새벽에 제주도 인민들은 총과 수류탄, 칼과 몽둥이, 휘발유병, 낫과 망치를 들고 원쑤들을 향하여 총공격을 개시하였다. 봉기한 군중은 제주읍의 투표장으로 되었던 관청과 세무서, 신한공사 출장소 등을 습격 파괴하였다.

청년학생들은 어깨를 걸고 단선 결사반대를 소리 높이 외치면서 시위를 단행하였으며 농민들은 적 '토벌대'의 준동을 저지시킬 목적으로 도처에서 교량과 통신선을 파괴하고 중요 도로에는 바위 돌을 쌓아놓거나 웅덩이를 파서 적들의 기동을 차단하였다.

"5월 10일 오전 9시 조천면에서 봉화투쟁이 벌어지고 군중들의 함성 시위가 일어났다. 조천-함덕 간 도로를 위시하여 각지 도로는 시위 군중에 의하여 차단되었다. 함덕에서는 9일 밤부터 밤을 새워 봉화가 올랐는데 이것을 신호로 전도민이 봉기하였다."(로동신문 1948.5.12)

무장 유격대 상황일지에도 4 · 28은 없었다.

유격대 '극비' 문서(한라산은 알고 있다)를 보면 4 · 28평화협상이 있었다는 기간은 무장유격대의 제3차 작전기간(4. 20~5 · 10)이었고, 이 기간에는 조직을 정비-확대하고, 엄호투쟁을 전개하기 위하여 부락 주둔을 개시하고, 반동 숙청에 주력했다. 좌익들의 주장대로 4월 28일의 평화협상이 합의되었다면 무장유격대는 아래와 같은 공격을 감행하지 않았어야 했다. 결론부터 말하자면 유격대가 쓴 상황일지에는 4 · 28평화협상이 없었다. 아래는 공비가 쓴 상황일지의 일부다.

제주읍에서 인민유격대가 저지른 만행

4월 27일에는 리구장 집에서 경관이 식사 중이라는 정보를 입수하고 아 부대 16명이 이를 포위하였으나 개(경관)은 도주해 버리고 반동 구장 1명을 잡아다가 숙청했다.

4월 28일에는 노형리 2구에서 적 기동부대 22명과 아부대 20

명이 약 6시간동안 접전한 후 이를 격퇴시켰다. 경관(개) 3명이 부상당했고, 경관 모자 1개, 문서 다수, 카빈 탄창 2개, 카빈 탄환 9발, 백미 1두(斗)를 노획했다.

5월 1일에는 경관 7명, 반동 2명이 화북리 3구에 침입한 상태에서 아부대원 20명이 포위하고 도주하는 경관들을 추격했지만 반동 1명만 숙청했다.

5월 3일~7일까지는 동, 서 각 지구에 아부대 각각 1대대씩 주둔하면서 1개 대대는 본부에서 근무했다. 노형리에서 엿장사로 가장한 스파이 2명을 숙청하고, 오라리 2구에서 반동 3명을 숙청하고, 적 기동부대 약 30명과 20분간 접전 후 적의 다른 부대에 포위당해서 퇴각했다. 상호간 희생은 없었다. 월평리에서 5월 4일 소각하다가 남은 경관집을 완전 소각했다. 5월 6일에는 서 대대가 산으로 가던 도중 적 기동대 약 30명과 조우하여 약 8시간 동안 접전 후 이를 격퇴했고, 이 과정에서 경관 2명이 즉사했고, 우리 대원도 2명이 희생됐다. 7일에는 화북리의 반동분자 4명, 삼양리 2구의 반동분자 2명, 삼양리 3구의 반동분자 2명, 도련리 1구의 반동분자 2명 계 15명의 반동분자를 숙청했다. 죽성리에서 반동분자 3명을 숙청했다.

5월 8일에는 삼양리로부터 화북에 이르기까지의 전선을 완전 절단했다. 아침에는 죽성의 반동 거두의 가옥 4호를 소각하고, 반동분자 11명을 숙청하고 반동의 집 2호를 소각하고, 반동의 가족 2명을 숙청했다. 아라리 1구의 반동 가옥 2호를 소각하고, 반동 가족 2명을 숙청했다.

5월 10일에는 도두리의 반동 4명을 숙청했다. 읍사무소(투표장소)에 수류탄 2발을 투척하여 투표를 방해했다.

대정면에서 인민유격대가 저지른 만행

4월 27일에는 동일리의 반동 거두 1명을 숙청했다.

4월 28일에는 아 부대 8명으로 면사무소를 습격하여 반동 직원 1명을 숙청하고 1명에 부상을 입혔다. 연락이 잘 이루어지지 못해 동무 직원 1명이 희생당했다.

4월 30일에는 모슬포지서를 습격했다. 아 부대 15명을 후면으로 배치하고 전면으로는 국방경비대의 보초(동무)를 배치하고, 측면으로는 여관 2층에 특무대를 2명 배치, 특무대원이 지서를 향하여 황린탄을 투척하고 그 폭발음을 신호로 일제 포위 습격하기로 작전했으나 황린탄 불발로 인하여 작전을 포기하고 퇴각했다.

5월 1일에는 신평리와 영락리에서 각각 반동 1명씩 숙청했다.

5월 4일에는 무릉지서를 습격했다. 적은 개(경관) 12명이고, 아 부대는 30명. 약 20분 접전하였으나 지형상 불리하여 퇴각했고, 동무 1명이 희생됐다.

5월 5일에는 보성리의 반동 1명, 영락리의 반동 고술생(高戌生) 외 가족 2명을 숙청하고, 그 가옥을 소각했다.

안덕면에서는 4월 하순에는 동광리 반동 1명을 숙청했다.

위 인민유격대가 쓴 상황일지만 보더라도 그들은 4월 28일을 전후하여 줄곧 공격을 감행하였다. 이는 4·28평화협상이 아예 없었다는 의미가 된다. 만일 4·28평화협상이 있었는데도 유격대가 이런 공격을 감행했다면 좌익들은 유격대를 평화협정 파괴자로 규정해야 할 것이다. 또한 4월 28일에 김달삼과 김익렬 사이에 평화협상이 있었다면 이는 매우 중요한 사건인 만큼 김달삼 측이 작성한 유격대 상황일지에 반드시 명기되어 있어야 했다. 그 외 4·3진상보고서, 미군보고서, 경찰보고서들을 종합해 보면 4월 27일부터 5월 3일까지 매일 무장유격대의 공격과 파괴활동이 있었고, 토벌대의 반격이 있었다. 이 기간에 무장유격대에는 평화가 전혀 없었다.

9연대는 김달삼의 보급 및 보충대

인민유격대 상황일지에는 아래와 같은 내용이 있다.

(1) 관계 시작 경위
  1947년 3·1투쟁 직후 때마침 제주도에 국경(국방경비대) 제9연대가 창설되어 제1차 모병이 있었다. 이에 대정 출신 4동무(고승옥, 문덕오, 정두만, 류경대)를 프락치로 입대시켰다. 그 후 5월에 내도(來島)한 중앙 올구(조직지도자, organizer) 이명장(李明章) 동무에게 이것을 보고하여 지도 문제와 활동 방침을 전남도에 가서 지시하여 주도록 요청한 바 있었으나 그 후 아무런 지시도 없었고 그 후로도 내도(來島)한 올구를 통해서 재삼재사 프락치 지도에 관한 시급한 지시를 요청하였으나 아무런 대답이 없었다. 하지만 도당부(島黨部)에서는 이것을 포기할 수 없어 독자적으로 선(線)을 확보하였으나 위 프락치 4명 중 정두만 동무는 탈출하여 일본으로 도피했고, 류경대는 군기대로 전근한 이래 반동의 기색을 띠었다.

(2) 4 · 3 투쟁과 국경과의 관계

3.1투쟁 직후에 내도한 도(道) 올구 이(李)동무가 전남도로 복귀할 때 국경(國警) 문제에 대한 시급한 대책을 요청하였고, 이(李)동무는 3월 중순에 다시 제주도로 와서 무장 반격에 관한 지시를 했다. 또한 국경 프락치는 제주도당에서 지도할 수 있으며 이번의 무장 반격에 이것을 최대한으로 동원하여야 된다고 언명하였다.

이 지도를 중심으로 4 · 3(사건)투쟁의 전술을 세우는데 있어서 감찰청(監察廳)과 1구서(1區署) 습격에 국경을 최대한으로 동원하고 나머지 각 지서는 유격대에서 담당하기로 양면작전을 세워 즉시 프락치에게 연락을 하고 동원 가능 수를 문의한 바 800명 중 400명은 확실성이 있으며 200명은 마음대로 좌우할 수 있다 하였다.

반동은 주로 장교급으로서 하사관을 합하여 18명이니 이것만 숙청하면 문제없다는 보고가 있었다. 동시 만일 경비대가 동원된다면 현재 9연대에는 차(車)가 없으니 5대 정도만 돌려주면 좋고 만약 불가능하면 도보로라도 습격하겠다는 보고를 해왔다. 이 보고를 중심으로 즉시 4 · 3투쟁에 총궐기하여 감찰청(監察廳)과 1구서(1區署)를 습격하라는 지령과 아울러 자동차 5대를 보냈다.

그런데 이외에도 4·3 당일에 국경이 동원되지 않아, 이상한 일로 생각하고 있던 바 4월 5일, 국경 공작원(島常委靑責 동무)의 보고에 의하여 다음과 같은 진상이 판명되었다. 파견원이 최후 지시를 가지고 국경 프락치를 만나러 갔던 바 프락치 2명은 영창에 수감되어 없었기에 횡적으로 문상길(文常吉) 소위를 만났다. 파악해 보니, 국경에는 2중 세포가 있었다. 하나는 문상길 소위를 중심으로 하는 중앙 직속의 정통적 조직이고, 다른 하나는 고승옥(高升玉) 하사관을 중심으로 한 제주도 출신 프락치 조직이었다.

4·3투쟁 직전, 고승옥 하사관이 문상길 소위에게 무장투쟁이 앞으로 있을 것이니 경비대도 호응 투쟁하기를 권유했던 바 문 소위는 중앙 지시가 없으니 할 수 없다고 거절했다고 한다.

이 말을 듣고 도(島) 파견 국경 공작원은 깜짝 놀라 "제주도 30만 인민의 생명과 재산을 수호하고 또한 우리의 위대한 구국 항쟁의 승리를 위하여 기어코 참가해야 한다"고 재삼재사 요청하였으나 중앙지시가 없음으로 어찌할 수 없다며 거절당했다. 결국 4·3투쟁 시, 국경에 의한 거점(감사청 및 1구서) 분쇄는 실패로 끝났다.

그 후 올구를 파견하여 문(文)소위와 정상적인 정보 교환을 하여 오던 바 4월 중순에 이르러 돌연히 부산 제5연대의 1개 대대가 내도(來島)하여 우리의 산속 부대를 포위 공격하게 되었음으로 시급히 대책을 세워야 된다는 긴급 연락을 받았다. 이에 군책(軍責)이 직접 나섰다. 군책(軍責)과 문(文)소위가 만난 결과 국경의 세포는 중앙 직속이므로 도당(島黨)의 지시에 복종할 수 없으나 행동의 통일을 위하여 밀접한 정보 교환, 최대한의 무기 공급, 인민군의 원조부대로 싸우겠다고 약속했다. 탈출병을 유도하고, 교양자료를 배포하고 최후단계에서는 총궐기하여 인민과 더불어 싸우겠다고 약속한 것이다.

또 9연대 연대장 김익렬(金益烈)이 사건을 평화적으로 수습하기 위하여 인민군 대표와 회담하여야 하겠다고 사방으로 노력 중이니 이것을 교묘히 이용한다면 국경에 의한 산(山) 토벌을 억제할 수 있다는 결론을 얻어 4월 하순에 이르기까지 전후 2회에 걸쳐 군책(軍責) 때 김익렬 연대장과 면담했다. 구국항쟁의 정당성과 경찰의 불법성, 특히 인민과 국경을 이간시키려는 경찰의 모략 등에 대해 의견의 일치를 보아 김(金) 연대장은 사건의 평화적 해결을 위하여 적극 노력하겠다고 약속하였다. 제1차 회담에는 5연대 대대장 오일균(吳一均)도 참가하여 열성적으로 사건 수습에 노력했다.

그 후 5월 7일에 내도(來島)한 중앙 올구는 국경 프락치에 대한 지도는 도당(島黨)에서 할 수 있다고 언명하였기에 국경과의 관계는 복잡하여지고 투쟁에 결정적인 약점을 가져오게 되었다. 그 후 5·10 투쟁까지는 국경으로부터 아무런 공격도 없어 우리의 활동에는 크나큰 이익을 가져왔다.

5월 10일, 제주읍에서 도당(島黨) 대표로써 군책(軍責), 조책(組責) 2명과 국경에서 오일균 대대장 및 부관, 9연대 정보관 이(李) 소위 등 3명, 계 5명이 회담하여 1)국경 프락치에 대한 지도 문제 2) 제주도 투쟁에 있어서의 국경이 취할 바 태도 3)정보교환과 무기 공급 등 문제를 중심으로 토의한 결과 다음의 결론에 의

견의 일치를 보게 되었다.
① 국경 지도 문제에 있어서 일방에서는 도당(島黨)에서 지도할 수 있다고 하며 일방에서는 중앙직속이라고 함으로 결국 이 문제는 해결이 불가능하다. 그러므로 도당(島黨)에서 박아 놓은 프락치만은 도당(島黨)에서 지도하되 행동의 통일을 위하여 각각 소속 당부의 방침 범위 내에서 최대한의 협조를 하지 않으면 안 된다. ② 제주도 치안에 대하여 미군정과 통위부(統衛部)에서는 전면적 포위 토벌 작전을 지시하고 있으나 이것이 실행되면 결국 제주도 투쟁은 실패에 돌아가고 만다. 그러므로 국경에게서는 포위 토벌 작전에 대하여 적극적인 사보타지 전술을 쓰고, 국경의 호응투쟁에 관해서는 중앙에 건의한다. 특히 대내(隊內) 반동의 거두 박진경(朴珍景) 연대장 이하 반동 장교들을 숙청하지 않으면 안 된다. ③ 최대의 힘을 다하여 상호간의 정보 교환과 무기 공급 그리고 가능한 한도 내에서 탈출병을 적극 추진시키지 않으면 안 된다.

(3) 국경으로부터 우리에 대한 원조 경위(탈출병을 중심으로)
① 3월 25일 경 한림면 협재리에 와 있던 해경(海警) 중에서 동무 1명이 99식 소총 5정을 가지고 탈출하여 인민군에 입대했다. 그 후 4·3투쟁 후에 기관장으로부터 조명탄통 1정과 탄환 7발을 보내왔다.
② 4월 중순, 문(文)소위로부터 99식 소총 4정, 오일균 대대장으로부터 카빙 탄환 1,600발, 김익렬 연대장으로부터 카빙 탄환 15발을 각각 공급받았다.
③ 5월 중순 5연대 통신과 동무로부터 신호탄 5발을 공급받았다.

④ 5월 17일 경 오일균 대대장으로부터 M1총 2정, 탄환 1,443발, 카빙총 2정 및 탄환 800발을 공급받았다.
⑤ 5월 20일 문상길 소위 지시에 의하여 9연대 병졸 최(崔) 상사 이하 43명이 각각 99식 소총 1정씩을 휴대하고 탄환 14,000발을 트럭에 실어 탈출하였다. 탈출도중 대정지서를 습격하여 경관 4명, 급사 1명을 즉사시키고 지서장에게 부상을 안겨준 후 서귀포를 경유하여 산으로 가려 했으나 그 연락이 안 되어 결국 22명이 붙잡혔다. 다수의 탄환을 분실 혹은 압수당하고 겨우 4·5일 후에야 나머지 21명과 아 부대 사이에 연락이 이루어졌다. 이때에는 99식 소총 21정과 99식 탄환 2,100발만 남아 있었다. 연락이 안 된 원인은 문상길 소위가 우리에게 보낸 연락 방법과 탈출병들이 연락한 연락방법 사이에 커다란 차이가 있었던 것에 기인했다.
⑥ 5월 21일 대정면 서림의 수도(水道) 보초(步哨) 2명이 99식 소총 3정을 가지고 탈출하여 인민군에 입대했다.
⑦ 5월 말일, 애월면에 주둔하는 5연대 병졸 4명이 각각 M1총 1정씩 가지고 탈출하여 인민군에 입대했다.
⑧ 같은 5월 말일 9연대 고승옥 상사 이하 7명이 카빙 총 1정과 99식 소총 7정을 가지고 탈출하여 인민군에 입대했다.
⑨ 6월 초순 대정에서 9연대 상사 문덕오(文德五) 동무가 99식 소총 1정을 가지고 탈출 인민군에 입대했다.
⑩ 6월 20일 대정면에서 해경(海警) 1명이 99식 소총 2정을 가지고 탈출했다.
⑪ 7월 1일 대정면 서림의 수도(水道) 보초(步哨) 10명이 99식 총 11정을 가지고 탈출하여 인민군에 입대했다.
⑫ 7월 12일, 대정에서 9연대 병졸 1명이 99식총 1정을 가지고

탈출했다.
⑬ 7월 14일 9연대 병졸 2명이 탈출하여 이 중 1명은 산(山)까지 왔다가 비겁하여 도주했다.
⑭ 7월 18일(문창송의 주: 6월 18일의 오기로 보임), 6연대 이정우 동무는 오전 3시 박진경(朴珍景) 11연대장을 암살한 후 M1소총 1정을 가지고 상산(上山)하여 인민군에 입대했다.
⑮ 7월 24일, 9연대 병졸 1명 99식 소총 1정 및 탄환 10발을 가지고 탈출하여 인민군에 입대했다.
⑯ 7월 초순 병졸 1명이 M1 1정을 가지고 탈출했다.
계(計) : 탈출병수 : 52명 (피검된 22명과 도주한 1명 제외)
총 : 99식 소총 56정, 카빙 3정, M1 8정 : 합계 67정
탄환 : M1 1,443발, 카빙 탄환 2,415발 합계 3,858발
기타 무기 : 조명탄통 1정 및 탄환 7발, 신호탄통 5개

김달삼의 기록병이 쓴 상황일지는 위와 같이 매우 소상하게 정리돼 있다. 더구나 국경과 유격대와의 관계를 별도 항목으로 설정하여 자세하게 기록했다. 이렇게 자세하게 구체적으로 기록된 상황일지에도 4·28평화협상은 전혀 언급돼 있지 않은 것이다. 위 자료들을 보면 9연대장 김익렬은 스스로 카빈 소총탄을 김달삼의 손에 쥐어주면서 충성의 마음을 전달했고, 9연대는 김달삼 부대의 보급 창고요 인력 보충대였다.

위 355쪽에 "9연대 연대장 김익렬이 사건을 평화적으로 수습하기 위하여 인민군 대표와 회담하여야 하겠다고 사방으로 노력 중"이라는 표현이 있다. 미 육군기록(1948. 4. 18)에 의하면 딘 군정장관은 맨

스피드 중령에게 대규모 공격을 감행하기에 앞서 소요집단의 책임자와 접촉하여 항복할 기회를 부여해 주라는 요지의 명령을 내렸다. 아마도 김익렬은 이러한 명령을 받고 김달삼과 만나고 싶어 했을 것이다. 결국 김익렬은 김달삼을 만났고, 만난 장소에서 경찰을 미워한다는 말을 했고, 이어서 스스로 충성을 맹세하는 의미에서 카빈소총탄 15발을 건네준 것이다.

북한 논문에도 4·28평화협상은 없었다.

북한의 박설영은 그의 논문에서 "인민유격대는 4월 26, 27, 28일에 마을들을 습격하여 5·10선거를 방해하기 위해 전화선을 끊고 선거관리원을 살해하는 등의 공격을 가했으며, 이러한 선거방해 행위는 5월로 접어들면서 더욱 맹렬해졌다."고 썼다. 여기에 무슨 4·28평화협상이 있었다는 것인가?

4월 26일 새벽 3시 30분경 삼양리에서 6명의 폭도 마을습격, 4월 27일 하모리에서 2개다리 파괴, 선거업무차로 한림에 갔다오던 관리 6명이 신엄지경에서 피습, 낮 12시~27일 오전8시 사이에서 제주읍 부근의 전화선 절단, 도련마을에서는 경찰과 무장대가 교전하였는데 무장대는 기관총도 사용하였음, 4월 28일 새벽3시 30분경 14명의 폭도들이 신엄리 습격"

4월 28일에는 화북3구 '황새와' 마을 선거관리위원장 오두현(필자 주 : 4·3수기 오균택의 부친)이 산사람들에 의해 납치되었는데 마을에서 2키로 가량 떨어진 소나무밭에서 그는 시체로 발견되었다. 선거관리위원회와 투표소에 대한 습격은 5월로 접어들면서 더욱 치열해진다. G-2보고서는 이 무렵 '선거사무소에 대한 많은 공작으로 인해 선거관리위원들은 투표용지와 투표함을 투표장소로 배치하는데 반대했다'고 기록하고 있다. 5월에 들어서면서 인민유격대는 적에 대한 습격작전을 더욱 맹렬하게 벌렸다.

제32장 고무줄처럼 늘어나는 4·3피해자 수

(1) 1957년 4월 4일, 제주신보는 공비들에 의한 피해가 1,509명(경찰 120, 군인 89, 공무원 및 양민 1,300여), 공비 및 동조자로 사살된 사람들이 7,893명이라고 보도했다.

(2) 유관정의 현대 공론(1988.7월호, 4·3사건진상)은 공비들에 의한 피해가 4,570여명(경찰 120, 군인 150-200, 공무원 및 양민 4,300여명)이고, 공비로부터 사살된 자가 7,895명, 공비동조자로 사살된 사람들이 15,699명이라고 집계했다.

(3) 박동서의 '영원한 아픔 4·3'에서 공비에 의해 살해된 사람 수를 각 면 단위로 집계하였고, 그 총수는 1,288명, 진압과정에서 살해된 사람이 6,750명이라 했다. 박동서는 '4·3유족회' 총무직에 있으면서 제주도 각 부락을 순회, 주민들의 구술을 토대로 산출했다고 한다.

(4) 제주도의회 4·3특위의 피해조사 2차 보고서는 공비들에 의해 살해된 군경이 1,314명, 공권력에 의해 살해된 자가 9,674명이라 했다.

(5) 2003년 정부보고서는 피해에 대해 아래와 같이 기술했다. 문맥과 표현을 보면 한마디로 좌익보고서라는 생각이 들 것이다.

> "본 위원회에 신고된 희생자의 가해별 통계는 토벌대 75.1%(10,955명), 무장대 12.6%(1,764명), 공란 9%(1,266명) 등으로 나타났다. 가해 표시를 하지 않은 공란을 제외해서 토벌대와 무장대와의 비율로만 산출하면 86.1%와 13.9%로 대비된다. 이 통계는 토벌대에 의해 80% 이상이 사망했다는 미군 보고서와 그 맥을 같이하고 있다. 특히 10세 이하 어린이(5.8%·814명)와 61세 이상 노인(6.1%·860명)이 전체 희생자의 11.9%를 차지하고 있고, 여성의 희생(21.3%·2,985명)이 컸다는 점에서 남녀노소 가리지 않은 과도한 진압작전이 전개됐음을 알 수 있다."

토벌대는 28만 제주도 주민 중 80%에 해당하는 22만이 좌경화된 상태에서 심리적으로 매우 불안한 상태로 토벌작전을 실시했다. 토벌대가 22만의 5%인 11,000명을 희생시켰다 해도 이는 굉장한 주의를 기울인 결과라 평가할 수 있을 것이다. 정부보고서는 토벌대에 의해 희생당한 민간인이 10,955명이라 주장한다. 그런데 여기에 마땅히 사살돼야 할 수천 명 단위의 무장대 및 반국가 행위자들의 숫자가 함께 들어 있다.

얼마나 많이 들어 있는가? 당시 경찰 보고서에 의하면 무장대와 그 협력자들의 수는 16,900명, 이 중 49%에 해당하는 7,893명이 토벌대에 의해 사살됐다 한다. 이 수치가 합리적인 수치라면 토벌대에 의해 사망한 순수 민간인은 정부보고서에 나타난 10,955명 중 겨우 4,000명 정도라는 결론이 나온다. 논리로 따진다면 7,893명은 반국가행위자들로 마땅히 죽어야 할 사람들인 것이다.

반면 정부보고서에는 무장대에 의해 살해된 민간인이 우익 인구 6만 명의 2.7%에 해당하는 1,764명이라고 기록돼 있다. 하지만 이 1,764명에는 군인과 경찰이 포함되어 있지 않다. 여러자료를 통해 판단해 보면 경찰과 군은 약 350명 정도가 희생됐다. 그렇다면 인민무장대가 사살한 사람은 군,경,민 모두 2,100명 정도가 되는 것이다. 비율적으로 보면 토벌대에 의해 억울하게 사망한 민간인은 잘해야 4,000명에 불과한 반면, 유격 무장대에 의해 억울하게 사살당한 사람들은 2,100명이나 되는 것이다.

군경은 적색인구 22만 중에서 겨우 1.8%에 해당하는 4,000명 정도의 억울한 희생자를 냈고, 붉은 유격대는 6만 애국인구들 중에서 무려 3.5%에 해당하는 2,100명이나 사살한 것이다. 따라서 유격 인민군은 착했고, 군경 토벌대는 무자비한 악당들이었다는 좌익들의 주장은 교육감 경쟁후보 박교수에게 2억원을 주어 경쟁자를 매수해 놓고도 이 돈이 따뜻한 인정에서 순수하게 준 돈이라 우기며 감옥에 간 서울시 교육감 곽노현 만큼이나 철면피고 후안무치한 궤변인 것이다. 한마디로 정부보고서는 대부분이 좌익으로 구성된 14,000여 제주도민들에게 무차별로 유공자 혜택을 주기 위해 조작된 반역문서인 것이다. 그리고 이것도 모자라 또 다른 1만 5천여 명의 유공자를 가공해 내려 획책하고 있는 것이다.

제33장 제주도는 지금 해방구

제주시청 앞 광장에는 5억 8천만 원짜리 붉은 조형물이 "4·3 저항정신 표현"이라는 무시무시한 명찰을 달고 우뚝 서 있다. 제주시청의 공식 자료에 의하면 이 조형물은 2004년 2월 23일 계획이 확정되어 2006년 6월 20일 설치 완료 되었다.

2006년 6월 16일, 제주도재향경우회 등 제주도 8개 보수단체가 제주시를 상대로 이 조형물을 8월말까지 철거해 달라는 최후통첩의 문서를 제출하였고, 이 문서에는 어째서 "4·3저항정신 표현"이라는 이름을 단 조형물이 설치될 수 없는 것인지 조모조목 표현돼 있다.

이 사회에는 제주4,3사태를 놓고 해석이 극명하게 엇갈린다. 애국편에 선 사람들은 4·3을 '반란'이라 하고, 좌익들은 '저항'이라 한다. 제주시가 조형물로 표현한 "4·3 저항정신"이 곧 제주의 정

제주시 상징조형물("4·3저항정신 표현")

신이요, 제주시의 정신은 곧 건국에 저항한 정신이라는 뜻이다. 이들 좌파들은 제주주민 전체를 '단선-단정 저항세력'으로 끌고 들어간다. 물귀신 작전인 것이다. 제주도 전 주민이 다 대한민국 정부 수립을 반대하여 4·3사건을 일으켰다는 것이다. 이는 틀린 말이다. 제주도 주민 대부분은 대한민국 정부 수립에 반대하지 않았다. 유혹당하고 협박당하고 심지어는 투표 날에 산으로 끌려가 투표를 하지 못했을 뿐이었다. 대부분의 주민들이 그들의 감언이설에 속아 넘어간 무지한 주민에 불과했던 것이다. 무지해서 감언이설에 넘어갔고, 그래서 토벌과정에서 희생될 수밖에 없는 운명에 처했던 불쌍한 사람들이었다. 이런 문제를 놓고 제주도 행정을 독차지한 좌파들은 제주도 전체가 대한민국 정부 수립에 저항한 땅이라고 주장하는 것이다.

제주도 8개 보수단체들이 정당한 근거를 가지고 철거를 요구하였음에도 제주시는 기세등등하게 "그렇게는 할 수 없다"고 버텼다. 이명박 정부가 들어 선 2008년 4월 8일, 1933년생인 오균택이 대통령 비서실장 류우익에게 청원서를 냈다.

> "1948년 5월 10일, 제 선친인 오두현은 대한민국 제헌국회의원 선거를 앞두고 제주시 화북3구 구장직을 겸한 선거관리위원장을 맡고 선거관리 업무에 종사하고 있다가 1948년 4월 27일 백주에 무장공비들에 납치되어 무참하게 살해당했습니다. 선거를 앞둔 5월 9일, 우리 식구들은 폭도들의 강압으로 부락 주민 모두와 함께 산간으로 끌려가 2일 동안 감금되어 있다가 선거가 끝난 후 귀가하였습니다. 16세에 불과했던 저는 남노당 조직원들의 협박에 못 이겨 민애청에 6개월간 가입하여 무장대에 협조하였습니다. 조선인민공화국 깃발을 앞세우고, 죽창을 어깨에 메고, 인민항쟁가를 소리 높여 부르고, 낮에는 깃대를 들고 토벌대를 감시하여 무장대에 연락해주고, 밤에는 죽창을 들고 마을 골목길을 지키며 무장대를 도왔습니다."

> "제주 4·3사건은 김달삼, 이덕구 등 일제 강점기 때부터 공산주의 사상에 깊이 물든 공사주의자들이 남로당의 지령에 따라 대한민국 정부 수립을 방해하기 위해 일으킨 무장 폭동이요, 적화통일을 위해 휴전 이후까지도 저항했던 빨치산 반란이었습니다. 그럼에도 김대중-노무현 정권 10년간 일부 정치세력에 의해 4·3사건의 진실이 왜곡되어 마치 제주도 전체가 건국을 방해하

기 위해 항쟁을 일으킨 것처럼 변질되고 있습니다. 제주시청 광장에는 평양시에나 세워져야 격이 맞을 조형물이 버젓이 들어서 있습니다. 남녀 한 쌍이 금박이로 도금되어 하늘 높이 저항하는 모습입니다. 조형물 명칭이 '4·3저항정신 표현'입니다. 제주시가 건국을 반대하여 분연히 하늘을 향해 일어선 저항이라는 뜻입니다."

이 공사를 주도한 세력은 제주시장 김영훈이라 한다. 그는 1990년경에서부터 제주도 의회 의원을 해왔으며, 1999년 12월 30일에는 '제주도 의회 부의장'으로 제민일보에 "아버님전 상서-4·3해결의 밑돌 하나 놓았습니다"라는 제하에 4·3에 대한 그의 끝없는 집념을 표현했다. 1993년에는 제주도 의회에 4·3특별위원회를 구성했고, 4·3특별법을 만들어 달라, 4·3에 관련한 문제를 해결해 달라, 국회의사당 문턱을 넘나든 것도 23회나 된다고 회상했다. 그리고 그는 2004년 6월 7일부터 2008년 5월 당시까지 제주시 시장이었다.

이어서 오균택씨의 청원서 내용을 계속 살펴보자.

"이 공사를 추진한 사람은 제주시장은 김영훈입니다. 그의 부친은 4·3사건 당시 제주지방법원 서기로 근무하면서 남노당 조직에 관련한 혐의로 검거되어 징역형을 받은 후 육지 형무소에서 복역하다가 6·25발발 후 행방불명된 자입니다. 이런 가족사를 가진 김영훈이 제주도 의원으로 의정활동을 하면서 제주4·3특별위원회를 결성하였습니다. 그리고 4·3특별법 제정에도 앞장섰습니다. 이런 사람이 제주시에 이상한 조형물을 세운 것은 아버지에 대한 한을 풀기 위한 것으로 보입니다. 청원인은 뜻이 맞는 동지들과 함께 이에 저항하였으나 역부족이었습니다. 더 이상 견딜 수가 없어 제주도를 떠나 육지의 한 곳에 살고 있습니다. 존경하는 류우익 비서실장님, 이는 개인의 문제가 아니라 역사에 관한 문제이고 국가정체성에 관한 문제입니다. 조형물에 대해 철저히 조사해 주시고 하루 빨리 이를 철거해 주시기 바랍니다"(2008년 4월 8일)

이명박의 청와대, 류우익 비서실장은 이 청원서를 곧바로 제주시장 김영훈에게 보냈고, 2008년 5월 7일자로 김영훈으로부터 오균택 씨 앞으로 응신공문이 왔다. 김영훈을 탄핵하는 민원을 청와대가 접수하고, 청와대는 그 민원을 곧바로 민원의 대상인 김영훈에게 이첩한 것이다. 이는 국가도 아니다. 국가에 대한 개념도 없는 사람이 이명박 청와대의 비서실장을 하다가 중국 대사로 나갔다가 다시 통일부장관이 된 것이다.

김영훈 제주시장의 응신공문은 참으로 읽기조차 민망하다.

"조형물은 도내 각 분야 전문가의 자문을 받아 세운 것이다. 4·3조형물은 화해와 상생의 의미가 담겨 있는 조형물이다. 저항정신이라는 것은 제주의 자연적, 역사적, 문화적인 역경을 이겨낸 조상들의 숭고한 정신을 작품에 담아낸 것이지 이념적 성격의 작품이 아니다. 작품은 김영훈과는 아무런 관계가 없다"
(2008년 5월 7일)

이에 오균택씨는 기가 막혀 "청원서 회신에 대한 의견"을 류우익에게 다시 보냈다.

> "철거를 시행해야 할 당사자인 제주시장 김영훈에게 민원서류를 이첩하여 처리하도록 한 청와대의 처사를 납득할 수 없으며 유감으로 생각한다. 조형물의 설치 배후에는 이념단체가 있다는 것을 입증하는 내용을 다시 보내니 시설물을 조속히 철거하도록 조치해 주시기 바랍니다."

이에 대해 2008년 6월 10일자로 또 다시 제주시장 김영훈으로부터 응신이 왔다. 조형물에는 어떤 이념적인 뜻도 들어 있지 않다는 내용이었다. 이념적인 의미가 들어 있지 않다면 어째서 '4·3저항정신'을 조형물의 명찰로 달았는가? 4·3사건은 이념사건이고, 이념사건에서 이념을 빼면 남는 게 아무 것도 없다. 이처럼 빨갱이들은 앞으로 하는 말 다르고 뒤로 하는 말 다르다. 이렇게 말이 되지 않는 행동을 벌이면서 6억원에 이르는 조형물을 제주시청 광장에 세운다는 것은 대한민국에 대한 능멸행위가 아닐 수 없다. 이 붉은 조형물이 있는 한 제주시는 영원한 인민해방구가 되는 것이다.

제7부

맺음말

맺음말

본문을 통해 4·3사건은 '남로당을 중심으로 한 공산주의자들이 적화통일을 목표로 하여 남한의 정부수립을 극구 저지하기 위해 벌인 무장 반란이었다'는 것에 대부분의 독자들이 동의했을 것이다. 해방 후 지금까지의 한국역사는 끝없는 북한의 대남공작 역사다.

북한이 발행한 대남공작 역사책 "주체의 기치따라 나아가는 남조선 인민들의 투쟁"에는 1946년 8월 광주화순탄광 로동자들의 투쟁과 하의도(주:김대중의 고향) 농민폭동의 역사, 남조선 로동자들의 9월총파업, 1946년 10월 인민항쟁, 1947년 3월 22일 총파업. 1948년 2·7구국투쟁, 제주도 4·3인민봉기, 5·10 단선반대투쟁, 여수군인폭동, 남조선혁명가들의 합법적 정당인 진보당의 출현, 1960년 4월인민봉기, 4월인민봉기 발단으로서의 마산봉기…광주인민들의 영웅적 봉기, 광주민중봉기 후 민주와 통일을 위한 남조선인민들의 투쟁 등 45년에 걸쳐 북한이 기획하고 연출했던 30여개 사건들이 현장감 있게 자세히 소개돼 있다. 놀랍게도 5·18광주폭동은 북한이 일으킨 대남공작 역사 중 가장 화려한 꽃이었다는 표현이 있고, 전라도는 북한에 호의적인 해방구요 유서 깊은 반란의 고장이라는 표현이 있다.

거물간첩으로 귀순한 김용규, 그는 김일성으로부터 영웅칭호를 받고, 북한군 대좌가 되어 1976년 9월, 거문도로 일곱 번 째 남파되었다. 그는 중간에서 조원 2명에게 귀순을 권고했지만, 이들이 저항하자 조원 2명을 사살하고 단독 의거 귀순한 이후 애국활동을 하고 있다. 그는 대남공작 비화 "소리없는 전쟁"(1999. 원민)을 통해 15년간에 걸쳐 간첩으로 암약한 내용들을 실감 있게 정리했다. 그리고 그는 아래와 같은 말을 남겼다.

"1970년대 및 1980년대에 걸친 모든 기간에 걸쳐 나라의 안보를 위태롭게 했던 갖가지 극렬사태가 바로 북쪽의 공작에 의해 야기된 필연적 결과라는 것은 의문의 여지도, 재론의 여지도 없는 것이다."

"민주화는 1960년대부터 북이 남한의 불만세력을 선동하기 위해 사용한 위장용어였고, 남한의 민주화운동은 북의 지령이었으며 남한에의 민주정부 수립은 김일성의 목표였다. 4·19를 북한에서는 4·19민중항쟁으로 부르고 실패한 통일기회로 여긴다. 5·18을 북한에서는 5·18민중항쟁으로 부른다. 4·19도 5·18도 북의 공작에 의해 야기된 필연적 결과였다. 김대중은 북이 키웠고, 호남은 적화통일의 전략적 거점이었다."

이처럼 4·3은 북한의 끝없는 대남공작의 역사 중 한 조각이었지, 대남공작에서 홀로 동떨어져 있는 별도의 독립된 역사가 아니다. 위에서 북한 책이 열거한 모든 역사들이 북한의 대남공작 역사인데 유독 4·3만이 독립된 별도의 역사라고 주장하는 것은 참으로 유치하고 초라하다.

해방 다음 해인 1946년에 한국사회 전체를 패닉상태로 몰고 갔던 9월의 전국파업과 10월의 전국폭동에 대해 그동안 좌익들은 소련이나 북한과는 전혀 관계없이 온 국민들이 미 제국주의의 탄압에 못 이겨 자연발생적으로 일어난 '민중항쟁'이라고 우겨왔다. 그러다가 1995년 5월, 중앙일보 현대사연구소의 노력으로 당시 북한정권을 창출시킨 소련군정 최고 사령관 스티코프 대장의 비망록이 공개됐다. 위 두 개의 사건이 스탈린-스티코프-김일성-박헌영으로 이어지는 지휘선을 따라 획책됐다는 사실이 드러났고, 소련군정이 이 두 사건을 지휘하면서 각 사건에 대해 일화 200만엔과 300만엔 씩을 지원했다는 사실이 드러난 것이다.

이렇게 되자 그동안 이 두 사건이 순수한 '민중항쟁'이라 우겨오던 좌익들의 목소리가 갑자기 사라졌다. 박헌영이 지휘하는 남로당이 북과 연계하여 일으킨 당 시대의 사건은 크게 4개였다. 1946년 9월의 전국파업, 대구에서부터 촉발된 10월의 전국폭동, 1948년의 4·3폭동 그리고 여수-순천 반란사건이었다. 좌익들은 그 기발한 궤변 실력을 가지고도 여수-순천 반란사건에 대해서는 뒤집을 엄두를 내지 못했다. 뒤집기에는 증거가 너무 확실한 사건이 여순반란사건인 것이다. 그런데 그 여순반란사건은 4·3사건과 연결된 사건이다. 4·3사건의 일부였던 것이다. 제주도 토벌대로 파견될 여수 주둔의 14연대가 총을 거꾸로 들고 여수와 순천 지역에 있는 수많은 "반동"들을 무참한 방법으로 살상한 후 산으로 도망을 해서 공비가 된 것이다. 여순 반란자들과 제주도 반란자들은 똑같이 남로당 지령을 받는 빨갱이들이었던 것이다. 4·3사건의 성격이 여순반란사건에 의해 이미 규정돼 있는 것이다.

당시 4개의 대형 남로당 사건 중 2개는 명백하게 소군정의 지휘 하에 획책됐던 것임이 백일하에 드러났고, 여순사건은 그들 스스로가 차마 '미군정의 탄압에 항거하여 자연적으로 발생한 민중항쟁'이라 주장하지 못하는 반란사건이었다. 그런데 좌익들은 위 4개의 사건들 중에서 마지막으로 남은 4·3사건 하나에 대해서만은 분명한 '민중항쟁'이라고 주장한다. 손바닥으로 하늘을 가리려는 처절하고도 옹색하기 이를 데 없는 몸부림인 것이다. 이러하기에 그들이 내놓은 주장들은 왜곡될 수밖에 없고, 왜곡되었기에 앞뒤가 전혀 맞지 않는 궤변일색이었던 것이다.

대한민국은 태어나서는 안 될 정권이라는 역사관을 견지했던 노무현은 '북에는 달라는 대로 다 퍼주어도 남는 장사'라는 기막힌 말을 하면서 통계에 잡힌 것만 해도 5조 6,800억원을 북한에 퍼주었다. 그는 대한민국 안보의 대들보인 한미연합사를 기어이 해체시키기로 했고, 퇴임을 몇 개월 남겨놓은 시점인 2007년 10월 2일에는 북으로 가서 김정일과 함께 "10·4공동선언"이라는 것을 공동공모하여 북한에 또 다른 14조 3천억 원을 퍼주기로 약속했다. 입만 열면 깨끗하다고 자화자찬했던 그는 풍기문란했던 박연차와 동업을 하면서 검은 돈을 받아 감옥에 갈 찰나에 서게 되자 자살인지 타살인지 분명치 않은 상태로 긴 여생을 통해 잘 살아보겠다고 지어놓은 그 아방궁이 내려다 보이는 부엉이 바위에서 떨어져 생을 일찍 감치 마감했다. 그가 죄수복을 입으면 좌익들의 설 자리가 없어지는 것인데 북한과 좌익들이 그를 가만히 두고 싶었겠는가?

바로 이러한 노무현이 청와대로 가자마자 노무현-고건-박원순 등으로 이어지는 4·3사건진상규명위원회를 사실상 좌익 일색으로 구성하여 놓고 정부라는 이름을 팔아 좌익보고서를 발행했다. 이렇게 대통령과 국무총리로부터 말단 보고서 작성자들에 이르기까지 좌익들에 의해 만들어진 보고서는 '남 보기'에 부적절했으며 전혀 객관성을 가질 수 없었다. 그리고 보고서 내용들은 허위사실 일색이며 앞과 뒤가 전혀 맞지 않는 논리적 하자들이 "물 반, 고기 반'식으로 새까맣게 얼룩져 있다. 이 책의 본문은 이를 명백하게 증명했다. 이 정부보고서는 글씨와 종이뿐이지 눈에 담아둘 만한 내용이 전혀 없다. 정부보고서는 4·3사건에서 이데올로기 측면을 배제하고 순수하게 미·소 외세간의 대립과 피해 측면에서만 사건을 살폈다고 명시적으로 밝혔다. 4·3사건의 핵심과 본질은 이데올로기다. 이데올로기 사건에서 이데올로기를 빼 버리면 그 분석보고서는 아무런 진실을 전달하지 못한다. 그렇다면 정부를 장악했던 노무현-고건-박원순-양조훈-김종민 등의 좌익들은 왜 극구 4·3사건 조사보고서에서 이데올로기를 배제했을까? 4·3사건을 이데올로기 측면에서 다루면 제주도 좌익들의 만행을 통해 남한 전체의 좌익들의 폭력적 생태가 적나라하게 드러날 것이기 때문이며 14,000여 제주도민들에게 유공자 자격을 부여해 줄 수 없을 뿐만 아니라 제주도 4·3역사의 정통성이 인민유격대에 있다는 결론을 낼 수 없기 때문일 것이다.

　좌익들은 이렇게 그들의 약점을 피해 나가면서 좌익들은 아무런 잘못없이 무고하게 일방적으로 잔인하게 당하기만 했다는 억지를 만들어내 그것으로 진실을 덮는 수법을 구사했다. 5·18 광주에서 역시 그랬다. 부동자세로 서 있는 공수대원들에게 먼저 기습적으로 가방에서 각이진 돌을 꺼내 부상을 입힌 쪽은 좌경학생들이었고, 부동자세로 서 있는 병사들을 향해 차량 돌진을 감행하고, 불타는 휘발유 드럼통을 굴릴 만큼 기발하고도 무자비한 공격을 가한 쪽도 폭도들이었다. 진실이 이러한데도 좌익들은 공수대원들이 환각제를 마시고 아무 죄 없는 광주시민들을 빨갱이라며 닥치는 대로 칼로 찌르고 진압봉으로 때려 피를 튀게 했다는 식으로 모략했다. 좌익들의 역사왜곡 행위는 이와 같은 억지논리들에 기초했고 사실왜곡에 기초했다. 레닌은 "거짓말도 100번 하면 참말이 된다"고 가르쳤다. 거짓말은 혁명역량의 필수자질이라고 가르쳤다. 그래서 좌익들은 거짓말을 반복하기 위해 행사들을 반복하고 있는 것이다.

본 책은 4·3사건에만 초점을 맞추지 않고, 남한 공산주의의 뿌리와 대남공작의 전반적 역사를 조감하고, 4·3사건뿐만 아니라 북한의 대남공작 역사들이 좌익들에 의해 어떻게 날조되고 있는지를 실감있게 정리했다. 아울러 좌익들의 행동이 70년 전이나 지금이나 틀에 맞춘 듯 똑같이 반복되고 있다는 것을 보여주었다. 결론적으로 제주4·3사건은 북한이 저지른 대남공작 역사 중 6·25 다음으로 피를 많이 흘리게 한 계획된 무장반란 사건이었고, 좌익들이 정부라는 이름을 빌려 작성한 정부보고서는 14,000여 명의 제주도민들에게 유공자의 명예와 보상과 혜택을 부여하고, 국가의 정통성이 북한과 좌파들에 있다는 것을 우격다짐으로 부각시키기 위한 날치기 장물에 불과한 것이다.

필자의 생각으로는 이 책을 대한민국 장교들이 읽는다면 공산주의의 실체에 대해 눈을 뜨고 군에 대거 침투해 있을 좌익들에 대해 높은 경계심을 갖게 될 것이라고 확신한다.